策略在反面

以全景战略抓住工业4.0时代的商机

鲍勇剑◎著

新世界出版社
NEW WORLD PRESS

图书在版编目（CIP）数据

策略在反面：以全景战略抓住工业4.0时代的商机 / 鲍勇剑著. -- 北京：新世界出版社, 2017.1
ISBN 978-7-5104-6117-0

Ⅰ. ①策… Ⅱ. ①鲍… Ⅲ. ①制造工业－工业企业管理－研究 Ⅳ. ①F407

中国版本图书馆CIP数据核字(2016)第322023号

策略在反面 ：以全景战略抓住工业4.0时代的商机

作　　者：鲍勇剑　著
责任编辑：贾瑞娜
责任校对：宣　慧
责任印制：李一鸣
出版发行：新世界出版社
社　　址：北京西城区百万庄大街 24 号（100037）
发 行 部：（010）6899 5968　（010）6899 8705（传真）
总 编 室：（010）6899 5424　（010）6832 6679（传真）
http://www.nwp.cn
http://www.nwp.com.cn
版 权 部：+8610 6899 6306
版权部电子信箱：nwpcd@sina.com
策　　划：杭州蓝狮子文化创意股份有限公司
印　　刷：三河市骏杰印刷有限公司
经　　销：新华书店
开　　本：710mm × 1000mm　1/16
字　　数：270 千字　　印　　张：17.5
版　　次：2017 年 1 月第 1 版　2017 年 1 月第 1 次印刷
书　　号：ISBN 978-7-5104-6117-0
定　　价：48.00 元

权威推荐

深入浅出讲故事，亦庄亦谐说道理，西学东见融一体，南腔北调皆成曲。鲍勇剑教授的文章，休闲时可以读，思考时能拿来借鉴。认真从头看有收益，随便翻翻也能刺激新主意，所以我推荐！

陈百助教授　美国南加利福尼亚大学马歇尔商学院

能写学术文章的教授很多，但能把抽象的管理理论通俗宣讲的学者则太少。鲍勇剑教授二者兼顾，通过本书把管理前沿理论化在日常案例中讲清楚了！

尹一丁教授　英国剑桥大学佳奇商学院

如果你从事商业和管理，鲍勇剑教授的这本书应该是你必读的。这本书不仅讲清楚了未来变革的含义，还给出了变革年代里适用的思考框架。你既会看到创客、互联网思维、纸牌屋等流行现象，又能体会现象背后隐含的管理和社会问题。这绝对是值得所有高管一读再读的好书！

袁文龙副教授　加拿大曼尼托巴大学商学院

思维方法、思考角度和思想深度，一本书同时包含这三个方面，鲍勇剑博士做到了。为提高思辨能力，我建议同事们都来阅读这本书。书中讲的虽然是商业管理的案例，但背后的思维方法完全可以应用到其他行业，如法律。

韩旗　中虑律师事务所主任律师创办人

正反相依，新旧相成，破立相随，知行合一。在鲍勇剑教授的文字里，可以读到哲学的思辨，不被表象掩盖的认识论，不被细节迷惑的方法论。

董冬冬　上海为安互联网金融信息服务有限公司创始人 CEO

作为一名在工业自动化行业沉浸 25 年的从业者，我仍然可以从本书对工业 4.0 的分析中获得新知识。鲍勇剑教授的博学和深入思考能力体现在其每一篇文章中。

杨斌　德国菲尼克斯（中国）投资有限公司战略运作副总裁

旧商业秩序已死，新商业秩序则姗姗而至、若隐若现，本书带领您揭开她的面纱。上下五千年，纵横十万里，大千世界的林林总总被作者信手拈来，搭建出“创业创新、危机管理、公共利益、社会趋势”的未来商业的曼荼罗。思路自由跳脱，逻辑严密精致，两个看似矛盾的特点在书中完美结合，令人叹为观止。作者渊博的学识，演化出思想的锐利，仿佛还珠楼主笔下的飞剑，倏忽而至，直取人心。本书是我近年来读过的最有趣味、最富启迪性的管理学著作，不仅对管理学人和商界领袖有益，也应该是公益创新人士的必读之书。

郭超副教授　美国宾夕法尼亚大学

《非营利及志愿部门季刊》主编，

中国人民大学中国公益创新研究院国际院长

鲍勇剑教授有一种魔力，能将复杂的危机管理策略“深入”根植于精深的中国文化，又于宏阔的社会背景中“浅出”。

袁惠华　震旦集团董事长

序 一

穿越边缘视野

这本书显然是适合于已读过或是将要读MBA/EMBA的专业人士，尤其是那些在当下面临困境、困惑甚至失去方向的企业家们。如果你不是这样的人选，就不要再浪费时间，转而去做些你认为更有意义的事情吧。

书名叫《策略在反面》，它并不是提供一个卖书的噱头，或是简单地让人们逆向思维，从对立面来探索问题的答案，而是融合了多个学科的理论，尤其是最新的学术思想和研究发现，来观察现实，从而重新再凝练并发展出新的逻辑、新的思想体系，以此来指导企业家和MBA/EMBA学子们，去开启面向未来的思维。

当今的中国乃至整个世界都进入了一个最好时代和最坏时代交织的时期。“失礼反求诸野”！面临高不确定性的政商环境，传统策略的招式已经失灵，人们或许应回归到体育竞技形式求解。篮球和足球激动亿万人心，因为其竞技过程的高不确定性，也因为明星球手刹那间的判断显示出他们无与伦比的天分。研究刹那间神一样的判断，学者们发现，明星球手除了专注，还有眼观八方的边缘视野（peripheral visioning）。优秀的球手除了盯着篮筐和球门，还善于利用眼睛余光扫描周边态势的变化。是单刀直入还是传球助攻，球场上瞬间的决策全靠边缘视野！

本书最大的价值在于向我们展示了教科书中没有的边缘视角。每一篇文章的切入点都有看头，每章分析的结尾又都意味深长。

从球场到商场，在变幻莫测的动态竞争中，企业领导者必须学会“双灵活能力”并举——专注极致与边缘视野。没有边缘视野的专注能够创造一时的鼎盛，却也可能将企业引入无法逆转的绝境。有鉴于专注的盲目风险，人们陆续提出一系列解决方法。例如，强壮管理（robustness management），但它往往沦为低效率的粗壮管理。又如，坚韧组织（resilient organization），但它可能成为顽固不化的变种。再如，警觉能力（vigilant capability），然而警觉与惊恐只有一线之隔。本书展示了不一样的“边缘视野”逻辑，让我们发散思考，却又聚焦在四个主轴上。

布雷斯威克（Egon Brunswik）用“透视镜”比喻人们处理信息和选择决策的过程。他为决策心理学做出了巨大贡献，却也留给后来人更多的问题。例如，一方面，我们认识到决策受到各种暗示线索的影响，另一方面，我们无法判断哪些暗示线索的来源更有价值。如果我们不知道暗示线索的来源，我们还是不能在实践中利用布雷斯威克的“透视镜”决策模式，因为我们不可能无限制地开放接受来自各个方面的线索。本书提出的四个方向来源值得重视，它们就是创新、公共政策、危机管理和社会趋势。这四个方向未来一定会被不断修正，就如其他所有科学的证伪过程。但是，它们的价值就在于尝试把决策的理论框架通俗地嫁接到具体实践中。在抽象理论的指导下，坚定地探索应用方法，这是作者长期以来的治学态度，也是我极力推崇的态度。

“横看成岭侧成峰”，翻阅此书时，相信你会获得同样的印象。作者把他总结的四项边缘视角比喻为佛学曼荼罗的“四曼”（大曼荼罗、三昧耶曼荼罗、法曼荼罗、羯磨曼荼罗）。我们了解，“四曼”代表佛身、法身、化身和行动实践，又可解释为分别代表觉性法则、真理法则、愿力法则和行动法则。当作者把策略思考和佛学“四曼”结合比较时，我们不由自主地发现佛学背后的系统论思维，从世界观到认识论和方法论的立体系统思维浑然一体。在此书中，你会读到许多类似的交叉比较，也会发现枯燥的理论其实可以鲜活地解释。

2015年的动作片《突破点》（*Point Break*）讲述了一群为极限运动而将生死置之度外的异类人。站在乱石嶙峋的雪山之巅，他们中的一位总能看到可绝处逢生的滑雪线路，成败经验、勇敢态度和边缘视野造就了他们的判断能力。“为何选这条线？”同伴问他。“因为它很美！”领头的人回答。

处于极限竞争环境中的商业领袖也需要同样的“双灵活能力”，既有丰富的边缘视野，又能聚焦到一条出其不意的生命线上。决策学的教科书可以提供理性判断的解释；而学习审美判断，本书可能具有点石成金的效果。

自我邀请鲍勇剑教授来复旦 EMBA 项目任教以来，他的课一直是最受欢迎的课程之一，他几乎每年都被评为最佳教授。这不仅在于他在课堂上表现出来的循循善诱及激荡思维的魅力，还在于他不断地研究、观察、学习、再研究、提炼并建立自己的一套独立的思想方法体系。其敏锐、犀利的观点，不仅来自于他的洞察与思考，也来自于多项学科理论的支持、基于案例和逻辑的实证与推定，因此特别具有说服力。听他的课、读他的书，常令人有醍醐灌顶之慨。

这本书算不上艰涩，但若是缺乏一定的专业基础和实践积累，尤其是与时俱进的学习，也难以享受到其中的思辨与哲理。所以这本书只是写给那些准备去迎接未来不确定的挑战、勇于变革创新、善于以边缘视野来占取“未知的无知”时代的优势的企业家和 MBA/EMBA 的学子们的。

陆雄文　教授

复旦大学管理学院院长

序　二

理解商业新秩序

一个商业的新秩序正在形成，让我们来看看各种重要的榜单与排序在这些年来的变化：按 GDP（国内生产总值）来排序国家，中国及一批新兴市场国家正在取代美国之外的日本和西方国家长期占据的位置；按市值来排序公司，一批以信息技术和互联网为代表的公司，早已跻身于全球最大的公司之列；按财富值来排序个人，技术型和创新型的企业家，早已改写了富豪榜上的前列排名。

两股最大的力量正在重构商业秩序：中国经济的崛起，以及以信息技术和互联网为代表的技术革命。

一批公司在中国取得成功，并走向全球。有些通过海外上市、投资、并购等，成为新崛起的跨国公司，其中既包括由大型国企和央企组成的

“国家队”，也有在市场竞争中成长起来的民营企业，如高科技、消费电子、机械工程、房地产、金融投资集团等，其中许多都是在中国战胜了跨国公司，然后杀入国际市场的。

信息技术与互联网对商业世界的改变，颠覆了许多行业。从提供基本的互联网服务，如媒体、娱乐、搜索、社交、交易等，到渗透更多的产业，从 2C（To Consumer）到 2B（To Business），直至像电力一样，成为商业的基础设施。我们所理解的一切产业，其价值创造都有可能被互联网改变。例如，未来的无人汽车，主要价值将体现为软件。

在这样一个商业秩序重构的过程中，一些经济与商业的基本理念正在发生变化。如分享经济让用户不再追求拥有，而是获得；货币不仅虚拟，而且有可能完全数字化、分布式，脱离了央行这一合法的发行机构；我们所理解的公司这样的组织方式，已从追求规模转变为追求范围；我们想当然地认为公司内部的交易成本是最低的，但公司内部部门之间的协作，可能还不如开放协作。

“巨人倒下，身上摸着还热乎乎的。”我们所处的商业世界的时代精神，多么感性。加剧的竞争，加速的迭代，迫使企业家和创业者们在实践中不断调整自己的策略和经营，他们在技术与市场环境的剧烈变化中几乎本能的适应能力，最终决定了其生存。对于我们所熟悉的西方商学院主导的管理思想来说，创新公司的成功，以及中国公司的崛起，构成了新的挑战。以硅谷为代表的创新打法、创业方法，与中国的实际结合在一起，演变出丰富多彩的“术”与“道”，可以感受到传统文化的养分。

在这样一个破坏性创新的过程中，我们需要理解急速的变化。正统的理论失灵了，各种新思想就兴奋起来。鲍勇剑教授的书，让人感受到了这种兴奋：“试图以更宽的视角，体会正在朦胧浮现的商业新秩序”。该书试图从多种知识“降维理解”经济、技术、管理、社会、哲学、历史、文学、设计等，旁征博引，在一片商业秩序“失控”中，为我们带来多种解读的可能，带来令人意外的启发，也带来融汇遨游知识的乐趣。

周健工

第一财经传媒有限公司首席执行官

前 言

从聚焦策略到全景思维

能够书面表达的，难免片面。看到的现象，其孕育过程早就发生了！处于动荡不安的环境中，传统策略方法太纠结于直接的因果关系和效果，常止于片面。如果要事半功倍，领导者必须学习事物孕育阶段的规律。为此，在商言商就不够了。商业秩序根植于社会制度环境，企业家的创新也得顺势而为，否则，“运去英雄不自由”。要追求“时来天地皆同力”，企业家还需要发散、包容和融会贯通的横向思维。“策略在反面”意在从创新、危机、社会环境、技术趋势这四个方面拓展这样的全景思维能力。

理解环境比剖析因果关系更重要，因为单个企业越来越无法直接控制市场中的因果关系。我们用美国西点军校的军事术语 VUCA 代表当前环境特征，即动荡的（volatile）、不确定的（uncertain）、复杂的（complicated）、模糊的（ambiguity）。在 VUCA 环境条件下，任何自以为能够把握商业成功确实的因果关系都是虚幻假象。相比 20 世纪中叶较稳定的国际环境，现在的动荡环境更需要全景思维。过去的聚焦商业策略必须和边缘视野的认知方法相结合。本书试图提供四个边缘视野维度，为企业家思考未来的市场机会服务。

在《行动的勇气》（*The Courage to Act*）一书中，美国联邦储备局前主席伯南克（Ben Shalom Bernanke）写道：我们难以创造因果关系，但可以营造有利于它们形成的环境条件。过去，稳定商业环境下，企业家经营商业成功的因果关系只需要做好“价值点定位、产品生产、价值传递与派送、利润回收”这四大基本功。现在，VUCA 环境条件下，企业家必须把握好公共利益、社会趋势、危机管理和创新创业这四个维度。把握好这些方面成为对企业家新的基本功要求！

《管子·牧民》有曰：“礼、义、廉、耻，国之四维；四维不张，国乃灭亡。”公益、趋势、危机、创新，它们成为当今商业的四维，四维不张，企业将亡。英国社会学家吉登斯（Anthony Giddens）说，我们生活在高风险、多机遇的时代，积极思考必须与勇敢相依。无论是从思考还是行动的角度，这四维均可当作有效的方向去努力。

理解和经营商业四维比过去任何时候都重要，因为它们激发生成因缘关系。

商业越大，企业家就越无法控制商业成功的因果关系，但是他们能够营造促进商业成功的因缘关系。因缘，一种与外界各方良善的环境关系，它也代表一种逐渐增强的可能性。把握好公共利益、社会趋势、危机管理和创新创业这四个维度，企业家自然会孕育出良善的因缘关系。这也是本书着重表达的立意。

环境虽然复杂动荡，它还是有深层规律可循的。佛学中的曼荼罗思想有许多可以借鉴之处，它也启发了我撰写本书的思维框架。

从商业四维出发，企业可以构筑有意义的商业曼荼罗。

在商言商已经不足以帮助企业在新环境中立足，企业家需要看到商业目的和社会目的的一致性。佛学中的曼荼罗可以解释为“具足道场”，即有自我组织能力的生命模式。在新环境下，商业模式也必须成为具有自我组织能力的生命模式。

1200年前，弘仁七年（公元816年），在日本关西高野山核心之地，真言密宗的创始人弘法大师空海率领弟子开建“坛上伽蓝”。从此，“坛上伽蓝”成为真言密宗的根本道场。寺内高49米的根本大塔更为显赫。显赫，那是因为它代表一种独一无二的曼荼罗——立体曼荼罗。与其他平面绘画式的曼荼罗不同，根本大法内的曼荼罗是描绘在高耸的圆柱上的。当信众处于16根圆柱环绕的道场之中，一个全景的、立体的曼荼罗便拥抱住你的全身心。

佛教中的曼荼罗又称“坛城”，直译为“模型”。佛用曼荼罗展示大千世界的模型，以生动而精湛的细节揭示生命的真谛，以至于让信众浸入其中，豁然开朗，于无言之中感悟佛法。

印度、中国、日本，这些佛教盛行的国度有成千上万种曼荼罗。它们的形式和画面内容不一样，但每一幅曼荼罗都是具足六大四曼的佛之坛城。六大为“地、水、火、风、空、识”，它们代表有形物质世界组合元素。四曼为“大曼荼罗、三昧耶曼荼罗、法曼荼罗、羯磨曼荼罗”，它们代表佛身、法身、化身和行动实践，又可解释为觉性法则、真理法则、愿力法则、行动法则。具足六大四曼意味着每一个佛之坛城都应该同时包含有形的六大元素（六为虚指）和无形的四大法则。有形和无形，阴阳相交，须臾不分离。

商业所追求的最高模式也便是具足六大四曼的曼荼罗。商业四维也是商业曼荼罗的四曼。

企业家的“企”由“人”和“止”组成；“业”来自佛教的行动和实践，通过自身的行动消除业障。办企业可以看作一种俗世的修行。企业实践的形式和内容可以有千万种，但是，本质是一样的，即怎样通过商业活动让“人”（企业家）站立起来。同时，人能认识到自己的局限性和不断追求的生命特征，懂得止于至善。

弘法大师建立体曼荼罗，意在让信众明白，环境是影响他们生命之花绽放的重要因素。和谐地融汇到这些环境因素中，人便可以“即身成佛”。企业家的商业生命也一样。除了强调成本、差异和关注的商业内部策略外，企业家必须理解影响商业的外在四大因素。它们分别是“无拘束的创新创业、有敬畏的危机管理、与公共利益相兼容的立场、伴社会趋势共成长的策略”。“创新创业、危机管理、公共利益、社会趋势”，这四维可以视为企业商业模式的四曼。公共利益为佛身，社会趋势为法身，危机常常化身变幻，创新创业当为持之以恒的行动。

商业秩序由人缔造，犹如坛上伽蓝的立体曼荼罗。现在我们身处的商业秩序核心起源于18世纪后半期的英国工业革命，并在第二次世界大战后得到全面巩固。可是，它已到了非得再造不可的时候。英格兰中央银行前行长莫文·金（Mervyn King）在《炼金术终结》（*The End of Alchemy*）中疾呼对自由主义市场经济和金融资本主义做结构性变革，因为它循环制造类似的危机。新商业秩序会怎样？敢于如此思考的人还很少，能系统展示它的人尚未出现。但它终将出现，会从本书关心的四个方面逐渐浮现在我们面前。

电影《惊天魔盗团》（*Now You See Me*）有一段纽约魔术师夏若客（Lionel Shrike）的戏法。他十年前藏一张牌在柳树洞中，十年后表演树中取牌的戏法。魔术的成功除了人们的意想不到，还依赖人们狭窄的关注能力。所谓“离得越近，知道得越少”。“策略在反面”试图以更宽的视角体会正在朦胧浮现的商业新秩序。

这本书汇集我近四年在《新闻晨报》《第一财经》和《上海观察》等媒体上发表的文章。它们看似主题各异，其实都围绕着公共利益、社会趋势、危机管理和创新创业这四曼。它们代表我个人对商业问题的观点，即理解这四大环境因素比寻找市场成功的直接因果关系更重要。

为顺应大家的阅读兴奋点，我将书的四章安排如下。

我们首先从“无拘束的创新创业”开始，展示创新有六度思维空间。

在同一章，我提供不同的变奏，用案例引领大家进入无拘无束创新创业的思维空间，包括从艺术的角度体验创新。

在第二章，“暗含社会利润的社会问题”着墨于企业应有和公共利益相兼容的立场。从北欧两个国家的社会利润现象开始，我们来共同认识社会问题的复杂性，以及它暗含的社会利润机会。

在第三章，我们讨论“有敬畏的危机管理”。以“重识未知的无知”为线索，我们穿越当地组织和策略的一系列问题，并和创新与创业形成镜像对比。最后我们认识到，其实创新和危机管理本来就是一体两面。

第四章用工业 4.0 和区块链这两个热点技术来讨论如何看待社会和技术趋势发展，如何超越行业技术特征分析它们潜在的驱动力量。

知识有两种，一种为求了便给，即“有了就生效”的直接应用知识。另一种知识无法求，只能自我观想，从中觉悟，然后用受启发的头脑自己去发现问题、解释问题、解决问题。本书各章均非直接应用知识，都是为启发读者思考的资粮。

关于本书的创作，也像书名一样，有许多背后的故事。

《第一财经》产经新闻中心副主任王立伟永远是背后的啦啦队长和批判家。立伟鼓励我每周为《第一财经》的专栏写稿。每到截止期，我的心情便回到学生交作业的状态。即使不完美，我也必须交稿。四年来，我已经培养出交作业的习惯，也知道立伟和她的团队一定可以拾遗补阙，帮我完成任务。这种作者与编辑之间的信任是艰辛写作背后最宝贵的体验。

同样的信任和关心还来自《解放日报》系统的朋友马笑虹、许莽、柳森、洪俊杰。他们提出许多文章的主题，我则来完成撰写的任务。作者与编辑的关系，就像高尔夫球手与球童的合作，看似一个人的写作，背后是团队的协作。

如果没有“杭州蓝狮子文化创意股份有限公司”的钱晓曦编辑在背后督战，这本书可能要等下一个猴年马月才会完工。从初稿到完成，作者在第一阶段最重要，后面就是责任编辑的功劳。晓曦反复阅读初稿，把其中难以察觉的疏漏一一寻找出来。如果没有晓曦的坚持，这本书差点就成为半截子工程。

在社交媒体技术的纵容下，我们已经习惯快速表达意见，然后忘记。相比之下，“吟成一个字，捻断数根须”就显得格外迂腐，但它差不多是我每一篇文章写作过程中的经历。如此，为什么还要费时写作？写作是为了上课，这是我个人的答案。在 EMBA 课堂，面对全班的同学，怎样在最短的时间里穿透层层语言障碍，激发奇思妙想，共同体会正见？为了这个目的，我写作。文章是我口头表达的书面呈现。为此，我感谢课堂中提出各种问题、挑战的同修，我是你们思想的传声筒。

能够用语言表达的一定有限，朋友背后帮助的故事怎么也讲不完！关于新故事，我们下本书见。

目　录

策略在反面　以全景战略抓住工业 4.0 时代的商机

| 第一章 |

创新于六维度时空之间

创新的临界点在不可想象与可以想象之间。一旦能够想象，实现方法将以几何级数降临。从不可想象到实际出现，创新一般走过六维度时空。维度越高，对人的抽象思维能力要求越高。从高维度到低维度，能量逐级释放。犹如产业链定位有势能优势差别，越上游，越具全局控制优势，要有“不可想象力”，才能溯游到策略思想供应链的高端。

为解构创新维度的不同方面，本章采用各种材料，无拘束地投射到创新维度上。从美国和以色列的国家案例，到互联网思维批判，从艺术想象到电动车发展，每一篇文章既独成一体，又都围绕着创新多维度这个主题展开。创新如约翰·济慈的诗：这个世界充满魔幻，它耐心地打磨出敏锐的识别能力（The universe is full of magical things, patiently waiting for our wits to grow sharper）。

创新往往是所现非所见，功夫在诗外。斯坦福大学教授创新导师蒂娜·西利格（Tina Seelig）在她“循环发明”理论中这样描述从创造到创客的过程：创造（creativity）的背后是想象力，想象不存在的未来。创新（innovation）是创造的延续，是从有目的的实验过渡到具体解决方案。创造属于个体活动，创新必须有社会参与。创客（entrepreneurship，创业精神）是把想象的、不存在的具体解决方案推向社会，争取普遍应用。创客不但要自我坚持不懈，还需要激发他人加入解决方案。

如此，我们最后看到的创新产品，它其实已经经历了曲折的背后变化。思考创新产品背后的变化规律才能见到创新的本源。

生活在六维度时空中的创客

| 时事微评论 |

思想原创力关系到供给侧改革胜败。制定游戏规则最笨的途径是费力爬到现在的游戏顶端，最敏捷的方式是重新想象有包容性的新游戏。重新想象，从认识创新的六维度时空开始。

创客生活在六维刻度的时空：①不可想象的（impossible）；②可以想象的（possible）；③小概率的（improbable）；④大概率的（probable）；⑤虚拟的（virtual）；⑥示现有的（actual）。他们有能力来回往返而无滞，因为他们从来没有看到“事实”（factual），只看到能够成为证言（testimonials）的雏形（fractal）。本书主要介绍它们之间的关系和实现条件。

创客与平常人不一样。他们从来不囿于平常人熟悉的三维度时空，而是在六维度的世界里逡巡。他们的创造力也来自高低维度的自由切换。其间，爆发出的“核聚变”能量也非动能和势能的概念可以描述。对于平常人而言，理解创客思维的基本原则是从思想上接近创客这一不同寻常的物种的有效切入点。

因为写《新技术的胜算》，笔者集中研究了埃隆·马斯克（Elon Musk）的行为和特斯拉（Tesla）这个企业的样本。就像皮亚杰用小样本写儿童发展心理学一样，代表性的小样本仍然具有科学性。

是什么激励创客不断创造？回答这个问题，可以从一个海德格尔的现象学问题入手：森林里没有人，树倒了，有没有声音？对于创客，如果不能现场参与，不能临境体验，一切都失去了意义。就像没有人，树倒了，是否有声音，不值得去思考它，有声无声干卿何事？因此，让创客现场参与和感受中国万众创新的宏大历史场面，它本身就是最好的奖励。

生活在三维时空刻度中的平常人只能看到现在、此地和周遭人事的客观世界。“事实”（factual）是平常人认知的基本单位。离开它，三维世界轰然坍塌。生活在六维时空刻度中的创客，他们的认知基本单位不是“事实”而是片断形态，通俗的称呼是“雏形”。就像雪花的片断不断重复，基本结构不变，从而形成我们眼里的雪绒花一样，雏形不断重复，形成商业模式和市场业态。创客首先要做的事情是找出他们认为有价值的商业概念雏形，其次就是向目标客户不断显示这个雏形有价值的证言。

因此，创客的创造活动有阴阳两面。我们看不到的，在他们头脑中持续思考的是雏形。我们看到的，他们向外界展示的，是这个概念雏形的证言。这两个内外活动持续进行，一直到形成能够说服外部世界的商业模式。好像冰山一角下面的部分才是冰山的主体，不理解创客的思维过程，就不能真正懂得成型的商业模式的前传，即思考雏形概念和制造证言活动的部分。

老子曾说过，从 0 到 1，1 生 2，2 生 3，3 生万物。创客干的事情就是 0，1，2，3。现象（0），雏形（1），证言（2），商业模式（3）。

什么是事实？分明是我们对现象的共识。创客眼里没有事实，只有证言。证言就是通往共识之桥。

平常人看到的是公司、产品和服务的具体事实形式。而在创客眼里，它们都是为创新的商业模式提供说服力的证言。在这一点上，创客的思维与佛学的认识论有惊人的一致。常州天宁寺有一幅星云大师的偈语：“四大皆空示现有，五蕴和合亦非真。”星云大师的“示现有”解释，看似现实的世界不过是为让你相信的“证据或证言”。

即便是像丰田这样的大企业，在创造新生事物的时候，也遵从“示现有”的规律，为让消费者相信而制造栩栩如生的证言：我们参观丰田的绿色梦幻城，它就是丰田创造绿色产业的证言。

不懂“事实”与“证言”之间的区别，先进的技术也未必能保证商业成功。同样在太阳能行业，尚德的施振荣和特斯拉的马斯克的区别在哪里？施振荣是工程师，马斯克是营销未来的造梦者。在发展初期，太阳能不可能与化石能源比成本，就算比也是比不过的，必须比的是对未来梦想的贡献。

“因为贵，所以我消费！”太阳能必须营销出这个“显摆”的心理效果才有胜算。马斯克的特斯拉暂时做到了。

创客思维的第一维度是想象（平常人）“无法想象的世界”（thinking impossible）。

马斯克曾罗列影响他最大的几本书，其中之一是《银河系漫游指南》（*The Hitchhiker's Guide to The Galaxy*），他从小到大经常翻看该书。类似该书的流行著作在中国也有，叫《三体》。前一本书讲的就是怎么样把完全不可能的事，有千万个不同维度的事，宇宙中完全不相干的事，通过一个金眼睛装置变现在你的面前。夸张地讲，你觉得完全不可能和玛丽莲·梦露约会，但通过金眼睛她就能坐在你的身边。

就在大家还停留在钻研什么是可能的层次上时，马斯克这样的人却在思考什么是不可想象，但却具有生存的重要性的。他的三大创业目标：做跨星际的生命，采集无尽能量来源的太阳城，改善温室效应的电动车，它们都是事关人类生存，但常人认为不可以想象的技术解决方案。

从不可想象的到可以想象的，半步之遥，从 0 到 1。

突破不可想象的“0”很有价值。“0”是什么状态？不是没有，而是万有的状态。就像正在就读的本科女生，没有谈恋爱之前，恋爱关系是“0”的状态，那不是没有男朋友，而是所有的男生都有可能成为她的男友的状态。“万有”，所有的可能性同时存在的状态。

想象不可想象的，就是进入这样一个“万有”的状态，它包含了所有可能的秩序。它让创客占据无法对抗的高维度。高一个维度看世界，创客将超越垄断和竞争，位居至上的统治地位。从高一个维度看世界，像树叶没办法抵御蚂蚁的侵蚀，蚂蚁没办法抵御小鸟的侵袭，小鸟没办法抵御老鹰，老鹰没办法抵御人。每一个上一层都是在更高的维度上看下去，不是垄断，是统治。对于树叶、对于蚂蚁，不是蚂蚁垄断了树叶的世界，是蚂蚁统治了树叶的世界。对于鸟和蚂蚁的关系，不是小鸟垄断了蚂蚁的世界，是小鸟统治了蚂蚁的世界。这从另一个方面解释了创业者“核聚变”能量的来源，因为他们是统治者，统领其下的一切资源。

为什么从不可想象的维度到可以想象的维度如此重要，因为从不可想象的到可以想象的，从高维度到低维度我们看到的世界立即变化，不是垄断的关系，不是竞争的关系，是统治和仁慈的关系；不是商业的关系，是政治学的关系。

回到平常人为何不能像创客那样想象不可想象的新秩序这一问题，因为有四道藩篱。现在我告诉你，打破它们，才能成为真正的创业者。平常人想象力的藩篱有如下几种。

第一，没有可供表达的概念。例如，首先找到按揭这个新概念的地产创客创造了卖期房的新秩序。

第二，找不到能够传递感官刺激的中介，因此无法用比喻的方式组织对新事物的理解。马斯克用视频显示充电和加油的速度，因为他知道，只有以旧比新，才能让消费者感受新产品的价值。

第三，囿于思想和文化的禁忌。像创造“优步”（Uber）的那个人，他的愤世嫉俗的性格对他屡屡打破禁忌有帮助。

第四，常人的心理承受能力。马斯克成为亿万富翁之后，再次将全部家当投入电动车。他太太最有感受，因为接受不了离他而去。马斯克有破釜沉舟的心理能力，它在关键时刻发挥了无可比拟的说服力量。

你能打破上面的四重藩篱，你就向成为真正的创客迈出了一大步。

创客思维的第二维度是让文学想象的成为可以商业追求的，即从 impossible 到

possible。怎么进入可以想象的世界？你要有两种能力：一种是文学虚构的能力，另一种是追求社会乌托邦的能力。例如，研究日本你不去看《阴翳礼赞》一书，你是没有办法想象日本人为什么那么细腻的。写这本《阴翳礼赞》的谷崎润一郎，这位19世纪的文学大师，他最关心的是什么呢？他最关心的是在日本的建筑中间，阴暗的树荫下，蹲在茅房里，茅房距地有3尺，那种落到树叶上的声音多么地动人，这是谷崎润一郎说起的《阴翳礼赞》。换言之，你要有想象力才能想象出阴暗的美好，这个时候你会发现创客有那么多好的构思我们没有办法想得那么细腻，因为这和他们特有的想象力有关。

你要有虚构能力，在东方是这样的，在西方也是这样的。为什么《爱丽丝梦游仙境》成了经典，因为它不断地挑战我们的想象。在文学的世界里，我们会在文学想象中间发现商业的可能性，你不知道哪一天就能在一本文学作品中找到商业的可能性。我们最缺少的不是工程师，而是想象力，是梦幻的能力，你要想成为创客，你首先要成为一个敢于做梦的，并且能够做多姿多彩的梦的人。

为什么文学有如此的魅力？因为现实中没有办法实现的，在文学中是可以想象的，并在头脑中立即实现。把文学可以想象的变成值得商业追求的，这就是创业者和文学家的区别，文学家用文字表达他们的想象，而创业者能够把只有在想象的世界中存在的文学价值当作商业价值兜售出去。这是他们的本事。

第二种能力是追求社会乌托邦的能力。马斯克这位创造特斯拉车的著名创业者他最崇拜的人是谁呢？不是特斯拉，他最崇拜的人是亨利·福特、托马斯·爱迪生、迪士尼兄弟，他们都有一个共性，追求社会乌托邦。亨利·福特，我们只知道他建造了生产流水线，但你不知道他建造生产流水线的目的不是为了生产车，也不是为了推广生产流水线，而是为了兜售他的社会影响。在18世纪和19世纪时，大量的移民进入了美国，有各种各样的语言，有自己不同的文化，怎样体现美国是一个大熔炉呢？那时，福特企业有一个重要的仪式，中国人穿唐装、乌克兰人穿乌克兰的衣服、高加索人穿高加索的服装，走过一个长长的扶梯，每个人把自己的衣服扔进一个烈火熊熊的熔炉里，再换上西装。通过这个象征文化脱胎换骨的洗礼，亨利·福特要做的是改造社会。他们是商业乌托邦的设计者和缔造者。

创客思维的第三维度是突破小概率事件的边界，从 possible 到 improbable。我们生活在一个概率分布的世界，一切存在的都只是概率分布的高低差别，没有任何现象是 100% 的，即便是已经发生在我们眼前的事。

平常人想到、看到却不敢去尝试的东西，往往因为它是小概率事件。创客则敢于尝试，他知道怎样拆散小概率事件的魔鬼三角区的边界，这是他和我们的区别。任何的诺贝尔奖获得者都是打破边界的，研究边界问题是每一个学科中最重要的问题，创业者也一样，他们是研究并打破边界问题的人。这三条边界，是非理性条件的边界、科幻条件的边界、非分之想的边界。边界被打破了，看起来仍是小概率事件，但它成功的概率就一下子提高了。

电动车不是什么新玩意儿，已经搞了上百年了，电动车的历史很长，比我们现在看到的油气混合汽车的历史更长，但是，把电动车和太阳能结合在一起，让人类“免费”旅行，成为一种新生活运动。它们单独存在时都是非理性、科幻和非分之想，但马斯克把它们联系在一起，让能够想象的、小概率的变成有极高成功概率的。

所以重点是打破小概率事件的藩篱使其变成大概率事件。例如，到火星的成本太高，我们制造可回收的发射火箭，成本就降低了。这些创业者他们的思维方式不一样，当马斯克发现火箭发射的成本只有 20% 在材料，而这 20% 是他无法突破的。但是，他知道这意味着什么，另外的 80% 是什么？ 80% 是大脑想出来的。只要是大脑想出来的，就有办法走捷径。他看到 20% 的材料是固定的变量，其他成本是设计的原因。只要是设计的原因，大脑过去想不出来的，现在，换一个大脑也许就可以想出来。如果事关想象的变量，想透了，小概率的事件就变成大概率的成功事件。

可回收的发射器，现在成功了吗？还没有！但我们感觉到是否在接近成功？是！现在你明白了吧，马斯克的所作所为就是不断向你提供有说服力的证言。只要我们认为，那是一个值得梦想的乌托邦，愿意和他一起共同建设这个乌托邦，你买特斯拉，你用他的电池，你用他的太阳能都是你加入这个乌托邦付出的入场费。到了未来某一点，人们会发现已经实现的与曾经兜售的有许多差别。没关系，平常人最擅长的就是说服自己，为过去的选择提供一个理性并完美的解释。

创客思维的第四维度是设计大概率事件的实现条件。初创时期的成功需要哪些条件？

首先是政治条件。夸张地讲，无论你是卖水的、卖冰的，还是卖雪花的，如果你能游说政府零税收、全垄断，有了这个政治条件，不管你卖什么，都有可能成功。所以，创客知道，如果一个主意要变成大概率成功事件，政治条件很重要。

其次是科技条件。今天我们看到的认为不可能的大概率事件往往是因为它有很多技术的原因限制，而创客知道如何找出突破的方式和方法。

再次是唤起消费者的追随热情。社会意愿是一切社会生产和消费活动背后的心理资源。

最后是有获得你想要的经济资源的新方法。

在创造政治条件为商业开路方面，加利福尼亚州的商人非常突出。那儿是一个专门出政治理想和自由派政策的地方。如果马斯克不能游说州政府补贴电动车，不能游说华盛顿开放军事化的太空生意，他的特斯拉和 SpaceX 就不可能存活到今天。改变政治条件也就改变了获得资源的来源和通道。

说到科技条件的突破，在日本筑波，现在他们已经研发出来了所谓的微芯片实验室，这将对过去英特尔的商业模式带来致命打击。过去，你要投资 10 亿元以上做一个芯片生产线，我要订 200 个芯片，不可能成为你的客户。未来，微芯片实验室按你要求的芯片数量生产，多少都没问题。过去不可想象的制造模式，现在变成完全是可能的，所以这是所谓的科学条件的突破。

还有一个获得资源的方式方法就是动员全社会的意愿。当特斯拉宣称开放专利，推翻专利墙的时候，全世界的粉丝沸腾了。马斯克一句，我们的专利皆属于你，引起全社会潮水般的共鸣。因为专利是资产阶级法权的基石，他的这个表态是革命性的，自然能引发革命性的回应。因为有社会动员能力，所以他可以获得一般的企业家没有办法获得的社会资源。

现在我们看到，创客是怎样放大自己的成功概算的。他们明明干的是小概率事件，为什么能成功？因为他们可以从上面的四个条件改善过程中放大机会。

创客思维的第五维度是为证言建构完美的虚拟现实。这是一种“曼荼罗思维”。

曼荼罗又称唐卡。佛学中的曼荼罗在认识论和实践论上与创客的思维有相同之处。概要地讲，曼荼罗表达的是：世界是一个系统的整体；整体层次演绎，由概念到实在。曼荼罗中浑然一体的生命道场，在商业创造活动中也一样：商业生态的生命力来自它从概念到实在的一致性，以及变化形式之间的相同性和对每一个阶段的合作者的感召能力。马斯克看似做的是跨界的事情，从能源、交通到星际移民，但它们全部都有内在的相同性。它们对合作者的吸引力无法单独而存在，必须放到一个道场中才能看到各自的魅力。和合在一起，它们形成完美但只是虚拟的存在。

从完美虚拟的存在到切实确定的实在，它往往是一个漫长的过程。这个过程中有诸多的变量和不确定性，任何干扰都可能带来合作者的失望和放弃。因此，保持合作者连续的关注和信任，维护它的真实性就至关重要。优秀的创客有能力保障这种念念相续的社会关注。他们在人事、语言、沟通仪式、制度、产品、服务、市场份额等诸方面制造不断进步的认知效果，他们的一切活动都是为说服合作者的持续关注和信任提供证言。

为了提供“真实存在”的证言，创客有能力在过去、现在和未来的不同时态间穿梭往来。需要“既有事实”的证据之时，呈现出来的证言都是过去时。需要产生渴望效果的时候，呈现出来的证言就是未来时。为说明创客全力投入，呈现的证言肯定是现在进行时。用这样的自由时态观去观测，我们看到 2015 年 5 月马斯克宣布说 Dragon 2 逃生系统实验成功。为什么要这么宣布，因为可回收式的火箭不知道什么时候成功，所以他要在你想象力的里程碑上放上一个现在进行时的真实证言，证明马斯克带领我们向走向火星的历程正迈出坚实的每一步。

理解上述的自由时态观，你就明白了创客思维的第六维度示现有的，未来时态，倒叙执行。这是有科学根据的，卡尔·维克（Karl Weick）的“感触生现实”（sensemaking）理论指出，我们对未来的想象和今天的行动都相互影响，过去的记忆是可以被修改的，我们是在想象未来中生活，在回忆过去中找到意义的。这些不是创业者自己搞出来的规律，是人、社会人员之间互动的过程中所体现出来的一些基本的特征，他们只不过是天生的有这样的禀赋把它们汇集到一起运用于他们自己的事业中。

可口可乐、公寓别墅、航天飞机、化纤服饰、人造奶油、沙漠海景城市，我们的吃喝住行，甚至生存环境，都是主观想象出来的。上一辈创客天马行空的想象成为下一代奉为圭臬的现实。上一代创客中有奇思妙想的竞争者很多很多，为何只有其中的一些可能化为后来的实在？笔者认为，因为那几位成功的创客全面而系统地运用了上面的六种思维。

以色列的“战士创客”

| 时事微评论 |

为能够在强敌环绕下生存，以色列开发出了一系列应对危险而动荡环境的策略。“战士创客”代表他们的组织策略。无论是对国家还是企业来说，这个组织策略都有可借鉴的价值。世界越危险，国际环境越恶劣，以色列的经验越值得效仿。对于走向“一带一路”的中国企业，应该必修“战士创客”。

统计学家伯克斯（George Box）说：所有的模型都有误，但有的更有用。创新创业的模式也是如此。总结全球各国的模式，大约有下面几种：①以产、学、研、官互利生态为核心，以宽泛政策法律和社会自由文化为“羊水”的硅谷模式；②以国家对外贸易的产业政策为前瞻引导力量的日本筑波模式；③以大公司内生创业、迭代发展的英特尔模式。目前，中国正在推行的“双创”模式也备受瞩目。

在上述广为传播的模式之外，以色列的准军事化创业模式却鲜为人知。以色列人口只有 770 万人，却拥有 4800 多个创业公司，总数量之多仅次于美国。它们中不乏具有突破性创新技术的高科技公司，如环保、网络安全和医疗智能设备等。特拉维夫证券交易所有 616 个上市公司，平均每 12500 位市民就有一个上市公司，相比之下，美国每 4.7 万人才有一个上市公司。纳斯达克市场中，来自以色列的科技公司超过来自日本、韩国、印度、中国以及欧洲的公司总和。其中，一个全球投资界关注的现象是 IDF Unit 8200（简称 IDF 8200）。从来没有过一个军事小分队组织能孕育出如此多的创业公司，并且在纳斯达克市场成为以色列上市公司的主力军。IDF 8200 就是本文希望解剖的“麻雀”。通过它，我们可以解析以色列的“战士创客”模式。

IDF 8200，尚未被打破的创客奇迹

为应付中东复杂的战争形势，以色列国防部成立了 IDF 8200。从 1979 年成立开始，它就是一个军事特种精英组织（对内被称为 Talpiot）。多年来，从 IDF 8200 退伍的战士成立了一批又一批高科技创业企业，包括 Check Point、Imperva、Nice、Gilat、Waze 和 Wix 等信息技术公司。Palo Alto Networks、Sequoia Capital、PayPal 等已经在美国市场具有影响力的企业，其高管也都有来自 IDF 8200 的退伍战士。

我们现在普遍使用的 USB 就是一位 19 岁的 IDF 8200 战士发明的。它起初的用途是伪装成钥匙挂件，以便于间谍下载情报。我们在电影中看到的能自我销毁的佩戴式电子设备，IDF 8200 也有真实版的样品。曾有两位 17 岁的成员设计过可以接打电话，并可以用脉冲远程摧毁的手机。退伍后，这批战士成为以色列每年 60 亿美元出口额的网络安全业务的生力军。

除了信息安全行业，IDF 8200 的退伍战士在水处理环保技术、医疗设备、光学仪器和电动车电池等行业都大显身手。Bio Control Medical、Neurophage、Itamar Medical、Navotek Medical、TaKaDu 和 CleanTech 净水技术的创立者中都有他们的身影。

这些退伍战士认为，在 IDF 8200 的经历塑造了他们的思维方式。当面临新问题时，他们已经习惯边理解问题，边为解决问题准备新工具。这种思维模式帮助他们跨越行业的技术边界，在不同领域取得创业成功。此外，个人成长过程中培养出来的合作习惯也让他们终身受益。

以色列“战士创客”模式的密码

“来自 IDF 8200 的创客”（Shmone-Matayim）已经成为以色列商界的一个人才“名牌”，他们的事业轨迹迥异，但都有如下共同的成功因素。

（1）从少年抓起。IDF 8200 就是一个典型，它从高中生里挑选有天分的学生，每年从 1 万人中选 60 人。招募后，这些少年被集体送到希伯来大学接受三年培训。他们既是在校大学生，又是有强烈自我角色认同的战士。大学强化课程结业仪式（Magshimim）后，其中的佼佼者供 IDF 8200 挑选。IDF 8200 类似美国国家安全机构（NSA）的情报分析单位。多年来，从这个单位创业转型成功的故事激励了许多优秀的青年人加入，他们把 IDF 8200 当作另类的哈佛、耶鲁和普林斯顿。这种正循环机制培养出一批又一批的商业创业骨干。

（2）强调高度冲突和混乱的环境下的解决问题能力。IDF 8200 的战士每天面临以巴冲突的现实。在混乱的城市游击战和巷道战中，区别平民和敌人，临场应变，那是家常便饭。长年的以巴军事和社会冲突带来一个经典的“极限实验室”。战士必须在最苛刻的资源限制条件下迅速找到最有效的问题解决方法，否则就得面对死亡。残酷的冲突刺激不断创新，像穿墙透视、医用胶囊探测、心脏手术探测仪、单胰岛素传输等 20 多项发明都来自高度冲突环境下的求生创新。

（3）模拟创业文化的工作环境。成员以小分队的形式组织在一起，具有极高的自治自主性。小分队信条包括：崇尚坚韧的心理和生理状态（chutpah）；讨论中允许挑战上级权威（roshgadol）；遇到困难先做起来，想办法自己解决（bitzuist）。

（4）战友风投互助网络（Yozma）。在全球的商业界，IDF 8200 退伍的战士/校友网络联盟有 1500 人。他们互相支持，跨国援助。其中先行者还组织了 Team 8 天使投资，帮助后来的创业者。校友会会长兰佩特（Nir Lempert）自己就是一个成功的创业者，他是移动通信公司 MER 集团的总裁。

（5）深刻理解和运用 Talpionim。Talpionim 是希伯来语，指像 IDF 8200 这样的

特种精英组织的参与者。可是它包含的意义极其丰富。戈斯特（Martin Gerstel）创立了一家医疗设备企业，两家电脑公司，都很成功。他认为，Talpionim 的思维方式强调边理解问题，边准备解决的工具，反对套用既有的方法到新问题上。参与创立 IDF 8200 的空军准将伯哈来（Aharon Beth-Halachmi）认为，严格挑选少年参与者，进行全面的基础科学教育，灌输他们让以色列更强大的思想，以及进行问题思维训练，这些综合因素创造了这些“战士创客”。

希伯来语中，Talpoit 的原意指“一切歌的原曲”，也有“拱卫在中心的塔”之意。1973 年后，希伯来大学的两位教授，多汉（Felix Dothan）和雅兹（Shaul Yatziv）向军方描绘了一个全新的增强国力的教育计划，并游说成功。它就是创立了 IDF 8200 的 Talpoit 计划。如今，已有 32 届的 IDF 8200 创客战士在全球高科技领域中扮演着领导角色。

每个成功模式都各有其历史，也无法复制，却一定有其可以效仿之处。放眼远望三十载，甚至到 2046 年，深谋远虑的眼界仍可以作为各种模式的设计原则之一。

让失控“发酵”成颠覆

|时事微评论|

控制可以，超稳就危险了，对此普利高津（Ilya Prigogine）的“耗散结构”理论已经提供了科学的解释。一切都处于“成、住、坏、空”的动态失衡中。控制达到的暂时均衡与稳定有自己的周期，违反周期，强行保持超级稳定，不仅浪费隐含的机遇，更是自找麻烦，囤积危机。

参观腾讯的人经常喜欢问“微信”的决策过程。得到的回答则很简单：允许失控。像发现青霉素一样，让不经意的“偏差”发酵一会儿。

像 Airbnb.com 和 Twitter 一样，颠覆模式常常发轫于不经意的机会。它们往往以“弱信号”的形式出现在众人面前，但敏感的创业者能想象它可能成长出的样子。与较稳定环境下的常态规划决策不同，新模式能否成功，只有通过变化的过程逐渐呈现出来或衰变下去。它是一个关于变化状态（变态）的决策问题。

弱信号有多种形式，甚至会呈现一个新视角，刺激人们重新整理已经了解的事实。例如，在斯诺登暴露美国国家安全机构的全面监控网络后，成立于 2010 年、以隐私保护（不跟踪上网记录）为卖点的 duckduckgo.com 搜索引擎的日访问量从 200 万上升到500万，季度平均增长率从2013年前的200%上升到2014年的500%。“棱镜门”让人们重新认识了这个挑战谷歌模式的“丑小鸭”。

让我们来认识并且感知颠覆模式是什么，以及它将带来怎样的冲击和改变。

颠覆带来生死冲击

商业模式的基本活动包括价值创造、占有和维持、交易与交换、资源获取与利用。当基本活动稳定下来，成为周而复始的习性，此时，组织成员之间有了较固定的互动联系模式，结构便形成了。因此，稳定后的商业模式呈现出三大结构：价值结构、交易结构和资源结构。

熊彼得的“破坏性创新”和克里斯坦森（C. M. Christensen）的“创新者的困境”解释了颠覆模式为何会带来生死冲击：①它从低成本的新技术开始，提供不全面但单项效果明显的产品；②对性价比敏感的客户选择消费它的单项效果；③在流行中，它不断降低成本，逐步包含新的价值功效；④随着规模的扩张和深度的加深，它取得结构性的优势，颠覆旧技术，进入高、中、低客户群；⑤网络通信技术盛行后，颠覆性技术以光速蔓延到所有行业。

因为颠覆模式有摧毁性的潜力，当管理层感受到冲击时，他们往往因为担心没有机会反应而陷入恐慌的心态。

恐慌特征

变态决策与常态决策的重要区别在于决策者的心理状态。2011年2月，当新上任的诺基亚总裁埃洛普（Stephen Elop）宣布变革新策略的时候，他在北京的中国同事已经在纷纷寻找新东家。一旦管理层陷入恐慌的心理状态，他们选择和执行颠覆模式的效果不但大打折扣，而且会助长危机越过临界点，进入无可挽回的溃散过程。同时，如果管理层能够将恐慌转换成“紧迫感”，将有利于创新的决策。

恐慌心理是颠覆模式决策必须考虑的前提条件。在它的影响下，一般决策者的表现如下：①缺乏关于决策对象的完整信息；②容易放大事件对自己生存的影响；③缺少直接判断的依据和指标；④容易联想灾难性的后果；⑤容易受专家意见的左右。

针对颠覆模式引发的恐慌心理有两种管理状态：①恐慌激起管理层的“自动驾驶”思维模式，将精力放在业已熟悉的旧业务活动中，力求用降低成本和提高效率的方法求生存；②管理层利用恐慌心理提升组织的紧迫感，调动积极性，为创造新业务服务。

华为的任正非常用“华为的冬天”来警示管理层需要励精图治，英特尔的前总裁格罗夫（A. Grove）也用“只有偏执狂才能生存”告诫团队，它们都是管理层善于利用自然的恐慌心理的案例。

不确定性和实践性

颠覆模式难以驯服，因为它包含不确定性及“实践性”（praxis）。

常态决策中，商业模式已经有广泛的事实支持，有历史数据的反馈（feedback）。因此，按标准化的最佳表现行事即可。

可是，着眼创造不同未来的颠覆模式没有这些过去时态的反馈。它投射创造性的活动到预想的未来，是未来时态的“前瞻反馈”（feedforward）。这就注定了它包括奈特（Frank Knight）所说的不确定性：对小概率事件，我们必然存在无知的盲点。

早在 1929 年，通用汽车公司就参股了波音的前身“福科”，在年报上，通用汽车公司解释说，无法描述飞机的未来，但“通过参股，我们置身空中交通之前沿，有机会深切理解其中的问题。据此，通用则能获取逐步清晰的评估证据，增长判断能力，进而决定发展的策略和政策”。

通用以前瞻性的行动应对不确定性，也意味着不确定性中包含可创造性。颠覆模式的未来不能用常态的线性假设去推导，它是一个边做边成形（或边溃散）的“非线性变态”过程，这就是颠覆模式的“实践性”特征。

双灵活能力

应对颠覆模式，企业需要“开发新地租”和“挖潜旧地力”的双灵活能力。

并不是每种颠覆模式都能为创造者带来“先行者的红利”。“网课”（coursera.com）曾联合来自斯坦福等大学的名教授，试图颠覆传统大学教育。两年过去了，它不得不重新寻找和传统大学互补的模式，而非颠覆。借用经济学的寻租概念，用颠覆模式创造新产业犹如“开发新地租”，它需要设计合适的转型过程。

颠覆模式也并不是非得将现有业务“革命”才会成功。同样是书店，发源于大阪的“茑屋书店”（Tsutaya Books）把书店开成文化的庙会，视传统书店消亡为扩张的机会，在全日本开了1400家分店，它成为传统书店利用网络技术强化现有业务的成功案例。

忽悠有道理

|时事微评论|

没有想象力，就无法忽悠。忽悠与创新同出一门而异名，从认知活动的过程看，二者具有高度相似性。忽悠更强调抓住对方的心思，保持不断增益的沟通过程。在理解和把握人性与心理方面，创新者可以从大忽悠那儿获得启发。防备大忽悠不难，难的是把自己变成大忽悠。请牢记，创新与忽悠之间仅仅有一条若即若离的线。

忽悠有两种，一种是恶意诈骗，另一种是把未来的可能当作现在的必然来操作。后者有着悠久的实践历史和深刻的理论基础。温州老杨的忽悠之道就是吃饭。老杨把他20世纪80年代到上海白手起家的经验总结为一句话：没有钱，借债也要请客吃饭。只要有饭吃，就有生意做。克里斯有一个安装圣诞彩灯的小公司，每次爬上爬下客户屋顶安装彩灯的时候，他会顺便拍下屋顶砖瓦和木檐的状况。他的忽悠之道是：我最了解你家的屋顶状况，小洞不补，大修如虎。他的附加值服务获得了客户的赞赏，不久，克里斯开发了夏季帮助客户修理屋顶的业务。亚马逊发家于网上售书。因为网购基础设施的需求，它有大功率的伺服器系统。于是，它顺道向包括竞争者在内的客户提供远程伺服器储存业务，反正空置的设备闲着也是闲着。当云计算兴起之时，亚马逊一转身成为其中的领先企业。做衣服的熊先生是上海定制服装的前辈。在定制遍地开花后，熊先生忽悠频繁进出上海的公务客户：西装就保养在我这儿，从此不用担心航空公司丢行李。上述企业，无论大小，它们都体现了一个共性：市场不是发现，而是创造出来的！他们在忽悠中创造出新的价值效果，变可能为必然。

与开拓成熟市场相比，从无到有创造市场遵循不同的商业逻辑。Saras Sarasvathy 和 Nicholas Dew 等创业学研究者指出新市场不会从旧市场的同质扩张中自然产生，而是经过跨越性的重组过程创造出来。这个过程遵循的是“创造效果”或“能动”的逻辑（effectuation logic）。他们用历史材料说明，每一个破裂的现实（危机 / 动荡）背后都隐含着无数的未来新现实（可能性）。创业者不仅要敢于尝试，还要乐于创造与周边人群新的积极关系。积极的关系让可能转变为必然。能动逻辑三段论是：①不等不靠，因陋就简地制造积极的市场关系效果；②合纵连横，在编织市场关系网络的同时，让每位参与者放大各自的资源利用价值；③乘风就势，在想中做，做中想，边想边做，让商业目标和模式自然浮现出来。总结它的运用过程，创业没有起始因果关系，从能做什么开始，通过做出来的效果积累利益相关者对自己的正向关注，在积极作为中提炼出企业的发展目标。它的实践者崇尚“行动创造理解”的非线性思维。

忽悠不能是欺骗，能动不是乱动，特别是在高不确定性的动荡环境条件下。运用能动逻辑的第一条就是“输得起原则”。对于有较富裕资源的企业，它们评估企业再创业项目之时的第一个问题就是，此项投资失败是否会动摇企业的基业？通过这个测试后，接下来的问题不是市场定位（目标），而是利用既有的能力（手段）创造怎样的正向效果。

输得起的能动逻辑从来不谈环境造成的限制性条件，它只认同从手头现有的资源能力开始行动，通过行动产生的效果创造有利于自己的条件。在有利条件的基础上，创业者不断寻找新的利益相关者，延续和他们之间的积极正面的互动反馈关系。只要制造出这样的关系，利益相关者就会有持续的承诺；只要有不断叠加的承诺，外部环境中的有利条件就会变得越来越厚实。在厚实的有利条件支持下，可能的就转化成能够实现的策略目标。理解了能动逻辑后，上次受到蜜饯事件影响的一家休闲食品连锁企业开始大胆地思考主营业务之外的再创业项目。他们尝试利用现有的果品类、麦类、豆制品和果仁食料制造“主食零吃”的效果。他们设想利用中医养生七分饱的原理，针对女性白领的生活节奏和进食偏好制造“营养随时补充，主食可以零吃”的习惯。在能动逻辑的启发下，一家中国运动类产品的龙头企业也准备利用渠道能力和人员优势在消费群体中制造“运动公社制”的群体运动效果。能动逻辑尚未给他们带来清晰的策略目标，但是，行动效果本身已经激发出一系列过去难以想象的策略可能性。

加利福尼亚大学伯克利分校的哲学家戴维森（D. Davidson）把世界划分为客观、主观、互动观（inter-subjective）。互动观的世界不是先验的，也非既存的。它是在人们创造性的互动活动中逐渐生成的。各种数据显示，在未来数年，中国企业不太可能在他们业已领先的成熟市场中持续兴盛。他们需要遵循能动的逻辑，不等不靠，因陋就简，把未来的可能当作现在的必然来操作。别忘了，企业不是游戏，再创业项目要通过“输得起原则”的检验。

创新的“归一论”

|时事微评论|

老子的“道”中阐述的 0 与 1 的关系越来越受到创业者的关注。而东方哲学一旦注入西方创业者的头脑，他们更倾向于如何操作，怎样落实到实践中。“奇点大学”这样的新生事物不一定能够在第一回合就成功。可是，方向对了，持续调整，它的成功概率会节节上升。对东方企业，怎样把抽象概念具体项目化，这仍然是一个挑战。无论成败，“奇点大学”勇敢创新的经验很宝贵。

每个国家和地区都试图模仿硅谷的创新能力，但鲜有成功者。其中的秘密在于，从半导体到网络经济，硅谷企业在每个领域创新之前就已经形成了一套自成体系的商业意识形态。因此，看似混乱的、随机的探索性活动都在一个无形的秩序思维框架中。最后，量产生质，无数的试错试验制造出惊天动地的新技术。2008 年成立的硅谷“奇点大学”（The Singularity University）就是这个秘密的活样本。

现任谷歌技术总监的库茨魏尔（Ray Kurzweil）在 2005 年出版了《奇点迫近》（*The Singularity Is Near*）一书。作为一名长期鼓吹“技术进步解决人文桎梏”的未来学家，他预测描述了基因、材料、网络、神经系统、意识认知、电脑等多项领域的未来发展，认为一个多学科共融归一的技术鼎盛时代就要到来。那时，跨学科融通技术将产生爆炸性影响，人的意识将可以上传到类似“阿凡达”那样的仿生仪器之中，生理死亡和意识永存将并行不悖。人类社会将进入一个“超人”的阶段，因为凡人的肉体局限将被卓越的机器突破。

库兹维尔的机器与意识“归一”的思想被另外一批硅谷的技术先进者所接受。2008 年 9 月，在美国国家宇航局的旧址，他们共同创立了“奇点大学”。这个营利性的大学 / 训练机构立下了几条规矩，它们虽简单，但构成了一套商业意识形态：①关注涉及人文命运的宏大挑战；②致力于开发独到的技术，它必须能够有几何级数爆发成长的潜力；③鼓励学员大胆假设，大胆实验；④召集汇聚跨学科的力量和人才，共同寻找提高社会影响力的解决方案；⑤相信几何级数技术能带来跳跃性社会进步，制造丰裕社会，并为解决各类社会问题提供有利的条件。在库兹维尔看来，线性进步的技术不值得关注，就像从 1 到 30，走 30 次，迈开 30 步而已。但是，几何级数发展的技术，迈 30 步，则产生 10 亿倍的变化，它才是学员的研究指导思想。

“奇点大学”只有研究所项目、孵化器项目和高级管理人才短训项目。他们每年从全球3000个申请人中选择80名学员，让他们混合在一起做具有实践意义的创新研发。录取的条件之一是写一份能够至少影响万人的技术创新计划书。参与大学管理和教学的人士大多为“归一”技术的憧憬者，他们包括前任宇航员、风投成功人士和硅谷地区的技术领袖，如谷歌的创始人布林（Sergey Brin）和人类基因序列的首发现者文特尔（Craig Venter）。他们愿意参与的另外一个目的，是从这个小圈子中物色未来的员工与合作伙伴。

几年来，“奇点大学”的孵化器项目促生了 20 多家小微技术企业。与前期的大量投入相比，“奇点大学”所追求的策略目标还很遥远，也没有任何迹象能保证它会很快成功，人们甚至批评它所奉行的技术优越观和归一论。但它活生生地显示出硅谷冒险模式的深层结构：①建立一套有感召力的形而上思想体系来指导形而下的技术创新；②用思想凝聚志同道合的信奉者，特别是有技术力量和社会影响力的信奉者；③保持对自己这套商业意识形态的高度乐观；④培养年富力强、饱含热情的追随者，让他们用无穷的实践摸索出具体的成功道路；⑤ 20 年为一代，你今天看到的隔夜奇迹来自从小数点后几位数开始的微小技术裂变。

在上述深层结构支持下，硅谷才能够承受 99% 的失败。因为有预先梳理清楚的商业意识形态，看似混乱不堪的创业尝试也一定会产生 1% 的成功。这就是意识形态的力量。

在我国全面推动社会创新和经济转型的过程中，我们已经有了令人羡慕的硬件和软件，甚至资金和人才支持，但是，我们有自己的商业意识形态吗？

拼装版的互联网思维

|时事微评论|

营销广告词变成思想代名词，它不是商人的错，而是学者的堕落。多年后，回顾互联网思维的狂欢，我们能回忆的恐怕就是一些哗众取宠的广告词汇。“互联网思维”已经被残酷地蹂躏，换个词汇来讲技术背后的创新思想则更合适。

“互联网思维”正流行全国！但流行的不一定就有价值，如正在流行的埃博拉病毒还非常有害。当一个被冠以“互联网”的思维肢解拼装已有的概念，来达到让听众神魂颠倒的效果时，它就不仅只是时髦，也不止于误导，而是有害！

网搜“互联网思维”要点，它们要么是早已实践的传统经验，要么是需要批判吸收的规律总结。现在，它们却被打包在一起，并当作颠覆一切的“模式”，让青年创业者跟风，让中小企业家恐慌。同时，这些要点闭口不谈互联网在经济应用过程中的潜在负面效果，客观阻碍了配套的公共政策。

在《休克主义》（*The Shock Doctrine*）中，社会学者克莱恩（Naomi Klein）批评包括经济学家弗里德曼在内的人搞“灾难资本主义”，指责他们制造和利用社会震荡来推销自己的商业意识形态。若不反思，“互联网思维”也将成为“震荡原则”

的新案例。

拼装版的互联网思维

怎样让一套无厘头说法听起来有道理？怎样让一个短期成功的特别经验摇身变为普遍适用规律？

拼装！把成功的管理经验不分前提条件地拼装在一起。至于说法和实践是否切实、可靠、一致，是否有普遍适用性，那些传播者才不会关心。

让我们来看看被贴上“互联网思维”标签概念的历史情境。

（1）迭代创新。30 年前，施乐（Xerox）复印机公司就已全面开展“迭代创新”。它包括，系列型号的复印机保持内在技术结构稳定，外部功能可以叠加或简化，随客户和市场的变化而改变。相比其他行业，如汽车制造业，施乐做得最好，但单一的创新招数没有改变它消失的命运。

（2）极致。参观丹麦设计师延森的设计室，能看到一件设计被反复打磨 75 次。“极致”是传统的设计原则，是基本功。日本企业把精益管理，摩托罗拉把六西格玛全面运用到商业流程中。“极致”虽好，但企业不思考而滥用，也难逃灭绝厄运。

（3）粉丝。成立于 1930 年的美国航空公司（American Airline）是最早关心客户忠诚度，并用“里程计划”来友好“捆绑”粉丝的企业。丽思卡尔顿服务的“金标准”也是为自己的“粉丝”打造的。粉丝营销方法在“经典化品牌”（Iconic Branding）里已经有全面的总结。

（4）口碑。南加利福尼亚大学陈百助教授十几年前介绍“Buzz”营销到中国的时候，给“口碑”一个更文学的名字“百滋”。成立于 1907 年的奢侈品百货店尼曼（Neiman Marcus）的店员允许客人把在别处买的货错退到自己柜台，它成为口碑营销的传统经典。

（5）社区。1948 年特百惠（Tupperware）塑料食品盒创造了商业历史。怀斯女士（Brownie Wise）设计的“特百惠聚会”策略，组织家庭妇女所在的社区，在吃喝之间就把塑料盒给卖了。此后，任何商业社区策略都会追溯到这个塑料盒子。

（6）故事营销。20 世纪 50 年代，肥皂剧风行欧美的电视和广播节目，为什么？因为日用品公司宝洁等要向家庭妇女卖“肥皂”，所以他们广告赞助“小资”故事并插播产品内容。算下来，故事营销已经有半个世纪的历史了。

（7）硬件免费，配件赚钱。约 40 年前，吉利剃须刀开始“配件利润”模式。后来，惠普将其发扬光大，开发“耗品利润”模式。至今我们仍称它为“剃须刀和刀片”（razor blade）模式。而吉利则把创造这一模式的荣誉归于洛克菲勒。早在 20 世纪 30 年代，他就在上海送煤油灯，然后卖煤油。

（8）体验设计。天主教开启了“体验”的概念，教皇封圣时需要有“神迹”佐证，即能够感受到的上帝灵现经历。商业体验的鼻祖则是迪士尼。1923 年，迪士尼兄弟把卡通电影转换为能够亲身体验的“迪士尼乐园”。从此，体验的价值成为商业设计的重点。

（9）跨界创新。到 2015 年，“跨界组织”策略（boundaryless organization）已实践 30 多年了。它来自 GE 韦尔奇的创新策略，已经有一套成熟的管理经验和做法。

太阳底下无新事，任何新商业活动和理论都一定会借鉴旧传统。但是，割裂传承，把传统经验打包成为新颖的独创，这种“扬弃”手段应该被抛弃，因为它的误导效果远大于其启发性。

除魅“互联网思维”

乔布斯说，需要花大力气才能做到简洁。对网络经济，笔者自己也走过了一个从魅力化到简洁认识的过程。10 多年前，写《网络经济的禅》一文的时候，笔者比现在鼓吹“互联网思维”的人还激进。

拆除营销的包装，互联网的核心只有一条技术规律，一条经济规律，两者阴阳相激相荡：①网络倍增效应；②信息产品复制与传播的边际成本递减。从这两条核心规律派生出来其他的几条子规律。

1908 年，贝尔电话公司总裁魏尔（Theodore Vail）从电话网络现象中领悟出“网络效应”，即随着用户量的递进，网络效能将呈几何倍数增加。后来，3Com 的创始人之一梅特卡夫（Robert Metcalfe）把它总结为：网络的价值约等于其连接用户数量的平方。

1999 年，夏皮罗和范里安（Carl Shapiro，Hal Varian）在《信息规则》（*Information Rules*）中详细说明信息生产和再生产的经济规律：原产昂贵，复制和传输成本极其低廉。

后来的经验显示，只有获得网络用户的三分之一以上时，网络效应才会出现。所以，网络企业联手风投，赔本赚吆喝，为了达到用户量的关键值，这就是“临界点原则”（critical mass）。一个领域，过临界点的往往只有一家。因为冠军之后，其余的都是陪葬，所以企业想方设法增加“转网成本”，“套牢”用户，这就是“锁定原则”（lock-in）。成熟的市场开始质疑其中隐含的经济负外部性和社会成本。

通过分析用户对网络价值的影响，以及信息复制和传播的成本，2004 年，安德森（Chris Anderson）的《长尾理论：为什么商业的未来是小众市场》（*The Long Tail*）发表，让他一举成名。他认为，信息内容版本化能让厂家以较小的边际成本制作不同版本的产品，并可以按照小众的消费意愿来定价，这就是“长尾原则”。安德森真话只讲了一半。另一半是，少数成功锁定大量用户的塔尖企业利用垄断的客户关系，转嫁商业成本，获取超额利润。这就是“需求关系经济中的消费关系垄断”（所谓的粉丝经济）。它和生产方的供给垄断一样不公平，但旧法律还无法应对新现象。

移动互联网和物联网带来一些新现象，即所谓的 ABC 现象：应用软件为王（App is the king），好处必须即时（Benefit is now），控制胜在无形（Control is invisible）。它们着重于一站式服务、即时交易和智能安全控制。但这些新现象并没有改变上述已经验证了的规律。

拼装的“互联网思维”最大的危害是模糊已经清晰的规律，让颠覆变成瞎折腾。不做知识积累的市场，总是不断处于转折点。

“亲爱的，在此地，我们要拼命跑，才能待在原地！”红发女王对爱丽丝说。“颠覆、裂变、异端，你才能生存！”互联网思维的红发女王对万千粉丝说。这两者多么相似啊！

互联网思维的两大陷阱

| 时事微评论 |

新技术当然会带来新思维，但是，互联网技术也刺激出许多“伪思维”。揭示伪思维背后的两大陷阱并不困难，困难的是，即使伪装已经被剥去，狂欢的人群仍然不愿意承认。避免失望比智慧认知更重要，尽管面临破灭的幻想是迟早的事情。

在新书《疯传》（*Contagious*）中，宾夕法尼亚大学教授伯杰（Jonah Berger）揭示了一个有趣的研究成果：社交媒体的录像，只有10%获得10次以上的点击，获得100万点击的远远低于1%。这是一个“长尾分布定律”（long tail distribution）的残酷版本：极少数人享有超级数量的关注，大多数人在网络上的存在可有可无。

就像“长尾定律”也能解释多元网络机遇的玫瑰版本一样，所有的网络原理应该是解码的钥匙，帮助我们具体情境具体分析。

可是，在流行版本的“互联网思维”中，规律被用来显示单面的“好处”。当知识权被用以做片面宣导，规律便成为意识形态，蜕变为思维的陷阱。“零利润模式”和“消费者主权”就是两个典型的陷阱。

“零利润模式”陷阱

20 世纪 90 年代，全世界都学习“戴尔模式”。它备受崇拜的能力就是快！同样的，“快”也被奉为互联网思维的金科玉律。

除了内部流程改造，戴尔的快是以转嫁成本到供应商那儿为实际做法的。戴尔的零库存建立在供应商替它库存的设计上。那时，它能做到这一点，因为它的模式暂时为全行业的第一和唯一，也即它在供应链中暂时处于垄断地位。当惠普、联想开始模仿它的供应链模式的时候，超额利润消失，产业回归动态的竞争均衡状态。戴尔也回归为电脑商，甚至落后于联想。它说明，转嫁成本的模式只能有短暂的生命周期。

为了快，今天，“互联网思维”中的推销员到处宣扬“零利润模式”“产业链延伸模式”“羊毛出在猪身上由狗买单模式”，它没有走出“转嫁成本”的老路，还因为无视转嫁过程中的剥削和增加的社会成本，违背了现代商业伦理和企业社会责任。

芝加哥大学的列维特（S. Levitt）很好奇城中贩毒的人为何啃老，好莱坞的演员为何住地下室？他和《纽约时报》的都伯纳（S. Dubner）调查发现了“怪诞经济现象”（freaknomics）。看上去光鲜的帮派生活和演员圈其实存在一个极其不平等的金字塔结构，只有少于 1% 的人或企业享受“怪诞行业”的最大利润，其他底层的角色都生活在社会平均水平之下。为何金字塔能不倒？因为每个底层的角色都自以为可以成为塔尖人物，而怪诞行业的秘密就是维持这样的幻觉。看看今天中国电子商务的实际情况，我们不难发现，不经意间，“互联网思维”鼓吹的就是这样一个迷幻的怪诞行业。

马克思说，劳动是人的第一需要，人通过劳动认识和完善自己。现在，一个个为社会提供有价值产品的体面企业，却被洗脑去实现“零利润”生产，被鼓励转嫁成本给下家，这是一种什么样的经济？这是一个违反劳动者劳动尊严的、反人类的怪诞经济！没有公平利润分配的产业链和商业生态对社会会有怎样的影响？苹果等在中国的代工企业已经给了我们太多血淋淋的教训！

“消费者主权”陷阱

互联网思维的另一条所谓的金律是“消费者主权”，即消费者参与制造客户化的产品。笔者认为，这是假话，只讲了一半。

大数据支持下的互联网带来的最大好处是信息不对称，即商家和消费者之间的信息不对称。没有它之前，收集消费者偏好的信息成本太高，商家只能以一个价格出售一种产品。有了大数据支持，商家可以通过低成本的产品性能重组向小众消费者标出不同的价格。简而言之，大数据帮商家成就差异化信息、（低组装成本的）差异化产品、高低不同的消费价格。例如，上国内的航空网站选购机票，直飞或转机偏好的输入不同，看到的价格也在不断更改。这也解释了“团购”可能得到同一企业、同一品种但质量差距甚大的低端产品或服务，因为商家希望通过团购处理滞销品。

为何在中国电子商务市场，消费者却能感受到普遍低价，而非高低不同的差异价格？那是因为居于金字塔尖的平台企业可以凭借自己的市场势力剥削利用另一端供货方的劳动力价格弹性。在活下去最要紧的市场中，总有人愿意以更低的劳动价格标售商品。寡头独占的地位让“大佬”级的电商可以选择利用弹性的劳动力价格，并能够保留弹性的消费价格做未来发展之用。这对于劳动者合理吗？在反垄断的大势下，它能维持吗？

供给与需求、消费者剩余、厂商剩余、边际价格、平均价格，这些微观经济学的概念清楚地显示，大数据帮助厂商实施边际价格，减少消费者剩余，扩大厂商剩余。在这个经济规律没有改变之前，消费者主权就是一个虚假概念。

大数据公司对消费者信息的不合理收集和使用已经到了公共政策必须干涉的程度。2014 年 8 月 31 日，CBS 的《60 分钟》节目详细报道了 Acxiom、Epsilon、

Experian 等商业大数据公司拥有并销售各种各样的私人信息，从病史、家庭问题到性倾向。其中一家公司号称拥有美国 2 亿人口 1500 个类别的私人信息。美国贸易委员会成员和参议院议员承认，大数据公司对消费者私人信息的控制和利用已经到了非立法限制不可的程度。在高度的信息权不对称中，“消费者主权”的说法就像给猪画口红，成为了一种搞笑的粉饰。

在《互联网冲击》(*Who Owns the Future*)中，拉尼尔(J. Lanier)诘问网络的“不经济”：如果创造内容的中产阶级都不断沦为底层，如果网络变成少数技术和金融新贵攫取利润的工具，如果网络经济变成“一花开放百花凋”，这样的经济要它作甚？！

欧洲最早使用“互联网”的要算马丁·路德。1517 年 10 月 31 日，路德利用新的信息工具——印刷术，出版他的 95 教义（95 Theses）并把它们贴在各个教堂的门上，形成网络传播效应。历史学家没有总结出什么“印刷思维”。铁路交通是美国最早的“互联网”，我们现在看到的组织结构图就是配套铁路技术设计的组织策略。管理学者也没有命名什么“铁路思维”。它们都是工具！思维必须在它们之上，而非陷于其中，自言自语。

古希腊传说中的第一个知识分子代达罗斯（Daedalus），为国王设计了迷宫（Labyrinth），没想到国王用迷宫来囚禁他和他的儿子。自以为聪明的代达罗斯为儿子装上飞出迷宫的翅膀。飞上天后，太阳融化了连接翅膀的蜡，他的儿子坠落大海身亡。对那些用“互联网思维”来迷惑市场的学者，这样的教训不可遗忘。

筱原一男原创策略五原则

|时事微评论|

在创新层次，一切的认知活动皆相通。而在艺术创新方面的心得更有通用性，我们从筱原一男的创作思想中可以看到与马斯克商业创新的共同之处。艺术家创作思想的精髓也可以广泛地运用到不同的商业领域，如果你的创新源泉枯竭，那就不妨去看看艺术展览。

现代国际建筑界以欧美建筑师为主导，但日本的建筑师们是其中的例外，自1979年开始，共有7位来自日本的建筑师获得有建筑界诺贝尔奖之称的普利兹克奖。

他们中大多数人的导师，是知名日本建筑师筱原一男（Kazuo Shinohara，1925~2006）。即使筱原一男已于2006年离世，2010年的威尼斯建筑双年展还是把金狮奖颁发给了他，这是在向他创立的“筱原流派”致敬。

“筱原流派”的生命力在于它的原创性，其中蕴含的规律同样适用于商业组织的原创活动。

元概念，根关系

筱原流派的每一次创作变化都不离“空间的元概念”，因此可以做到“形散而神不散”。此乃原创的第一原则。

对建筑，筱原牢牢抓住“空间”这个元概念。他还延伸了对三原空间（功能原空间、装饰原空间、象征原空间）的理解，总结出西方的“坚实空间”与日本的“虚无空间”之间的区别特征和建筑材质相关。代表日本建筑的桂离宫所使用的纤细材料不可能有西方的玻璃和混凝土材料所呈现的同样的表现效果。基于“虚无空间”的理解，筱原又在后来的“建筑样式”发展中提出“空的空间”和“无用的空间”设计理念。

一元复始，万象更新。每个商业秩序都应该有自己的元概念。

深挖剥离出事物的“根关系”，这是原创策略的第二原则。

像各种商业模式一样，建筑模式充满复杂的结构关系，找不到最深层的关系，模式就只能有一次生命绽放，没有办法层层精进，蜕变更新。筱原流派历经 50 年仍旧精健，在于它根植于最基本的设计关系——平面分割与连续。

50 年间，筱原的设计风格至少有四次大的蝶变，从第一样式到第四样式。但是，纵观变化样式中的不变关系，筱原的设计从来没有离开对“空间分割与连续”的思考。从第一样式的“白之家”到第四样式的赫尔辛基当代美术馆，筱原总是在尝试如何运用“分割轴线”，来让“空间连续”要么有确定的意义，要么有不确定的随机可能。“分割与连续”，它们组成一对悖论却相互依存的根本关系。

野性的活力

野性与活力，离开它们，原创便没有生命。这是第三原则。

“让性格相反的主题在一个空间中共存”，筱原创作的活力都来源于这个设计原则。在以勒·柯布西耶（Le Corbusier）为代表的西方功能极简主义流行的时代，筱原用日本传统的“非合理性”来包裹西方的“功能合理性”。当他为居家设计小空间的时候，筱原思考如何将城市大空间的片段碎片“侵入”家庭住宅的小空间。为两名艺术家设计的“上原的住宅”中，他硬生生地在房屋的中间安插 W 形状、裸露的混凝土支撑柱，创造出一个“杀意的空间”。即使在他承接西方现代立方体的设计理念时，筱原也强调“横穿过去”，而非亦步亦趋。他的这种“冲突与斗争”态度自然带来原创的活力。

即便在探索“对称的力量”的设计中，筱原也试图用平行呈现两种性格相反的关系来凸显空间的张力，让活力无法沉寂。他用“无机、有机、随机”空间的叠加来制造有张力的空间，用“让佛像乘上 F14 战斗机”来表达“意义的空间”和“技术的空间”之间的可能组合，用光和立方体的结合来彰显确定与不确定空间的互补。自然光的不确定与立方体的确定也组成“单点透视”和“动点透视”之间的变动和流转，给建筑带来活力。

不离不弃的文化身份

原创者要永远忠实于自己的文化身份，这是第四原则。

筱原流派，它首先是日本的，然后才是筱原的。世界建筑界对筱原流派的认同，首先来自对他建筑中表现的本土文化精神的敬仰。筱原也极力从日本传统中挖掘与世界对话的概念和元素。

除了研究日本民居的“聚落”形式，总结日本传统建筑的“非合理性”外，筱原还从歌舞伎表演中开发出“对活力的静态表现”的原创流派风格。对歌舞伎演员而言，演出动作的停顿瞬间才是戏眼，那之前的动作皆为这一瞬间做准备。歌舞伎的演技本质在“静止的形式上”。

比较欧洲的巴洛克庭院和日本庭院，筱原得出西方的时间元素和日本的“无时间”。日本庭院回游式的景观“设置在人们因为脚下的危险而自然会驻足的地方，没有时间概念”。

在对空间透视的理解上，筱原以京都的西本愿寺书院为例，说明社会关系在建筑结构中的反映："每个独立的墙面都由对应来自正面的视线构成"，因为它代表"正面"至上的权威和与来朝拜的封建领主（大名）之间的等级关系，"强烈的正面性一旦呈现，（各方）情绪立即高涨起来"。

"活力的静态表现""无时间""正面性"，这些具有文化身份的设计概念加持了筱原流派的原创价值。

语言即权力

建立与原创活动相配套的语言传播系统，这是第五原则。

一切社会权力关系最终均在语言上体现。维特根斯坦的语言权力观在筱原一男的建筑设计中有经典的体现。通俗地讲，能做的不如会总结的。筱原把自己 50 年的创作历程总结为五种设计的样式，并系统地阐述了它们前后的关系与差别。

日本的传统激发出"非合理性"的第一样式，但"传统是出发点，而非回归点"。学习西方现代立方体的设计是"无机空间"的第二样式，但要"横穿立方体"，得到对传统的"反空间"，来体现确定性。第三样式是让"机器代表的无机秩序"与社会混沌（有机）秩序交叉、重叠，让都市之力的公共空间"入侵"住宅的个人小空间。第四样式则体现在"用单纯的构成创作随机和混沌之美"，就像用一条单纯的直线，通过曲折，制造非线性的混乱美。重要的是，给人留下肆意穿插的自由，创造出新空间和根本没有刻意准备的意义。作为未完成的第五样式，筱原希望建立一个建筑的公理系统和概念装置，它们综合汇聚"极简美"和"混沌美"。就像万花筒一样，你永远不知道会出现什么图案，但你可以相信"万花筒"这个可靠的技术装置。

如果没有上述五个极其有传播效果的建筑语言样式，就没有筱原流派的思想影响力。人是沟通的动物，筱原的语言样式总结比具体设计图还重要，它们产生了经久不息的荡漾效果。

建筑模型的概念启发了"商业模式"的观念。同理，不同的企业都能借鉴筱原成功的原创策略。

上海距离硅谷有多远

|时事微评论|

硅谷只有一个，但是其背后的制度建设规律可以模仿。上海只有一个，只要吃透上海在中国走向“两个百年”过程中的角色，成为全球科创中心指日可待。硅谷成功，靠的远非技术。那儿的创业者吃透、用透环境条件，为创新建造出了一个系统的场效应。深切了解上海的历史地位，营造创新的系统场效应，这是上海要补的条件。

阿尼尔·古普塔（Anil Gupta）是马里兰大学战略学讲席教授，被誉为全球50位商业管理思想家之一。他对创业和创新的“硅谷基因”解析深刻，并成为研究硅谷创新策略的权威。对于全球复制硅谷模式的热潮，古普塔也有自己独到的看法。他罗列出未来可能替代硅谷的全球城市名单，在他不太长的国际创新中心替代名单上，北京名列其中。笔者与古普塔有多次见面的缘分，在参加多伦多“创新与创业协会”年会之际，古普塔友好地接受了笔者（以下简称鲍）代表《上海观察》的独家采访，并同意将他主题演讲的内容包括在采访文章中。为保持行文流畅，提问的顺序编排有调整。

鲍：关于下一个硅谷，你给出了一个名单：伦敦、柏林、北京、班加罗尔、以色列、滑铁卢（加拿大）、新加坡、首尔、智利。为何上海不在你的名单上？

古普塔：不是上海条件不好，而是北京的条件更好，更可能成为下一个“硅谷”。北京有一些得天独厚的优势，如清华和北大的优质研究资源和人才，其他地区的大学研究机构不在同一个级别上。

这并不是说上海没有机会。美国比较有名的创新和创业聚集地区，除了硅谷以外，还有“波士顿沿线 128”（Boston Route 128），那是围绕着麻省理工学院（MIT）而形成的创新创业区。硅谷的兴盛确实带走了一大批电脑企业，但 BR128 保持了自己在生物科技方面的优势，与硅谷形成了东西互补的局面。

鲍：你对中国的企业和城市相当了解。依照你的观察，上海的科技创新城市“体质”特征如何？

古普塔：上海有许多大企业，大企业有可能成为行业生态圈中的引力中心。但是，大企业并不能自动成为生态圈的引力中心，大企业必须有动机参与到行业生态圈的建设中。目前，上海的大企业还是“国有企业”的思维和行为，与民营企业创造生态圈的热情和动机相比，它们似乎还在抱着金碗乞食。

鲍：你多次强调大企业在硅谷创新中的作用，它们是如何发挥作用的？

古普塔：大企业不会刻意为了小企业的创新而做出贡献，但是，它们的企业行为特征可能带来滋润的效果，让上下游和周边的小企业获益，并因此共同培养行业的生态环境。例如，大企业的科研创新经费多、成果多，但不一定都能内部消化。多余的科研成果产生溢出效应，传递给周边的企业。早期硅谷电脑行业的发展就有这样的明显特征，IBM 和 Fairchild 是其中的典型。再如，大企业带来丰富的人才资源，他们向周边地区流动，并激发更多的创业活动。比较重要的第三点是“互补企业圈”（complementors）。围绕大企业形成零配件和外包服务的互补关系，一群中小企业因此脱颖而出。所以，大企业在形成硅谷创新生态圈中的角色非常关键。

鲍：那为何同样有大企业“体质”的上海不一定能扮演同样的角色？

古普塔：大企业是“硅谷模式”的核心体制之一。但是，看似一样的组织，却可能有不同的策略目的，不一定就符合硅谷模式的“核心机制”特征。其中，政策环境因素起到限制或激励的导向效果。“国有企业”特征较强的大企业不一定有自主权向外转移多余的技术成果，不一定能培养出创业性格的技术人才，不一定会按照市场机制来培养周边的互补企业。如果是这样，它们仍然是大企业，但不是激发形成“硅谷模式”的核心体制。

鲍：你的演讲首先强调核心体制在硅谷模式中的作用，它们主要有哪些？

古普塔：总结演讲中的要点，硅谷创新模式的核心体制（core institutions）包括四大组织：名列全球榜首的大学、行业中的大企业、美国政府机构、辅助机构。大企业除了有上面提到的好处外，它们还是潜在的收购者，它们有资本和动机去购买周边新兴的技术企业。全球榜首的大学，如斯坦福大学和加利福尼亚大学伯克利分校，为硅谷准备了丰厚的人才和专业知识。举例来说，现在居住在湾区的有超过 50 位诺贝尔奖获得者。这只是一个指标，说明科学家和科学技术人才集聚的效果。美国航天总署、美国国防部等政府机构是许多高科技创新企业最初的大客户。如果没有政府机构的购买，硅谷的企业也就失去了创业期间比较稳定的客户需要和财务收入。

第四类辅助机构的核心体制比较特别。它们包括了风投基金、法律事务所、投资银行、猎头公司和市场营销公司等一系列服务机构。因为它们的存在，技术公司可以专心致志地开发技术产品，寻求突破性创新。与其他地区的辅助机构相比，硅谷的服务公司专门考虑到当地的高科技和创新的特征。例如，法律事务所会专门雇佣工科博士，这在其他地区比较罕见。

鲍：总结你演讲时现场听众的问题，其他国家也可以模仿建设这些核心机制，尽管有成长的时间条件。如果是这样，硅谷模式的独特点还有哪些？

古普塔：必须超越硅谷地区看待它的成功。地区之上，国家和地方政府的政策环境是一个不可或缺的因素。回顾历史，促进硅谷成功的政策因素起码有下面几个重要方面：国家的移民政策、税收政策，以及加利福尼亚州政府对知识产权做出的法律规定。1958 年美国的小企业投资法规，1965 年美国开放技术人才移民，1978 年美国降低企业税，1990 年美国的移民和归化法规等都鼓励全球的高科技人才向美国移民，鼓励企业创新。

加利福尼亚州政府对高科技人才流动和知识产权也有促进性质的法规。例如，禁止滥用“非竞争性条款”，允许高科技人才之间自由流动；对“商业机密”条款的较宽松执行做法，它激发企业模仿与竞争；严格执行专利法，它与前一条形成宽严相济的法律体系。

因此，如果其他国家要复制硅谷模式，它们也需要考虑配套的政策与法律环境，而不仅仅是复制“核心机制”。

鲍：你在演讲中把“硅谷基因”描绘为三层由里及外的同心圆。最内层是“核心机制”；中间是“政策环境”；最外层为“社会文化环境”。怎样理解硅谷特殊的“社会文化环境”基因条件？

古普塔：怪癖文化，或者容忍怪癖文化为第一条。自 20 世纪 60 年代开始，湾区就是美国社会文化反潮流的大本营。在那儿，嬉皮士（Hippie）行为往往与“改变世界”的价值观和自由言论的偏好交织在一起，它们也激发了社会文化的多元性。从文化中延伸出来的社会集体性格也不同于其他地区，人们不把失败当作一件羞耻的事情，反而视之为探索者的奖章。

工程师文化是第二个重要特征。那儿，工程师是社会英雄，大家不讲出身，讲才能（Meritocracy）。工程师在不同行业和企业之间流动，形成横向的职业生涯，也促进了企业间的极限竞争和社会网络关系活跃的行业文化特征。

因为这些朦胧的文化因素，硅谷也变成全球商业技术探险者的梦想乌托邦。

鲍：“核心机制”“政策环境”“社会文化环境”，它们组成同心圆的结构，成为硅谷模式的基因。你对硅谷的历史研究展现出了硅谷的模式特征，历史上如此，现在又如何？硅谷模式有改变吗？

古普塔：基本因素没有改变，改变的是一些动态过程特征。例如，少数大的风险投资公司占据了风投市场的主要份额，它们是超级天使投资人。美国绝大部分的风投资金投在硅谷，众筹也渐渐成为新趋势。新兴公司获得二次风投，延缓其上市时间。另外，还有市场透明度增加等。

鲍：前面我们谈到上海大企业要成为生态圈引力中心需要自我改变的地方，放到中国环境下，复制硅谷模式的挑战有哪些？如果要你罗列前三名，它们是什么？

古普塔：文化因素是头条。容忍怪诞文化将是一个大挑战。政策层面，鼓励和允许高科技人士自由移民，这很重要。在外国工作和移民外国是两个不同的概念。愿意移民到中国的高科技人士，他们思考职业和事业的角度都会不同，会更加着眼于长期投入。第三个方面是培养核心的研究机构。它不是一个应用型和理论型的问题，事实上，二者之间的界限不是我们想象的那么明显。举例来说，康宁公司（Corning）很早就发明出一种高强度玻璃，但却一直不知道派什么用场，直到苹果手机问世。所以，研发储备很重要。

鲍：换一个角度看硅谷模式，“非硅谷模式”在哪里？有没有？如果上海要做，可以从哪儿开始？

古普塔：有对无，是对非。非硅谷模式应该是一套新的发展基因，它应该存在。目前来看，互联网带来的“全球平台技术”为超越地域的创新发展提供了机会。基于全球平台技术的创新可以成为对硅谷模式的“反动”。例如，在生物制药技术方面，上海有自己的优势。如果有革命性的突破，上海要思考它的各个发展维度，把它推广为平台技术。上海可以从这个角度出发，审视自己拥有的各项技术特征，力图将突破性的技术延伸发展成为平台技术，并邀请全球企业共同参与。这样的生态环境可以突破地域限制，可以后来居上。

创业机会主义者马斯克

| 时事微评论 |

从不可想象到具体建设，创新概念通常走过六个维度的时空。在具体建设阶段，创新创业者一般都是机会主义者，他们擅长把握机会，制造令人信服的实例。创业机会主义者也有自己的操盘方法，马斯克就是这样一个具有两面性的人，既有情怀，又不忌讳谋术。中国企业家可以借鉴他的方法。

机会，一个只有在后视镜里才能证实的泡影，它把创业豪杰与守成商人区别开来——创业者一定是机会主义者。

现实中的片段和破碎的线头，在他们预想的未来中早就交错成为绚丽的织锦。他们最擅长带领信徒穿越时空，把未来美好的可能当作可以感触的切实利益，零趸给市场上的投资者。特斯拉的马斯克就是这样一位经典的创业机会主义者。

创业者经营“第三境界”的商业机会。

美国宾夕法尼亚大学沃顿商学院的教授特维奇（Christian Terwiesch）和乌尔维奇（Karl Ulrich），根据“市场知识”和“技术能力”的不确定性程度这两个维度，把商业机会划分为三个境界。“第一境界”的机会是在极低的市场不确定性和技术不确定性范畴。“第二境界”的机会是现有业务衍生出来的区域。市场不确定性和技术不确定性都有，但不高，并且可以利用已知的方法去降低。“第三境界”的机会属于两类不确定性最高的新兴市场范围。它既不是目前市场的自然延伸，也不是企业所擅长技术的逻辑发展。马斯克就属于这种追求“第三境界”创业机会的人。

创业机会主义者把现在和未来当作环环相扣的因果关系的有效化过程。不过，此间的风险和荣誉只有一线之隔，成功了（实物化了）就是创新，失败了（概念未实现）就是诈骗。

总结马斯克从 PayPal、特斯拉、SpaceX 到太阳城（SolarCity）和超级电池厂的一系列作为，我们可以看到他所代表的创业机会主义者的重要特征。

（1）抓住能够以几何级数成长的市场机会。

设想 64 格棋盘，从一粒稻谷开始，几何级数增加，到第 32 格已经像珠穆朗玛峰一样高，到第 64 格则要囊括全球所有稻谷。马斯克试图在电池生产上实现类似的成长机会。只有电池价格不断下降，它才能让电动车使用效益不断接近传统的汽车。现在全球的电动车数量还不到传统汽车的 1%，所以，特斯拉大方地开放专利，号召更多的车企制造电动车。将这些力量凝聚在一起，推动电动车市场的几何级数的增长，马斯克的超级电池厂模式才有机会。

（2）未来时态，倒序执行。

马斯克谈论电动车换电池技术的时候，它还只是一个概念，但这个概念带来真实的好处。按照加利福尼亚州政府 2009 年的规定，符合快速充电可获得两个点，符合续航里程则有五个点。没有达到零排放标准的车厂可以向富裕点数的企业购买需要达标的点数。2014 年，州政府才意识到特斯拉的换电池技术还只是将来时态，立即取消了给特斯拉的点数。把虚拟概念当作实物现实的一部分，这是像马斯克这样的创业机会主义者的共同特征。

（3）关注极端偏差，捕捉弱信号。

创业机会主义者和守成型企业家的一个重要区别就在于他们的“边缘洞察力”。守成型企业家关注自己成熟的市场和技术，对于不相关的信号，他们要么当成背景噪声，要么选择忽略。相反，创业机会主义者对极端的偏差信号非常敏感，并能够从中察觉一般企业家所忽视的新机会。这种极端的偏差信号往往断断续续，不成系统，所以也被称为弱信号。

当马斯克了解到太空火箭发射的原材料成本不到总成本的20%之时，他的反应就不同于其他人。如果有形材料的成本不到20%，那么其他的80%的成本一定来自设计和流程安排。这就为降低火箭发射的成本提供了机会，这一想法引导马斯克去设计SpaceX。

（4）力求超常发展速度。

超级跑车的卖点不在每小时平均能跑多快，而是从0到100千米/小时的加速时间。差一秒，则差一个档次。新兴的创业企业也有类似的特征：比的不是开始规模有多大，而是加速成长能有多快。特斯拉也不例外，在起跑阶段，马斯克最关心的不是利润与成本，而是每个季节销售增长的速度。麦肯锡咨询公司曾经对1980～2012年的3000个软件产品进行分析，研究发现，加速成长能力与产品存活率和未来的利润率成正比。新兴企业一般要走过高速扩张、稳定市场、维新自强的阶段，从建立到度过第一阶段，存活率不过30%；能走过第二阶段的大约3%；能到最后阶段的堪称英雄，统治市场的则只有区区0.6%。

（5）寻找可以重新组装的后发优势。

特斯拉的后发优势来源于第二期跨界创造策略。特斯拉的电池来自于已经非常成熟的电子消费品市场。马斯克做的第二期开发着重在电池的软件管理技术上。他们跨界结合电池化学已经积累的成功和电子控制与软件技术的新成果，形成有独特性的后发优势。特斯拉的轻型车体材料也是航空等产业成熟的铝合金和碳纤维合成材料。马斯克把它们都结合在车体设计中，发挥跨界选择和综合的后发优势。特斯拉的网络直销和体验店管理技术在苹果公司身上已经获得成功，马斯克又一次借鉴了成熟的营销技术颠覆现在的代理商模式。

（6）垄断是唯一的游戏。

所有的创业者关心的问题都是创新的价值在哪？怎样延续？怎样获取回报？高

回报能够持续多久？这些问题和答案组成企业的“垄断策略”。特斯拉的直接网络营销模式体现的是另外一种“垄断与反垄断”。长期以来，美国汽车行业遵守“代理商营销”的模式，到了特斯拉进入市场时，马斯克希望控制全产业链，降低销售成本。因此，他推动网络直销模式，用以打破代理商的旧垄断，建立自己对消费者关系的新垄断。

尼采坐进特斯拉

|时事微评论|

科学家用地质年代的纪元标识地球过去 5.4 亿年有生命的历史。2016 年 1 月被认为地球进入了一个新纪元，一个人类活动占有绝对主导地位的人类纪元（Anthropocene）。如果继续现在的人类思维，我们离灾难性的毁灭也不远了。人类自救的机会存在于自己的反思能力中。从狭隘的生物人到精神和心理都出现质变的超人，这是值得选择的解放道路。特斯拉的马斯克让世人激动的不是他的车，而是他所代表的超人思维。

“超越”是 19 世纪德国哲学家尼采和 21 世纪美国企业家马斯克的共同之处。前者创立了以“超人”为代表的哲学思想，后者创造了以“特斯拉电动车”为代表的技术思想。一个长期被曲解的“尼采悖论”终于在“特斯拉”技术思想中获得解放。

通过其代表作《查拉图斯特拉如是说》，尼采阐述了对“人种”的发展的全面看法：①挑战让人类进步；②弱化心智的驯服思想制造行尸走肉，最后摧毁人；③胆怯的意识形态滋生低俗的社会境界；④“集体自满”代表着人性萎缩；⑤让能够刺激人类奋进的意识飞扬，即便那被标识为“恶欲”；⑥骆驼、狮子、婴儿，代表食草、食肉、精神不断升华的三种生命形式。人的自我解放来自于不满足、自我批判和不断升华，从思想意识能力到身体技术能力。

尼采被有意曲解，因为他的超人解放思想可以被当作侵略其他种族和国家的借口。他的解放思想包含社会境界、技术进步和自我批判三大元素。只要这三者不同步，被曲解和滥用便是尼采的宿命。

马斯克解放了尼采

马斯克的技术思想瞄准的是火星，而不仅仅囿于地球。当“解放”的思想不是以其他地球人为代价的零和游戏，而是为克服地球有限资源的星球扩展之时，社会境界、技术进步和个人自我批判可以在“太阳系”层次得到统一与和谐。超人不再以征服其他地球人为前提，而是共同升华。

一般人把特斯拉电动车仅仅当作环保技术和消费产品，只有联系到马斯克另外两个项目的时候，人们才能欣赏特斯拉背后的思想风景线。

预计到 2020 年，马斯克将在美国沿高速公路每 300 千米建立一个电动车充电站，为电动车免费充电。而他的“太阳城”计划衍生出的太阳能技术将成为充电站的电力来源。届时，人类对太阳能源的系统使用将进入一个普及化的阶段，摆脱对化石能源（汽油和煤炭）的依赖。特斯拉电动车不过是这个“太阳计划”的一个技术媒介而已。人们可以想象，“太阳能源”系统首先在交通领域立足，然后会有一系列的“特斯拉能源技术”延伸到人类生产和生活的各个方面，从家庭用电到居住社区环境。

马斯克的“太阳计划”的另一部分是在未来 20 年开发和完善“火星往返”技术。他的第一步是实现可回收的火箭发射器，第二步是降低火箭发射成本到现在的 10%，第三步是利用火星自然资源制造返回地球的燃料，实现地球—火星往返交通。“任何人，有 50 万美元按揭能力的，都可以购买一张通往火星的船票”，这是马斯克的计划。

“风物长宜放眼量”，地球系统的综合问题只有在太阳系的层次才可能获得解放和解决。没有超越的“超人”思想，再强大的技术也会沦为蝇营狗苟的经世济物的伎俩。太阳能技术早已经存在，但没有“太阳计划”，它将与传统能源争商业市场、抢社会资源。缺乏宏大的技术思考，强大的思想可能异化为压迫他人的不平等意识形态。尼采的超人思想多次被滥用，只有当能够摆脱地球的技术思考出现后，它才能为人类的集体升华所利用。“同层次的矛盾只能在更高层次获得理解和解放”，套用爱因斯坦的见解，地球的全面矛盾只能在太阳系层次获得理解和解放。

“特斯拉不一定会成功”，马斯克坦然说明自己的初衷：如果把一件有意义的事情从可能做到可行，即便商业失败了，也是理想的成功吧！从“马斯克的悖论”思维出发，我们才可能理解包括特斯拉、太阳城和火星往返在内的“太阳计划”。马斯克想问题先从“什么是有价值方向的不可能”开始，如“人类应该是跨星系生命，而非仅仅为地球人”。然后，他思考“什么是技术上可能的”，如“电池的原料成本很低，改变电池管理技术就能带来效能飞跃”。再其次，他思考“怎样就可行”，如“利用火星资源就地生产燃料，就能返航”。从“不可能”到“可能”和“可行”，在每一个阶段的超越过程中，任何挫折都变成有意义的成功。

阿波罗飞船返航时，休斯敦指挥中心电询船舱：现在哪位在驾驶？阿姆斯特朗回答：是牛顿爵士，是他的力学原理。我们可以想象不久之后，马斯克驾着特斯拉行进在火星大道上。地球中心询问：是谁在驾驶？马斯克回答：是尼采先生，是他的超人思想！

特斯拉推倒专利墙

|时事微评论|

当对面的竞争力量有压倒性优势之时，新兴企业不能依靠温吞水一般的改良策略，静悄悄的革命是唯一选择。特斯拉试图推动专利革命，扭转电动车和汽车之间蚂蚁对大象一般的态势。其要点不在于专利，而在于将市场革命合法化，在于保持追随者运动一般的热情。

在市场上难分高低的时候，竞争者通常选择法庭，在专利上锱铢必较，如三星和苹果。

自1474年的《威尼斯专利法例》开始，500多年过去，专利法权早已成为资本主义自由市场经济的图腾之一。

2014年6月12日，特斯拉创始人马斯克宣布特斯拉推倒自己的专利墙，向所有的企业开放特斯拉电动车的专利。

新闻发出很久后，许多人还在问：这是思想还是策略？！

马斯克的理由

我们的都属于你们（All Our Patent Are Belong To You）！在特斯拉的官方博客上，马斯克的公开信更像是一个新工业运动的宣言："全球20亿辆汽车，每年以一亿辆的速度增长。领先的汽车公司许诺开发电动车，但却占它们销量的1%不到。何时才能减少二氧化碳的排量？如果特斯拉技术能够帮助普及电动车，那么就让它成为新能源汽车的加速器吧。电动车企业，我们不是竞争对手，汽车生产企业才是我们共同的竞争者。我们相信，企业技术领先靠的不是专利保护，而是吸引勤勉善为的工程师。开放专利，它让特斯拉的地位更坚实！"

早在20世纪80年代，GNU和Linux开放源代码软件就推动了IT行业的智慧共享运动。但是，在硬件生产领域，专利保护仍旧是每一家企业的竞争利器。

在汽车行业，除了1959年"沃尔沃"开放V形三点式安全带专利外，每一家企业对自己的技术专利都严加看管，并视之为核心竞争能力最重要的组成部分。

特斯拉的这一举措也间接凸显出传统汽车大厂在电动车发展上的缓慢作为。

专利是思想还是策略

专利原本是商人牟利、国王敛财的策略手段。去过意大利佛罗伦萨的人都不会错过它那雄伟的大教堂。1421年，威尼斯城邦第一个专利权就是授予了大教堂的设计师布鲁内·莱斯基（Filippo Brunelleschi），设计师为建设教堂所设计的运输船获得专利。

此后，世界上各种专利法都被视为1474年《威尼斯专利法例》的衍生注释。在英国，始于15世纪的亨利六世，国王或女王给发明者颁发一份加封了玉玺的"公开信"（Letters Patent），说明发明者可以拥有20年的垄断权益。到了伊丽莎白一世和詹姆斯一世，为敛财而颁发的专利权泛滥，引起全社会的公愤。1610年，詹姆斯一世不得不取消所有非创新性的专利权。

17 世纪的英国自由主义哲学家洛克把“专利权”当作自由思想权利的一部分。他的思想也影响了美国国父麦迪逊等人。在《联邦党人文集》的第 43 篇，麦迪逊等把专利权和著作权当作美国制度的一部分，并将之列入美国宪法。

对于制度经济学家，专利权已经成为产权理论和交易成本理论的思想组成。阿罗（Kenneth Arrow）在著名的“信息悖论”（information paradox）中说明，信息这东西，不讲不知道价值，讲了就自毁价值，所以必须有制度设计来保护和鼓励信息分享。

可是，看起来，马斯克要颠覆的是这实行已久的商业策略和经济思想。

先进思想与策略力量

经历法国大革命后，雨果总结道：千军万马也难挡先进的思想。

在交通工具行业，面对层层叠叠的传统产业既得利益者，马斯克无法迅速用技术的长矛攻破既有的商业堡垒，他必须创立更加具有社会感召力的先进商业意识形态，让消费者汹涌澎湃的意愿推动产业的大转型。

特斯拉、SpaceX、太阳城，炫目的新能源技术既是对传统技术的替代，更是汇聚消费者点点滴滴的社会意愿的魔棒。特斯拉推倒的不仅是一堵专利墙，也开启了新能源工业的社会运动，它与社会主流消费者（X 世代、Y 世代）心心相印。

这就是思想的策略力量。

大约 100 年前，约翰·洛克菲勒到上海推销煤油的时候，人们还很难改变使用蜡烛照明的习惯。洛克菲勒便向客户赠送煤油灯，煤油这种新能源随即流行起来。

2014 年 6 月 12 日出版的《洛杉矶时报》提醒读者，马斯克拥有最大的电池生产厂和最高效的太阳能发电设施，电动车普及之日便是新能源配件流行之时，特斯拉将成为专利开放的获益者。

当地球环境陷入岌岌可危的境地，既有思想，又有技术的“洛克菲勒”必将获得全球广泛的关注。反之，只有技术，没有社会思想的新能源企业将很难获取持久的商业竞争力。

新能源的核心，不是技术，而是新的社会生活与生产形态。

特斯拉创始人的思维模式

| 时事微评论 |

怎样想决定了怎样做！马斯克想问题的方法比他的电动车业务更值得中国企业家思考。面对与三十年前大不一样的内外经营环境，每个企业家都需要思考自己所在产业的本源问题。爱因斯坦说：如果给我一个小时去解决地球的危机，我将花 59 分钟想清楚这是一个什么问题。今天，想问题、定义问题的能力是极其稀缺的领导力资源。

“本源、通道、元问题、根技术”，特斯拉汽车创始人马斯克独特的思维模式值得中国企业家效仿，它比简单模仿特斯拉汽车的商业模式更重要。

之前，硅谷只有克拉克（Jim Clark）连续成功创立三家市值 10 亿美元的企业——网景、硅谷图文、医疗网（Healtheon）。现在，马斯克的特斯拉汽车、太阳城和 PayPal 都各自拥有超过 10 亿美元的市值，其中特斯拉汽车的市值在 250 亿美元上下波动，约为通用汽车市值的一半。

科技创业远非以公司的市值论英雄。即使乔布斯在世，今天的马斯克也能在硅谷的创业和创新榜上名列第一。马斯克获得商业和科技界的一致好评，因为他跨界三大行业，金融、航天和汽车交通、能源，而且每跨必有颠覆效果。这样的影响，苹果的乔布斯也不能望其项背。

随着特斯拉电动汽车在上海和北京展出，讨论它的电动设计的人居多，但剖析其背后思维方式的人极少。这无异于买椟还珠，千万不要忽视和浪费马斯克的思维方式。

特斯拉的跨越策略

就像丰田汽车背后是“丰田生产系统”一样，特斯拉汽车代表着一种新型的“交通移动系统”，从生产流程设计到消费模式。

经过 10~20 年时间，它将替换现在的油动车的产业结构。

在北加利福尼亚州，为特斯拉提供配件的锂电池生产厂即将成为全球最大的电动汽车电池生产基地。到 2020 年，它要为年生产量大约 50 万辆的电动车厂商提供配件。50 万不是大数字，但是，考虑到特斯拉已经在为宝马、奔驰、克莱斯勒、丰田等企业提供动力零件和电池，我们看到马斯克的目标不仅仅是特斯拉电动车的发展，还在于尽快促进电动车产业全面兴盛。在他看来，20 年后，至少美国的新轿车都将为全电动或油电混合车。特斯拉要扮演产业的“触媒”和成全者的角色。

特斯拉的另一个策略在于推动供应链透明化和本土化。①不买战乱地区的“血矿”。例如，舍弃刚果，而从菲律宾采购钴矿原料。②做本土化、环保、爱国的好企业。例如，它的电池大量使用低污染的人造石墨，或者爱达荷州的石墨矿材。这些“政治正确”的做法让它获得美国政府的政策和贷款支持（4.5 亿美元），并建构起较高的进入门槛。

颠覆消费模式，这是又一制胜关键。它用直销的方式卖车，在美国已经建立起 34 家直销点。它的电动汽车不需要日常维修，只要做年检和保养。特斯拉还保证二手车的价值，提供回购选择。在已经建立的充电站，驾驶者可以选择免费充电，或付费调换电池。车内 17 英寸（1 英寸 =2.54 厘米）的互联网可触屏上能显示导航及充电站的分布。对目前的车型，特斯拉提供免费上门调换“问题”汽车。它细腻地消除购买者对一个新产品的各种风险疑虑，降低购买决策的门槛。

看过摩尔（Geoffrey Moore）《跨越鸿沟》（*Cross the Chasm*）一书的人都明白，特斯拉正在用高科技产品的跨越策略营销电动汽车。

“本源、元问题、通道、根技术”

特斯拉电动车只是马斯克独特思维模式的冰山一角。从金融创新的PayPal到航天火箭项目SpaceX，看似“隔行如隔山”的创业，它们背后的思维方式却完全一样。通过档案研究，可以把马斯克的思维模式总结如下。

（1）本源思维，用“第一原则”的方法找创业的领域。“哪个领域是人类社会活动最频繁的？”“哪种技术人类有最长久的使用历史，却进化速度最缓慢？”“什么样的生产模式和消费模式会让经济和社会走向生存危机？”它们代表马斯克的“第一原则”思维方式。他认为，任何事物现象都有第一原则，抓住了，则一切问题迎刃而解。在上述问题的引导下，他很早就关注金融、交通、能源三大领域。现在的创业，都是从“第一原则”的问题衍生出来的。

（2）元问题思维，问对问题，随后一切释然。商业成功是不是创业的目的？不是！用实践弄明白一个重要的可能性是创业的目的！因此，特斯拉电动汽车是以失败为其中一个目的的。那时，他刚刚把PayPal卖了个好价钱，便拿出一半来做特斯拉项目。在他看来，在有资源承受失败的条件下，商业成功并不比搞明白一个可能性更重要。

（3）找出产品内含的“根”技术，然后做优化设计。受应用物理的训练影响，马斯克习惯思考产品内在的基础技术的“根”。例如，特斯拉早期模仿油动力车的技术框架，后来发现，许多机械技术的刚性要求在电动汽车框架下可以柔性改变，这样，汽车变速箱完全可以简化。其间，马斯克还借鉴核试验中的光子技术原理来设计锂电池。跨界嫁接基础技术原理，往往对产品设计产生“核聚变”的效果。又如，对火箭发射技术，马斯克采取同样的刨根问底的思维方法。他发现，火箭发射的材料成本低于20%，若在组合和使用的技术上下功夫，10年内，SpaceX的火箭发射成本将能做到美国太空总署的 1%。

（4）“迈入理想未来的通道”思维。马斯克相信，技术应该让未来更值得梦想。一旦筑就通往“商业乌托邦”的渠道，市场的洪流会滚滚而来。他的 PayPal、电动汽车、太阳城、第五交通工具（hyperloop）、垂直起降、可回收火箭发射，每个生意都代表那个产业的新通道。辅助“通道”思维的还有马斯克“令人心动”的价值营销能力。他总是找一个通俗比喻来体现他的“通道”产品所代表的“令人心动”的价值。例如，为克服消费者对充电过程的陌生和顾虑，他让一辆特斯拉电动车和一辆奥迪平行展示“充电”和“加油”的过程。在冲电站“换电池”需要 92 秒，两辆车的电池都换好了，奥迪车才刚加满油。又如，马斯克用加利福尼亚州的平均房产（50 万美元）做比喻，解释 20 年后，去火星定居的成本也不过如此，卖了房子就可以去火星生活了。

“如果能够让大众激动起来，生意已经成功了一半。”马斯克告诉年轻的追随者，这也许才是他成功的真正秘密。

创客思维：从高熵值到低度值

|时事微评论|

把六维度创客思维运用到具体创业活动中，黄志明的企业可以算作一个成功的代表。目前，挚达科技正在美国开发新市场。那么，能否将在中国的成功复制到一个全新的市场环境中？也许这需要再次从想象不可能的层次开始。

从混沌现象中寻找机会，将天马行空的想象转变为切实可行的商业行为，创客们凭自己独到的眼光和方法，把高熵值的混沌降维成低度值的新商业秩序。上海挚达科技近五年的创业成长过程经典地呈现了创客思维的迷人风景线。

从高熵值到低度值

创客与看客的最大区别是什么？如果用一句话来概括，就是平常人眼里不可能的事情创客却能想象，并力求实现。对于创客来说，最必要的素质莫过于想象力与执行力。特斯拉的创始人马斯克喜欢从“不可想象”开始，因为一旦可以想象，潜力便不可限量。发明家爱迪生强调，有愿景，没有执行，那永远是幻象。

“执行”，对于创客而言，它代表着一个不断把诸多变量降维成常量的过程。信息理论之父、麻省理工学院的克劳德·香农（Claude Shannon）用“熵值”来衡量系统的变量状态。变量越多，互动越不确定，熵值越高，系统不确定性越高，直至混沌状态。反之，系统的确定性越高，变量偏差可以控制，那就代表着系统从无法管理的混沌（高熵值）降维到可以管理的秩序状态。因为在管理能力范围内，即使系统有波动，那也是可以衡量和控制的“度值”，即波动的程度，也是统计学意义上的偏差自由度。创客的创业精神在于化“不可想象”为“能够实现”。但是，如何理解创客的能力？它始终缺少一个通用的概念框架去捕捉那充满能动性和个性的创业过程。以“从熵值到度值”的视角，我们尝试描述一个六阶段的创客思维过程：不可想象的—不可能的—可以想象的—可能的—虚拟规划的—证据化的现实。

我们认为，这是每一个创客都必定要走过的思维过程：力求在高熵值的不可想象的世界找突变，不断降维，直至可以管控的低度值。上海挚达科技公司的创始人黄志明，以其创业轨迹生动地再现了从熵值到度值的创客思维。

2010 年 11 月，上海挚达科技发展有限公司在上海杨浦区“创智天地”正式成立。接下来四年，一年一个模式，直到机缘巧合，挚达遇到新兴的特斯拉电动车在中国寻找安装充电设备的终端服务商后，走上稳健的发展轨道。到 2014 年年底，挚达科技成长为中国新能源汽车家庭充电服务排名第一的供应商。服务范围包括北京、上海、南京、广州等全国 41 个城市，已经成功在全国超过 200 个物业及小区进行入户电气检查及安装充电设施。

如今，黄志明已开始建立起一个开放式的服务模式，向宝马、江淮、上汽、北汽等国内外制造商提供家庭充电桩安装服务。同时，挚达正悄悄地从附属于品牌公司的服务商向有独立资源和能力的商业生态系统转移，以充电为支点，挚达反转客户资源为新模式的核心，建立“电”“车”“生活”三大同心圆的服务平台和生态圈。

不到五年，在黄志明领导下的挚达科技左转右拐，时而迎面南墙，时而峰回路转。除去他和挚达过山车一样的精彩起伏，更有普遍学习意义的是他们从“不可想象”到“能够驾驭”的阶段性思维特征。挚达今日的成功代表着既有想象力又有执行力的创客如何把高熵值的商业混沌不断降维，直至低度值的商业新秩序。

从“不可想象的相”到“可能的场”

商业中，“不可想象的”代表无法接近的思维禁区。任何涉及下面四个区域的事情，都会成为“不可想象的”事情。

（1）没有可供表达的语言和概念，因此无法组织想象活动。它往往与过往的空白经历有关。例如，过去在中国没有“按揭”的概念，难以想象没有钱也可以住新房。

（2）找不到能够传递感官刺激的中介，因此无法用比喻的方式组织对新事物的理解。它与新的感受和日常习惯的巨大落差有关。例如，习惯了法律契约的美国人不能理解中国乡村的“影子银行”只凭口头约定就借贷的行为。

（3）与根深蒂固的价值观严重抵触的禁忌，因此不敢想象。例如，改革之初对资本主义市场机制的恐惧。

（4）人的一般心理承受能力之外的现象，因此不愿想象。例如，狗肉在某些地域的人眼里是佳肴，在养宠物的人眼里则为不愿想象的食物。

人不能凭空想象，商业思维既需要思维工具，也得有思维的背景支持。两者还与个体的或者集体的能力相关。落入这四个领域的任一个，它都构成“不可想象的相”。如果叠加，不可想象的强度则更高。正因为如此，创客才能显示出与众不同的素质，他们往往能够捅破“不可想象的相”，进入“可以想象”但也许“不可能的界”。

2010 年，黄志明决定离开大众汽车的高管职位，想象去做一辆中国的电动车，这既违背了一般成功白领的价值观，也迈出了极具心理压力的创业第一步。采访中，黄志明间接却生动地表达出自己对心理压力的感受：“（特斯拉）实际上也是面临着倒闭。马斯克他也有过一个晚上睡觉醒来之后，枕头都湿了的情况，他也是受到很大的压力。”挚达创办时，聚集了来自 IT、金融和汽车制造三个领域的人。在中国的创业者团队中，这样一个“三五个人，七八条枪”的创业团队很多，要依靠他们制造出有大工业系统特征的电动车简直不可想象——这种可能只短暂地出现在 20 世纪初汽车工业初创期的底特律。

可是，在频出奇迹的市场中，挚达团队很快进入到“可以想象的”境界。从“不可想象的”降维到“可以想象的”是质的突破，要完成这次飞跃，创客既需要有文学虚构能力，也要具备乌托邦理想。

挚达的突破受益于具有创业精神的地方政府官员。黄志明的团队不大，但容纳了汽车、金融和信息技术三股力量。在新能源概念受追捧的市场，他们的综合能力恰好符合地方政府以新能源汽车带动新经济开发区的政策愿望。2010～2012 年，挚达团队为希望开发电动车的地区提供整体模式设计，并全力投入到与当地汽车厂的合作之中。但是，这个梦想不久就破裂了。

“从 2010 年开始做这个项目，到 2012 年的时候，碰到很大的困难。主要原因，一方面是电动车并不被认可、不被市场接受。第二个问题是当地政府换届，造成政府很多政策不连续，所以说那个项目就等于终止了。”黄志明回忆那段历史时总结道。

在创客眼里，失败的想象也胜过迷茫的不可想象。总结那段经历，挚达团队认为：①电动车的大方向是对的；②团队的综合实力很有竞争力；③放下在大企业工作时惯有的架子，从细节技术做起；④充电环节这个瓶颈值得下功夫。

在看到充电环节这个可能的细分市场之前，挚达团队首先理解了什么是可以想象，但却不可能的。经过“不可能的”磨砺，他们才有了“可能的”着力点。

什么是“不可能的”？它与“不可想象的”和“可以想象的”区别在哪儿？可以想象的境界也许受三个条件制约，只能处于不可能的区域。

（1）实现“可以想象的”，需要非理性的条件，如在鄂尔多斯复制迪拜模式，它需要超过常规的资源投入和回报。

（2）“可以想象的”只能在科幻条件下实现，超越现在的人类条件。例如，整体移植地球文明到外星系。

（3）“可以想象的”境界为利益相关者的非分之想，只会带来灾难，因此最好只停留在妄想阶段。例如，有创业精神的政府官员想象做政商皆赢的两栖人物。

实际上，对“不可能的”思考是创客不应该跨越的认识阶段。也只有通过实践的摔打，创客方能完成从“不可能的区间”到“可能的场”的转换。对于挚达科技，这个可能的场就是与充电环节相关的业务。

黄志明总结道：“不管怎么样，我们有两年的摸爬滚打经验。我想还是有要坚持的东西，后来我们就开始找生存的方式。我们就觉得可能要从一个小的地方做起，于是后来我们找了充电这个制约新能源汽车发展的重要的瓶颈。因为有车但没有充电设施，车就没人要，所以充电的东西就比较特别。”在挚达团队看来，过去电动车的充电设备是国家电网体系主导的，但这个体系不完全市场化，体系内也是不打通的，电网体系跟整个产能两部分以前是老死不相往来的。但是对于电动车的充电设备来说，左边接的是汽车、右边接的是电网，就一定要去化解其中的问题。对此，黄志明觉得“化解的机会很大”。

对创客而言，进入“可能的场”需要四个基本条件。①政治条件，即制度政策允许和鼓励。它一般不在企业家的想象力和执行力范围，而是由环境给定。②科技条件，它来自科学家的想象力和成果。同时，企业家能通过应用转换，让知识变成技术。③社会意识和文化的氛围为营销具体的商业产品和服务的价值提供了背景条件。④可接近，可利用的经济资源成为企业家最擅长发挥想象力和执行力的区域。商业模式的第一条就是关于如何有效获取资源。当这些条件具备时，即使产品和服务还在概念层次，创客已经为自己营造了发挥创造能力的场景。

挚达科技进入“可能的场”，因为上述的四个条件业已成熟：①国家的新能源政策；②电池和电动车技术；③社会对环保新能源产品的期望；④投资界纷纷寻找新能源产业的机会。为踏入这个可能的新市场，挚达准备了一系列证明自己能力的“媒介”：①充电桩跟互联网结合；②开发了一些充电桩的管理系统平台；③为国家电网去做一些软件开发项目；④在浙江电网、上海市做了不少跟电力有关的项目；⑤加强智能控制模块的团队，保持对充电桩核心技术的控制能力。

与成熟产业的生产活动不同，创客开始的许多活动看似没有任何赢利的潜力，不构成独立单元的产品或服务，至多能支撑企业的生存。但从后视镜中看，看似无用的活动为创客的新业务提供了能力的证据，为说服后来的关键客户准备了系列的合理性依据。因此，对眼下的活动，创客除了要问与自己的生存何干以外，还需要问，它们给自己的合理性和能力提供了怎样的证明？

黄志明回忆说："通过做这种项目，我们对电力体系的关系，对他们运作的体制，还有他们跟你结合的切入点等都做了很多的探索，也做了储备。智能控制模块的团队，加上我们跟电网合作、开发软件的团队，以及我们自己出身于汽车行业的背景，储备了我们做充电产品和服务的基本要素。"

从"虚拟的世界"到"证言的实体"

特斯拉找到挚达科技作为合作伙伴，既是偶然也是必然。可以说，挚达在"可能的场"中做的一切准备都派上了用场。

商场中，缘分各有不同，但结缘的接口一定是"关注关键问题"，从而引发思考和评估。挚达行政上注册在上海杨浦区。杨浦区有足够的能量级别和积极有作为的官员向特斯拉引资。在相遇的场合中，挚达以中国的用电环境为背景，向特斯拉显示：中国的插座专属标准比较低，特斯拉现在所用的则是美国设计，特斯拉卖到中国的车等充好电时，墙里的线路可能已经烧着了。特斯拉对电动车在中国用电环境下充电安全问题的预计不足，而挚达以自己积累的能力显示这是一个进入中国市场的关键问题。专业的解释带来专业的关注，挚达的商机就来了。表面上看，机遇惠顾准备充分的人。深入研究，那些抓住机遇的创客都经历了上述从不可想象到可能的认知过程。

创客与"小老板"不一样的地方在于他们有自己的商业理想，不囿于当下能够赚钱的业务。因此，黄志明的团队把特斯拉的项目当作未来产业理想的经典证言。证言的作用不是确认已经实现的，而是用最具有代表性的真实活动来换取对未来理想的信任。对证言活动的投资不可能在现阶段用经济指标来说明其合理性，只能放在未来的维度衡量它的必要性。证言：①为苏州的忠诚客户彻夜安装充电桩，客户上门送感谢信和旌旗；②满足临终车主的愿望，不计费用从上海赶往台州安装充电设备，成全车主和家属；③接受内蒙古乌海的车主指名要求，无条件上门安装；④配合发烧友自驾游，从上海到厦门沿途在酒店安装充电桩，随程提供两名电工和保障车服务；⑤一位叫美玲的员工被特斯拉评为中国第一客服。在她刚刚怀孕的时候，挚达开始进入特斯拉业务。特斯拉给了一些订单让挚达试试，但特斯拉本身并没有标准，都靠挚达的客服接听电话了解用户的需求。美玲从怀孕的第一天起就开始打电话，直到生完小孩第二天，还有车主给她打电话询问："我的车什么时候到？"十个月中，她为中国特斯拉接了几千个电话，黄志明甚至调侃美玲，你生下来的小孩英文名字就应该叫特斯拉。

这是出于公益的目的吗？黄志明回答："在互联网当中，实际上做好一件事情，它会带来很多其他的东西。我们很用心地、不惜代价地为特斯拉做了很多很多的好人好事，打造出团队，现在我们懂得怎么去为客户无条件服务，它让我们的业务板块清晰了。我们跟特斯拉一起建立了一个中国最全的、最完善的、最有竞争力的服务体系。这是所有来看过我们的整车厂的人最好的评价：你这套服务体系从来没见过。"

据黄志明回忆，从 2014 年 7~9 月，他用三个月走了全国十五家汽车厂，从北方的一汽大众到南方的深圳比亚迪，挚达对客户讲述他们为特斯拉做的一切。"所有人都很惊讶，没想到我们能做到这个样子，落地率 90%。"黄志明说，他最短的一次记录，是跟从未谋面过的北汽约谈，只用了五分钟，北汽充电业务的负责人就叫他不用再讲了，转而给北汽的总经理打电话，他说："老大，我找到一家企业，这家企业肯定能让你满意。"结果总经理也只听了五分钟就说："不用再讲了，谈个价吧。"然后挚达就和北汽签订了合约。

可以说，这就是证言的力量。创客必须要有能力将客户带入未来的完美境况。对于尚未成型的商业模式，客户要在自己的头脑中建立起逻辑一致的自我说服。客户还需要相信呈现在他们面前的计划是切实可靠的，富有说服力的证言就是起到一个在客户的头脑中构建未来虚拟世界的功能。这个虚拟的世界能否等于同比例的现实实体，那就要看创客是否将四个方面的设计容纳到证言中：①证言包含了逻辑一致的时空情境；②证言有真实的人物角色；③证言显现可靠的资源预算；④证言体现的一桩桩事件言之成理，生动可信。创业初期，创客做的不是生意，是为未来的商业秩序准备证言！

镜像的商业秩序

黄志明眼中的未来商业秩序是 B2B2C（企业到供应商到客户）。挚达过去所做的一切似乎都在为这个未来秩序准备值得各方信任的商业证言。挚达现在所做的一切似乎都在建构一个稳定的管理系统，从价值设计、语言概念、操作方法，到绩效衡量标准。这些也是创客出茧成为企业家的最后一个阶段。

通过与上下游合作者的互动，挚达科技已经琢磨出一套适合自己的能力、符合市场需要的商业模式——“电、车、生活”的商业生态系统。它起始于特斯拉合作项目，建立在对客服系统的反思上，完善于与各个电动车生产厂家的互动过程中。挚达找到了“安全而便捷的充电”这个撬点，从它开始，最大化调动自己的信息系统开发和客服能力，把自己变成与各个产业强大合作者的接口。制造商、销售商、用户、配件商和服务商都能够使用挚达的接口服务。挚达始终保持无竞争的增值外包商的地位，每位合作方都能够按使用效率付费，无须担心低效率或浪费，如他们甚至计划利用自主的信息系统替车厂为潜在购买者安排试驾，为车主管理维修和对外租赁业务。成全每一方合作者，先帮他们赚钱，然后按比例收费，这就是他们的 B2B2C 模式。

“电、车、生活”还在路上，但它不仅有可以想象的可能性，还有诸多历史事实作为证言。营销未来秩序的创客与业已成型的企业家不同。企业家按照已经成型的商业最佳表现按部就班地重复标准的流程。在这个意义上，企业家似乎生活在无头无尾的时间流之中。而创客的辛劳就在于他们必须点点滴滴地积累“能力的证言”，获取利益相关者的承认和信任。创客的幸福也在于他们能亲手创造一个未来的商业秩序，而不必继承前人的基因。在过去的证言和未来的秩序之间，他们最紧迫的任务是尽快将波动的系统稳定下来。为此，他们需要：①清晰地表达给客户“价值主张”；②完成一整套内外沟通的语言和规则；③固化创新的程序、结构和操作手法；④建立起选择客户和考核员工绩效的衡量指标。

现阶段的这四个方面建设极其关键。众多的创客都失败了，因为他们自以为未来的秩序就只是过去的能力证言的翻版。他们忘记了将过去投射到未来，需要过滤创业期间各种活跃的因素，降低波动性，增加确实性，把过去由天才的创客奇思妙想出来的活动降维、再降维，直至平均智商的高中毕业生就可以执行。没有上述的这套管理的四条“鞭子”，创客的创新商业模式就仍旧为无缰绳束缚的野兽，无法家养繁殖。

通过挚达的案例，我们看到：第一阶段，创客的中心任务在于把高熵值的混沌现象降维到低度值的商业模式；第二阶段，创客的主要精力在于用这四条管理的“鞭子”把有价值的商业模式驯服为按标准运行的系统商业秩序；第三阶段，创客则庄周化蝶，演变为成功的企业家。

创客的思维，老子早已总结为“道生一，一生二，二生三，三生万物”。我们没有老子的高维度思辨能力，只好选择笨拙的描述方法，以长文释道。

| 第二章 |

难解的公共管理

要想建立新商业优势，企业必须先转过去理解背后的公共问题。

全世界都在反思自由主义市场经济的未来。2016年，美国240年国庆之前一周，各界领袖聚集科罗拉多州的阿斯彭山区，反思拯救资本主义的方案。过去7年对经济危机的点缀修补的失败是肯定的，一个同时包含公益价值和经济利润的市场制度成为必然的选择。2016年由美国阿斯彭研究所（Aspen Institute）组织的反思大会上，公益资本主义成为一个热门话题。人们意识到商业管理与公共管理之间不应该有截然区分，理解公共问题是商业管理的必修课。

按照哲学家杜威的说法，容易定义的"好问题"都被企业家拿到市场换钱去了。社会问题最难，难在其理解和执行总处于不断变化中。不过，企业家既要会捡好问题，也得理解难问题，因为公共管理涉及制度条件，制度变化时刻影响商机。从创业到建业，企业家要懂商品利润和社会利润。同时，公共管理者应该看到经济利润之外的社会福利也是管理目标。问题越大，解决它创造的价值越大。所以，积极参与公共政策的创新企业潜力大，回报高。以上海的城市发展为例，转型中的社会问题为中国的公共管理者发挥主观能动性创造了一个时代的舞台。待到企业家和公共管理者相互合作互补之时，中国的城市发展将是一个不一样的图景。

下一轮商业兴盛将建立在对两个重要公共利益的理解之上：一个是公共问题；另一个是公共热情。问题与热情，它们可以是企业创造新价值的原点。搞懂公共管理的原理，商业策略便自然呈现出来。

从创业到建业：创造社会利润

| 时事微评论 |

“一大二公”的历史记忆应该成为当代中国企业创新的宝贵制度资源。在社交媒体时代，汇聚零散的意愿，创造社会共识，它们将成为创业成功的必然前提条件。新型商业模式不仅要关注公益，更需要有机嫁接经济利润和社会利润，让公益价值自然成为商业吸引力的一个重要来源。没有社会利润设计，创业者就无法发动社会运动，而后者是从创业到建业的最强大策略。

具有创造性破坏特征的创业企业在初期很难单纯依赖经济逻辑而成功。在节约成本和新的产品功能之外，创业者必须展示创业对社会进步的贡献，并以此获得大众的肯定、政府的认可和对社会的文化影响力，后者组成创业者的“社会利润”。我们在研究5个不同类型的北欧组织后，发现它们的起始成功都体现在对“公共意愿”的有效利用上，而后续的差别则可以由“社会利润”策略的优劣来解释。对于高度关注技术优势和财务回报的中国创业企业来说，北欧的经验具有极高的参考价值。

“考拉班车”曾经在半年内开辟了130条线路，组建了70辆班车，签约5000单，其爆发性组织能力不可谓不强！可是，在它倒下之前，社会大众有多少人知道？前CEO张敏扼腕叹息：只要有6000万元投资，我就能胜过“滴滴班车”。“考拉”

死了，不是因为过桥融资断裂，而是因为没有看到新通勤模式背后的社会关系变化，更没有为自己设计经济利益之外的“社会利润”策略。与滴滴打车和拼车模式相比，“考拉班车”更符合分享经济的趋势，更有规模效应，创造了在公共汽车和单位班车之间的第三种选择，代表一种崭新的临时社会关系，但必须重新梳理参与者之间的公共意愿，以获得“大众肯定、政府认可、受惠企业赞赏”。没有这些社会利润支持，不可能胜过经济资源强大的滴滴出行。

蒂利（Charles Tilly）等社会学家认为，一场社会运动的成功必须符合四个条件：值得参与（worthiness）、团结（unity）、人数众多（numbers）和共同承诺（commitments）。我们的研究显示，从创业到建业的过程就是一场准社会运动。忽视技术背后的公共意愿逻辑，缺乏辅助经济利益的社会利润策略，往往是创业失败的战略陷阱。

从创业到建业：“社会利润”策略

“创业就是做新事和用新方法做事”，青年熊彼得的“跨界创业”已经成为经典，可是人们往往忽视了他同时提出的社会利润（social profit）概念。到了壮年，熊彼得提出“创造性破坏”（creative destruction）和产业生命周期理论，但为这些概念服务的“社会变革”观点却退隐至文献注脚。社会跨越式发展需要创造性破坏的创业行为，创业者（创客）的成功离不开促进社会变革的社会利润。从萌芽、成长到成熟，创业过渡到建业，才能算被制度和现有社会结构接受的企业。创业、跨界创造、产业生命周期和社会利润，结合在一起，我们才能理解熊彼得的“基于引发社会变革的创业思想”，理解创业到建业过程中制度的约束性和红利。只有“创”的启动，没有“建”的运动，成就不了企业。

诺贝尔经济学奖获得者诺斯（D. North）最早揭示出制度的约束性和红利。结合熊彼得的创业理论，我们看到创业创新一定有两条平行的运动轨迹：创造经济利润的新技术、新方法；创造社会利润的新制度、新规则。经济利润可以通过比较成本收益的货币形式体现出来，而社会利润则体现在政治合法性、文化权威地位和社会认可度这三个方面。例如，任何挑战阿里、百度和腾讯（BAT）的创业公司都必须要同时考虑带来经济利润的技术方法和支持社会利润的制度红利。前者已经拥有极具优势的政治合法性、文化权威地位和社会认可度。

把“社会利润”放入创业过程中，我们才能对应理解科尔曼（J. S. Coleman）的“社会资本”在新企业立足和发展中的作用，才能认清它与社会正外部性（positive externalities）的区别。社会资本带来社会利润，社会正外部性是无法计入利润的泛社会影响。能够带来社会利润的社会关系和制度认同才是社会资本。例如，“蚂蚁金服”强调辅助小微企业创业的社会服务性质，使大众肯定和政府认可成为其社会利润。因此，在国家整治互联网金融秩序的大背景下，它仍然健壮。

从创业到建业，是一场准社会运动，必须建立有效的社会利润策略。因此，创业领袖既要做商业企业家，也要扮演社会活动家的角色。电动车市场的特斯拉就是这样的一个范例，当其他外形设计和电池技术都足以与之媲美的竞争者相继倒闭时，同样没有经济利润的特斯拉却存活下来。究其原因，特斯拉的马斯克比其对手具备更强的社会活动能力，更懂得开发和利用社会资本。表 2–1 说明创客必须扮演的两种阴阳共存的角色。在下面的北欧案例分析中，我们还会看到同样的规律以正反两方面的形式显现出来。

表 2–1　阴阳相互激荡的创业

创客角色	资本形式	回报形式	组织形式	活动领域
商业企业家	商业资本（金融、人力、组织）	经济利润（成本与收益之间的货币差）	内部制造产品和服务；外部开展市场营销	专属的国内外市场
社会活动家	社会资本（关系、网络、承诺）	社会利润（合法地位、认可度、文化影响力）	内部制造文化符号和意义宣言；外部开展社会运动	特定的利益相关者组成的场域

准社会运动背后的公共意愿逻辑

为创造社会利润，创业管理学也必须跨界学习社会运动的理论。研究社会运动的蒂利等社会学家认为，社会运动由非正式组织但具有同样集体心理身份的人群发动，他们寻找政治机会，通过社会抗争引发制度失衡和大众普遍关注，以此来争取变革和获得议题的合法性。多元的社会人际网络与多样的文化、政治冲突是他们动员社会资源的工具。创客建立市场地位的过程也一样，除了街头抗议这个具体形式。

在 1911 年的《经济发展理论》中，青年熊彼得指出，没有创业，社会只能微量演化；因为创业，跨越式发展的社会变革才有可能。在促进社会变革这一点上，创业与社会运动殊途同归。更重要的是，社会运动已有的系统方法远胜于创业的市场营销技巧。谈及创业与创新设计策略，IDEO 设计公司的创始人布朗（Tim Brown）说：讲故事已经不给力，发起社会运动才是正道。

创业与社会运动分属两类不同的集体活动，但从过程特征看，都着重于挑战常规习俗，凝聚公共意愿，汇集分散的资源，并最终获得合法的制度身份。美国垃圾回收产业的发展史就是一个经典案例，从加利福尼亚州少数人的环保运动开始，逐步传播到全国各地，并在政府和民间各个层次产生共鸣。时至今日，回收已经成为全社会的下意识行为。

20 世纪 50 年代的美国，浪费与消费是一对孪生兄弟。垃圾只有掩埋，根本没有什么回收行业。1962 年，生物学家卡森（Rachel Carson）一本《寂静的春天》（*Silent Spring*）唤起了人们对环保的关注。不久，著名的环保俱乐部塞拉俱乐部（Sierra Club）推出环保系列丛书。期间，加利福尼亚州的“全国回收联盟”与之合作，将垃圾回收和环保议题直接联系在一起。随着俄勒冈州和华盛顿州环保组织的加入，许多回收中心建立起来，但还只限于社会责任和环保意识下的行动。在东部，环保社会关系网络出现质的变化。首先，环保组织与美国造纸协会和瓶装饮料企业合作，让回收物资循环到生产流程中。然后，回收技术提高后，企业与市场出现了，物资回收从环保行为转型为市场行为。同时，3R（reduce，reuse，recycle）成为学校教育内容，社会把回收环保上升到文化价值观的高度。到 90 年代，诸多市政当局开始试验不同的回收策略，包括瓶装产品定价中包含回收费和建立社区回收中心等。此时，联邦政府的环保局（EPA）和能源部也出台相应鼓励政策。到 21 世纪初，付费环保、家庭路边回收等措施已经深入人心，成为毋庸置疑的生活概念。环保和回收的各种设计和颜色符号也融入人们的日常生活。至此，北美的每一个城市都必须提供物资回收的市政服务，垃圾回收和再生资源管理演变为超过 1500 亿美元的大产业。

如图 2–1 所示，环保从社会运动到制度化的产业显示出四波运动轨迹，代表了凝聚公共意识的运动逻辑。第一波是创新的举措，挑战现有制度，制造失衡，为变化带来政治机会。第二波是合纵连横，推广同样的创新举措，组织能够带来资源的社会关系网络。第三波是允许和鼓励追随者因地制宜，改造具体的创新举措以适应当地条件，但保留和维护核心概念及文化价值观，让多元、多样的形式证明核心文化价值观的合法性。第四波是将创业的内容和形式融入制度的意识形态层次，成为符号化的、有社会意义的习俗和规范。像图腾一样，社会活动和思想上升到符号化阶段后，它们成为世界观的一部分，从思想的深层次影响人们的行为。符号化的信念在人类学中叫图腾，在营销中称为神圣化的品牌。二者同出一门，名字不同，功能性质相似。

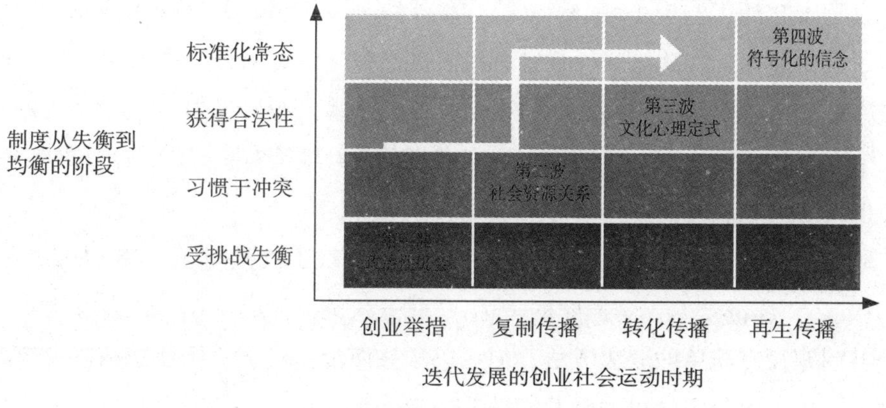

图 2–1　凝聚公共意愿的逻辑

每个阶段传播的重点均不一样。第一波强调独到新颖的创业举措，引发既有制度（市场）失衡。第二波鼓励复制原版到其他地方，让有争论的议题成为社会现实。第三波侧重变化后的模仿，凸显当地特征，但仍保留原版的根本特征。因为多样多元，社会各个方面开始接受创业的举措，并予以合法性。第四波就要超越具体形式，提炼抽象的概念和符号，让表面差异度很大的变种出现，符号化的意义和形式沉淀为社会主流思想。至此，创业完成建业的过程，成为制度的一分子。

图 2–1 展示的凝聚公共意愿的逻辑将体现在下面的五个案例中，包括丹麦政府的政务创业、瑞典新创客基地、商业协会百年后转型创业、嬉皮士社区经济自治创业和文创产业中心的创新。五个组织，性质特征不一，但都处于创业创新的阶段，为获取从创业到建业的成功，都需要创造社会利润。凝聚公共意愿的具体活动也就是其创造社会利润的过程。

就像核心竞争力和竞争优势为体用关系，凝聚公共意愿的社会运动（简称凝聚运动）与社会利润也是相互依存的体用关系。下面的北欧案例显示，二者和合建业成，二者分离创业终。

Mind Lab: 政务创新可以试验

社会学家默顿（Robert Merton）的“意外后果”（unintended consequences）概念影响了至少两代人。从笔者的导师到笔者这一辈学者都恪守一个信念：社会科学不能做实验，因为实验可能导致无法挽救的意外后果。可是，过去 12 年，丹麦的“思维实验室”（Mind Lab）却一直在尝试各种各样的公共政策实验，其实验模式从英国、欧盟传播到乌拉圭、加拿大。

实验室主任普仁（Thomas Prehn）告诉我们，对于公共问题，“解决思维”是最大的误区，“经济效率”是偏颇的指标，“政务权威”能成功在于让对方使用。复杂的公共问题没有简单的解决方法，但可以顺势而为。对于现代社会利益和势力交错的现实，思维实验室给出“公共问题”的定义和解法：连带现象层出不穷的“刁怪问题”（wicked problem），通过建立信任的沟通过程，达到妥协、共存、合作、渐进改良的集体目标。12 年来，实验室从新颖到经典的转型也经历了社会运动的四波过程。

启动思维实验室的创立机会是一次学者与政治人物的对话。2002 年，一位学者问丹麦商务部部长：政府号召企业创新，自己内部是怎样实践的？一席话触动商务部、劳工部和税务部共同设立了跨部门横向创新的思维实验室，旨在探索公共政策与执行的新方法。

在我们的调查访谈中，实验室的专家喜欢引用丹麦“腓特烈西亚”（Fredericia）模式。腓特烈西亚为丹麦的一个市政区（以下简称腓市），正面临着普遍的人口老龄化和社会福利服务的问题。其中一个典型案例是：对一些老人，福利工作人员一天要造访两次，帮他们穿袜子、脱袜子。后来，腓市推出 6 ~ 8 个星期的健体活动项目。体能训练师一周两次，帮助老人恢复和维持体能。腓市的方法不仅减少了 15% 的支出，还极大地提升了老人的生活质量。现在，丹麦超过 60% 的市政区开始推广腓市模式。

结合类似案例，实验室发现：老龄现象可以在不同的社区、生活形态、人群中有不同的表现。运用人类学研究方法，模拟老人的生活状态，跟踪描述每天的活动，再邀请各方专家从行为学和健康学的角度与老人共同对生活改良过程进行讨论。如此，实验室把人类学方法和设计思维引入政务创新：“通感（empathy）—定义问题（define）—激发创意（ideate）—做模型（prototype）—再实验（test）”。

在第二阶段和第三阶段，实验室开启了新的合作伙伴关系。他们与欧丹斯（Odense）市政区合作，组织当地居民、企业和社团之间的对话。对话从冲突开始，暴露矛盾，到理解各方的难处和意愿，启动简单的合作行动。实验室的专家扮演协调和主持的角色，勾勒出隐含的社会连带关系，引导渐进改良的方案。不满足于复制成功的案例，实验室还建立了自己的“知识工坊”和博士工作站，让深度的知识创新与具体政务问题在实验室相遇。他们帮助税务部设计缴纳税收的流程，间接影响缴税心理，使准时纳税比率提高了 30%。

从 2015 年下半年开始，实验室正在尝试“政务创业”，即帮助公务员设计提供公共服务产品的新形式。他们希望建立社会对政务的新价值观，只要有值得信任的过程，允许政务创业失败。

思维实验室的成功得益于对社会运动逻辑的运用。如图 2–2 所示，第一波机会来自于社会对政府创新的期待和政治人物的政绩愿望。实验室充分把握这个时机，建立起专业信誉。第二波是自然延伸到市政当局，获得更广泛的政治关系。第三波是向欧盟等外围机构输出服务，巩固专业地位，由外入内强化实验室方法论的合法地位。第四波是自我更新，与丹麦主流设计力量融合，让政务创新的设计方法论制度化、标准化。

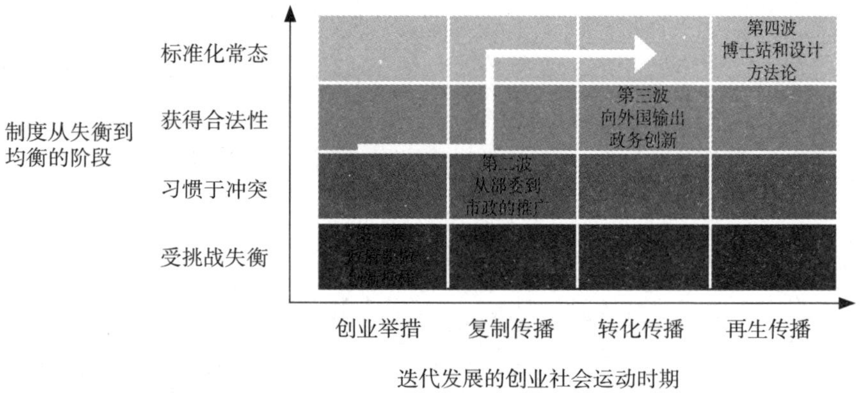

图 2–2　政务“思维实验室”的社会运动逻辑

值得推崇的是，思维实验室有计划、有策略地建立起直接支持他们的社会关系网络和在专业知识领域的文化权威，这成为其社会利润，滋养了实验室多个阶段的转型发展。

从比较公共产品创新创业的角度看，中国的“挂号网”和“趣医院”都是从看病难这个机会引发出来的创业，其背后蕴含着汹涌澎湃的公共意愿。如果他们采取类似的社会利润策略，两家网站可以从改变病人与医院的第一次接触关系（挂号）开始，渐进衍生到对医生服务的评价，为医院管理者提供信息反馈，直至成为改善中国医疗系统长期扭曲关系的商业媒介。如此，从创业到建业计日程功。但是，如果网站变成以付费多少来决定医疗服务的排序，那就违背了社会利润的原则，只会引发反对的社会意愿。假如真是这样，从它没有社会利润设计的开始就能判断它失败的必然结局。

Realdania:“天天向上”运动的推手

百年组织比新兴机构更加有创业紧迫感，因为不但要树立在新制度下的合法地位，还需要清理已经过时的旧制度遗产。丹麦地产信贷协会（Realdania）过去15年就处于这样一个紧迫的创业阶段。

Realdania的前身是Real Kredit Denmark，缘起于1795年哥本哈根大火之后的重建，已经有200余年的历史了。2000年，Realdania的地产信贷部分被收购，流动资产突然增加到14亿欧元。就此分红散伙还是期待再创新的辉煌？协会的15万会员投票表决，选择再创新的辉煌。从此，Realdania成为一个非典型的组织：一个拥有内部投资部门的社会慈善协会。过去作为信贷组织的制度合法性已经不再，现在作为拥有庞大金融资源的慈善协会必须建立新的社会认可和权威，否则没有继续存在的理由。

总裁尼加德（Jesper Nygard）告诉我们，一般新公司的创业挑战是搞明白如何能赚钱才能成功，而Realdania的创业挑战是搞明白如何花钱才能成功。创造社会认可和专业权威的社会利润直接关系到Realdania的合法性。

经过半年调研，Realdania的管理团队向董事会报告他们慈善创业的新模式：不做尖兵，做推手（catalyst）。通过积极的伙伴策略，利用合作伙伴的专业能力和意愿，改善既有的生活环境，提高公共生活的质量。经历超过2000个项目和高达14亿欧元的慈善投资，Realdania向社会展示了其独到并有效的战略原则：①不复杂不做，没有重要性的社会问题不做，有集体影响力是必要条件；②用合作性的过程带动合作行为和解决方案；③项目要能派生专业知识，发展成为可以复制的模式；④合作伙伴要有专长、专注和热情，是行业尖兵；⑤维护丹麦的文化传统，创新性地提升城市生活环境质量；⑥为所有的丹麦人提供机会；⑦必须先有评估和考核系统。

做社会变革推手的战略体现出管理层的深谋远虑。2015 年，Realdania 投资获益后的资产有 30 亿欧元。尼加德套用瑞典童话长袜子皮皮（Pippi Longstocking）的名言：Realdania 是大块头（有钱），更得表现可爱。Realdania 的想法是：小小进步，天天向上。经过 15 年的慈善推手战略，Realdania 的影响体现在丹麦社会的各个方面。他们在高档住宅区建立起癌症病患的终极关怀中心，改变社会的 NIMBY（公益虽好，别建在我后院）态度，建立 WIMBY（欢迎建到我社区）的社区氛围。这个 Hospice 项目成为后来者模仿复制的典范，Loop 城市圈将改变未来丹麦城市的生活形态。C40 国际城市可持续发展吸引了包括上海和北京在内的 40 个城市的参与，C40 的城市设计模式已由丹麦传播到全球。

最能在细腻处体现 Realdania 慈善模式的是两个新近完成的工程。其一是 Realdania 资助修葺历经 200 年的王宫，一个小小的条件是王后入住前要免费开放给 58 万丹麦人参观。另一个是 Realdania 资助联合国办公室修缮，条件是“修旧如旧”，完成后的办公室依然保持当年雅各布森（Arne Jacobson）所做的一切设计。这样来，丹麦的工艺和设计将尽在往来的国际领袖眼前展现，Realdania 高超的外交智慧帮助它在丹麦建立起独一无二的社会软权威和文化影响力。

Realdania 创业可谓老树发新枝，对其社会运动策略进行分析（图 2–3），第一波是开启丹麦合作社会的慈善推手。第二波用独到的项目选择模式撬动全方位的合作联盟。到了第三波，Realdania 的“小小进步，天天向上”慈善思想已经被广为接受和传颂。Realdania 现在已进入第四波，成为“幸福丹麦”的重要推手。

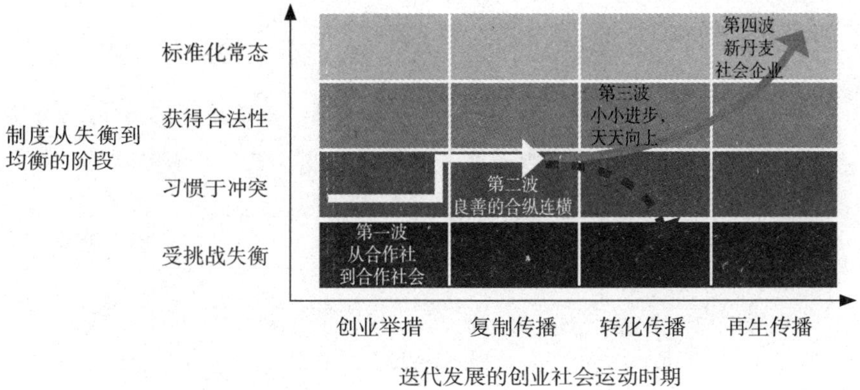

图 2–3　Realdania 推动“天天向上”运动

在中国，万科、万达与 Realdania 可以有一比，这两家房地产企业也为社会做出了不少慈善捐赠。可是，相比之下，Realdania 的社会慈善创业更有社会利润的收益和广泛的社会积极效果。在参与社会建设方面，已经获得商业成功的企业需要再思考自己的慈善创业，Realdania 的老树发新枝，为中国大企业的慈善创业提供了榜样。

Sup46：被运动的创客基地

瑞典是个最适合创客的国家，但却留不下创客，为此 Sup46 创客基地应运而生。

在瑞典，99% 的中小型公司提供 80% 的工作机会；74% 的公司是单一私人拥有权；22.4% 的公司是雇员少于 9 人的迷你企业。生活在这个高福利国家，年轻人享受免费大学教育、医保和失业保险。相比美国，他们创业的风险很小，因为有福利保障。有人说，瑞典的桑拿蒸汽浴文化也促进人人平等的社会价值观实现，有利于创业。在从创业到建业至 10 亿美元规模的类别中，瑞典是仅次于美国的国家。Mojang、CandyCrush、Minecraft、Spotify、Wrapp、Skype 都是最近几年著名的创业企业。

可是，瑞典留不住创客，因为虽然有斯德哥尔摩等少数有吸引力的大城市，但没有合适创客的办公环境。2013 年，Sup46 在斯德哥尔摩商业中心建立 2000 平方米的分享经济创客中心，凭借“分享、竞选、集中、专业服务”，Sup46 很快聚集了 67 个创客企业。有别于硅谷等地的创业孵化器，Sup46 以互助组、合作社的风格分配使用空间，分享资源。为保证质量，入伙企业都需要经过多层次的竞争。Sup46 高度集中多媒体、互联网、音乐和游戏创客，并调动投行、天使合伙人、律师事务所的资源为创客提供经常性的专业服务。Sup46 在瑞典国内引领风潮，但其第一波的成功并没有迅速发展成为可以复制传播的社会运动。2014 ~ 2015 年，另一轮具有社会运动劲头的创客策略在北欧兴起。Sup46 由高度的创意沦为一般的商业模式，从 Sup 落为 Sub（图 2–4），它获取社会认可和专业领域的文化权威的机会也大大降低。由于缺少后续的社会利润，Sup46 的未来将更艰难。

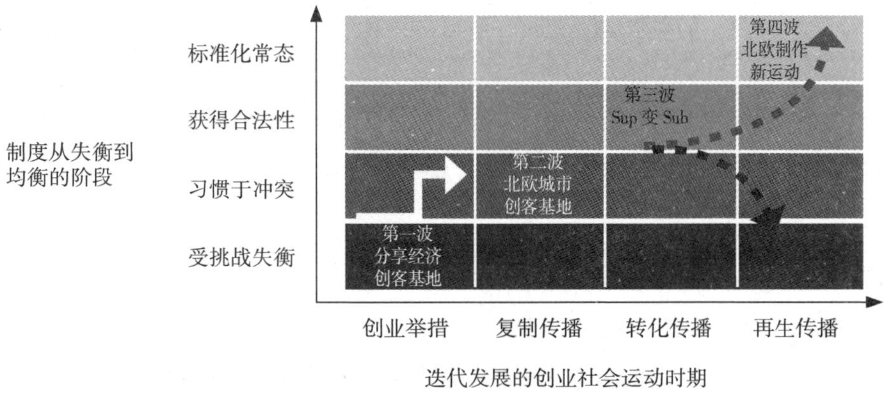

图 2–4　被运动的 Sup46

以社会运动的逻辑比较 Sup46 和现在正兴起的“北欧制作”（Nordic Made），我们可以看到它将面临严峻的挑战。Sup46 是第一波分享经济创客基地的佼佼者，但没有迅速复制自己的模式到北欧其他城市。随后，挪威奥斯陆、芬兰赫尔辛基也出现类似的创客基地，后者涌现出许多获奖的创客企业。同时，北欧各个城市创客基地组织形成“北欧制作”联盟，凭借北欧五国的历史文化联系和已经成长出来的城市创客基地，“北欧制作”在 2015 年 8 月走向美国纳斯达克市场，这场新运动的风头盖过了 Sup46 曾经为领袖的旧运动。Sup46 已经开始反思，所以他们推出虚拟的创客基地计划，同时，入伙企业的性质也开始多元化，但错过的社会运动策略已经成为无法挽回的机会成本。

Sup46 一波三折，其经历值得国内“创智天地”这样的组织借鉴反思。创业容易，建业难。先创者可能成为先烈，模仿者可以后来居上，提出更加具有号召力的方案来凝聚公共意愿。在被制度加冕之前，创业实际上是社会利润模式的竞争。

CKO：文创是拢猫的运动

我们采访冉穆斯（Rasmus Winstedt Tscherning）时，他已经在 CKO 任主管 6 年。CKO 即丹麦语“创新和体验经济中心”，致力于建立文创产业的合作平台。按道理，文创的时代背景远强过其他创业领域，CKO 受到丹麦文化部和商贸部的直接支持，应该有较高的成功机会，但反思成立 6 年来的发展过程，较好的起点并不能保证成功，特别是当它没有一个清晰的运动推广策略来凝聚关键相关者的意愿时。CKO 为国际社会创造了许多正外部性，但都未能转为社会利润，其未来前景也不明朗。

如图 2–5 所示，CKO 在 2009 ~ 2010 年做的著名创业举措是组织有 50 个国家参加的国际创业创意杯竞赛。接着，受政府资助和委托，组织丹麦的文创产业，为促进创新和体验经济提供平台和中介服务。在未能形成有独特风格和复制能力的时候，CKO 过早集中在一般文创产业的咨询服务中。CKO 为欧盟、俄国、比利时、越南等政府提供文创产业策略咨询，忙于国际领域的活动削弱了在国内联盟的能力，也减少了获取国内发展资源的机会。采访中，冉穆斯承认，没有与丹麦的外交部和教育部结为联盟是一个战略失误。前者本可以将 CKO 在国际上的声誉和关系转为社会利润；后者本可以通过教育培训推广 CKO 的方法，赢得社会认可。由此，CKO 没有创造出连续不断的社会运动浪潮，而是在第二波就过早进入咨询活动，丢掉了进一步获取合法地位的国内联盟关系。

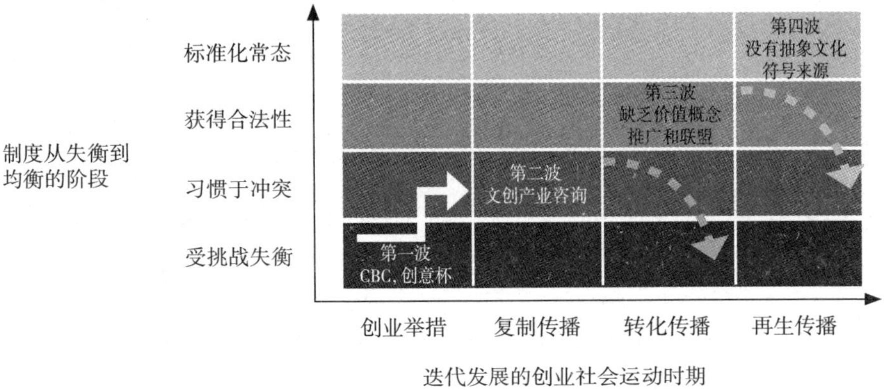

图 2–5　CKO 没有运动起来

丹麦本是富有文创资源的设计大国，但文创产业的流动性和独立性很强，组织艺术家就像把一群猫拢到一起成为方队一样难。CKO 没有充分估计文创产业的特征，缺乏对应的社会运动策略，也浪费了第一波成功带来的机遇。

对刚刚兴起的中国文创产业而言，CKO 的教训很宝贵。一个看似巨大的市场，因为流动性和多样性，比较难产生聚集效应。文创不能搞简单的“拿来主义”，要避免被强势的产业（房地产、影视）绑架。文创的成功只能在创新创造的能力机制上，而一旦被网站化、影视化、园地化，文创便像 CKO 一样成为早熟的新生儿，失去迭代发展的机会。

Christiania Free-Town：自由城的第三点

若是到哥本哈根，克里斯钦自由城（Christiania Free-Town）是必访之地。时隔三年，笔者有机会再次采访自由城的发言人任辛格（Risenga Manghezi）。我们意识到自由城已经走上了商业创业和经济自治的道路。未来他们是否可以复制社区自治的成功社会运动，很值得关注。

1971 年，几百名嬉皮士占领了丹麦首都哥本哈根最中心的 84 公顷的地方，并宣布这个暂弃的军事基地为他们追求一切平等的自由城。40 年过去了，这个紧邻丹麦外交部和财政部所在街区的河边宝地仍然到处是涂鸦。区内有“女人铁匠铺”、自行车行、尼泊尔佛塔和纸板搭建的小屋。丹麦法律禁止的大麻，在这里沿街公开摆摊出售，而且可以试抽。来来往往的居民很少没有刺青和耳鼻穿孔的，他们桀骜不驯的样子让路人惊悚，但也谈不上恐惧。

起初，丹麦政府想尽办法要取缔自由城。政府曾经断水、断电、断公共服务，可是堆积如山的垃圾却触发自由城内的公社成员建立更加另类的自我管理形式。公社委员会向全体开放，他们无休止地争吵、不限时地讨论、坚决执行全体一致的决策原则。自由城所代表的乌托邦式的生活选择吸引了丹麦各个阶层的关注和支持，政府也发现其存在是对丹麦社会价值观最好的反面强化。因此，自由城存活下来，并成为合作型叛逆文化的代表。社会认为其是代表反叛文化的旗帜，这种社会认同就是它的社会利润。

2010~2011 年，自由城的三轮反斗车被评为最佳年度设计，并成为丹麦设计博物馆的馆藏品。一时间，这个当年为取缔区内汽车而创造出来的人货两用三轮车成为国宝级的设计，直接鼓励了任辛格等委员会成员思考自由城的转型，从社区自治走向商业创业和经济自治的道路。为此，委员会探讨如何既能品牌化自由城，又避免丧失自身的价值独立性，他们甚至讨论以“全球唯一承诺绝对没有回报的股权”向华尔街募资，以回购自由城的土地所有权。丹麦著名的延森设计工作室为自由城设计“第三点”的图形标志。三个黄点符号代表他们既不是主流，也不是逆流，而是拒绝定义和被定义的第三点。

自由城社会运动正向商业创业的经济自治方向转型（图 2–6）。自由城首先以非法占领引发社会危机，挑战体制，但又以合作的风格获得社会同情和支持。对反叛的另类生活，许多人敢想不敢做，支持自由城就变成一种精神胜利法。自由城“守秩序的反叛”代表丹麦社会秩序的另一面，并得到包括政府在内的社会接纳和认同。在成功经历前三波的社会运动后，自由城走向经济自治的创业，但是否仍然是丹麦社会价值观的另类证明，是否能维持“守秩序的反叛”的文化符号，那还要时间来验证。保持自己在主流和逆流之间，这是自由城存在的合法理由。

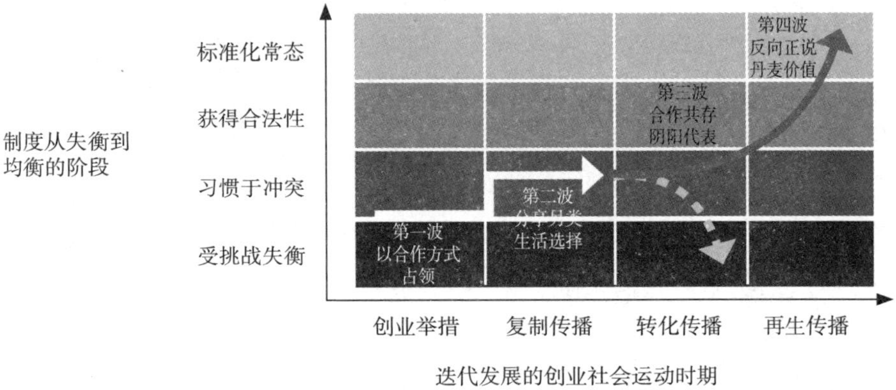

图 2–6　丹麦自由城的第三种选择运动

“自由城”的经济自治创业对中国的 NGO（非政府组织）政策很有启发。怎样让有社会议题的 NGO 健康成长为社会有机体的一部分？鼓励它们经济创业是一个好方法。只有相互经历对方的创业困境，社会各个团体才会增加理解，走向合作。

创业需要运动营销

五个北欧组织因为不同的原因开始创业。其中三个代表运动策略的成功，两个显示没有运动策略的负面影响。表 2–2 中的总结显示，社会运动策略需要关注社会利润形式，也要把握每个阶段的策略要点。北欧的案例为熊彼得的“基于引发社会变革的创业思想”做了一个很好的注解。

表 2–2　北欧创业组织的运动策略

组织	社会利润形式	启动创业的政治机遇	调动资源的社会关系形式	树立新价值的认知格式	强化新习性的意义符号
MIND LAB	多重社会认可，文化权威，合法地位	政府也要创新	部委，市政，社区，草根，欧盟，国际	创新需要知识研究支持，独特的方法论	政务创业方法论，讲习班
CKO	单一社会认可，文化影响，未建立制度化的合法地位	全球关注文创产业	欧盟，国际	创新创业国际竞赛	创业杯竞赛
SUP46	区域认可，本地影响，被制度化	创客基地留住企业家	投行，风投基金，法律事务所	分享经济，集中办公，横向嫁接，专业服务	生来就要改变世界
Realdania	多重社会认可，文化权威，制度化合法地位	“幸福丹麦”的调查和社会印象	全球，全国，全社会，各个阶层	专一有效的慈善催化者，小小变化，天天向上	复杂问题合作解决，集体影响力
CHRISTIANIA COPENHAGEN	跨文化认可，独特影响，暂时合法性	丹麦的社会合作运动	全国，北欧嬉皮士、精英，媒体	为社会保留第三选择	第三点，自由三轮车

五个北欧案例也从不同角度为中国的创客提供了有用的策略。

第一，改善社会应该成为创客的第一价值原则。无法清晰说明社会价值的创业一定夭折。

第二，把“社会利润”放到经济利润的前面。后来竞争者一定有更优越的经济利润模式，在从创业到建业的过程中，先行者可以保持的优势在社会利润的模式上。

第三，我们生活在第二个 E 时代，从电子的（electronic）到共情（empathy）。在这个“感同身受”的时代，社会公共意愿比大数据更有价值，创业需要设计凝聚公共意愿的运动策略。

第四，模仿不是抄袭，是崇拜者对你创业思想和行为的追捧。为追随者设计一个有助于差异化模仿的平台，你将收获满满的社会意愿。

第五，从创业跨越到建业，最稀缺的资源不是资金，而是来源于创业实践的思想理论。从 0 到 1 容易，从 1 到 3，到万物则难。学习如何凝聚社会公共意愿，每个创业者都需要认真阅读《共产党宣言》。

从创业到建业，建业之后又当如何？“我们不要停止探险，其终点就是出发点。至此，如初识，恍然大悟！”诗人艾略特如是说。

刁怪问题与管理公案

| 时事微评论 |

刁怪问题的管理也能浪漫地“横看成岭侧成峰”。管理问题若跨界，它往往涉及市场、社会、政治、文化。每一个系统各有其自身的首要管理目标，有不同的评判管理质量标准，这时管理表现就难以评估了。理解管理问题的无常性质是第一步，懂得定义问题是第二步，选择评估标准和执行过程则是下一个层次的问题了。

第二次世界大战后，西方社会日趋活跃，系统论学者发现，在涉及多方利益相关者的社会规划中，所有的问题都有多种不同的解释和定义。解决问题的方案往往成为下一个问题的起源，而问题的性质时常要经过很长的时期才能在反思中有更合适的理解。每次行动都无可逃避地成为问题的一部分，锁定在问题情境中的决策者没有选择，只有等到情境条件改变时，新的选择才可能出现。20 世纪 70 年代著名的系统学者邱吉曼（C. W. Churchnman）给这样的社会管理问题起了一个名字——“刁怪问题”（wicked problem）。随着企业与社会边界的透析化和交错干扰，管理问题越来越没有一定之规，越来越介于两可之间，越来越像“刁怪问题”。同时，再刁怪的管理问题也还包含下面的特征：①它们还会体现管理的基本规律；②利益相关者可以有不同的解释视角；③每一次感同身受的解释会给不同的人带来不同的新见解。我们把具有这样特征的管理现象称作“管理公案”。

公案五例

2010 年，英国石油公司（BP）在美国墨西哥湾的油井爆炸后漏油，造成历史上最大的环境污染和索赔事件。4 年半过去，BP 已经花费 280 亿美元用于清理被破坏的环境和赔偿，可是新的诉讼和罚款仍不断出现。新奥尔良的联邦法庭法官巴比尔（Carl Barbier）任命当地律师金纳（Patrick Juneau）审理民事诉讼，金纳公开号召“有疑就告”，以至于各种各样与漏油无关的诉讼都得到巨额赔偿，联邦和当地州政府也节节升高新的惩罚金额。保守估计，BP 可能还要花费 175 亿美元才能结案。按照现代管理的“企业社会责任”理论，BP 在事件发生后的管理措施充分体现出“承担责任”的善意态度，这从它没有强力坚持诉讼的最高限制上也反映出来。现在的结果是，当时的“社会责任”策略落入美国复杂的法律系统和当地律师毫不掩饰的偏袒行为中。对于市场总价值有 1320 亿美元的 BP，路易斯安那州的海岸官员格维斯（Graves）提出 1250 亿美元的最后赔偿金额。从对股东和员工负责的角度，BP 高管做出的选择是正确的还是错误的呢？

BP 漏油赔偿的罗生门显示，早期负责任的管理行为如何演化为越来越难以全面负责任的“刁怪问题”。用企业社会责任指导的管理实践与制度条件和文化特征交错在一起，若没有发展变化的阶段性的概念，一定会落入自己的旧决策挖下的新陷阱内。

2014 年 10 月世界石油市场的价格动荡是另外一个经典的公案。对产油大国沙特阿拉伯而言，原油价格下跌到 85 美元一桶已经影响到它的国民收入和国家预算平衡。但是，沙特没有任何消减产量来提高价格的行动。相反，沙特表示，未来一年，它可以接受原油价格维持在 80 美元一桶的水平。分析家认为，这是沙特为配合美国对俄国的制裁，因为俄国需要原油价格维持在 110 美元 / 桶之上才能平衡国家预算。

再深一步看，开发页岩油的新技术扩大了美国本土的原油产量，这是价格下行的其中一个原因。但是，页岩油开采成本较高，油价下跌到 80 美元一桶，新页岩油开发公司便无法维持。石油开发需要长周期规划，低价的市场基本掐灭了新技术公司的发展可能。这从长期来看对沙特的寡头地位有利，对美国的长远石油战略有害。同样的原因，曾经受热烈关注的北极解冻土层石油勘探也因为低价石油市场而被搁置。如果我们把伊朗和沙特分属于什叶和逊尼教派的因素考虑进来，任何低于 140 美元一桶的市场状况都是对伊朗的打击。更长远的是，如果世界经济下行过临界点，进入全面衰退期，沙特为首的产油国将遭受经济大波折的震荡。而石油降价等于为全球经济提供一年超过兆亿元的刺激，它符合沙特的长远利益。综合上面所有的逻辑关系，我们才可以深刻地了解，为何产油国沙特愿意维持较长久的低价。

沙特与世界的经济逻辑，与俄国和页岩油新技术公司的竞争逻辑，与伊朗的地缘政治逻辑，与美国地区国际关系合作的逻辑，它们综合作用，无一遗漏。任何用单一逻辑的解释都不仅片面，而且会误导决策。复杂的管理问题需要使用综合逻辑的方法，沙特的石油价格现象就是一个好例子。

第三例公案是特斯拉电动车的营销。与传统汽车百年来的发展相比，新的电动车企业特斯拉进入市场不过 5 年。在同样的电动车市场中，通用、日产、丰田，甚至中国的比亚迪已经耕耘市场多年。但是，特斯拉电动车刚刚问世就独树一帜，它的功能和设计是否到了令人尖叫的程度，大家见仁见智。但人们都公认，没有特斯拉的创始人之一马斯克的形象营销，就没有特斯拉在全球迅速流行的局面。马斯克用清晰、高大的价值观“装藏”自己的电动车，为社会名流表达自己领先的社会意识提供了一个优美的载体。利用令人目眩的局部细节技术，如 17 英寸触摸屏幕和隐形车门把手等，吸引社会大众和公共媒体的关注报道，马斯克像亨利·福特一样，把报纸头条变成产品最好的营销。特斯拉电动车的品牌一半来自优秀的电池管理技术，一半经由社会关注而形成。

无论是特斯拉，还是小米手机或苹果产品，社会大众已经不是被动的旁观者。在这些管理现象中，围观也是生产力。它直接参与到企业的管理现象中，并成为管理者决策的一个重要变量。

丰田刹车片的遭遇更具有“刁怪问题”的特征。我们可以把它当作一个情境化理解的管理公案。在通用公司丢掉“销量第一”的桂冠之后，丰田总裁丰田章男就很担心，从此以后，丰田将要有政治压力了。他的预言很快以出乎意料的方式应验了。2009 年和 2010 年，丰田汽车在美国召回 1000 万辆轿车，原因是刹车在行进过程中失灵，软件可能导致突然加速。2010 年 2 月，丰田章男走进美国国会，接受议员的反复质询和羞辱性的谴责。2011 年 2 月，由美国高速公路管理局牵头，汇聚包括美国宇航总局（NASA）在内的专家调查队伍经过 10 个月的调查，得出结论：没有任何证据显示，30 万条软件指令有任何问题。简言之，没有证据显示丰田的刹车有问题。但是，这并不能终止 400 多例对丰田的诉讼。2013 年 10 月，加利福尼亚州联邦法庭的法官瑟纳（Selna）认为，宇航局没有法律权限和地位，证据是否被采纳，那是法官的决定。在事关 83 岁的驾驶人森江（Ida St. John）的庭审中，陪审团没有发现任何证据是驾驶人失误造成事故死亡。那么，逻辑上只有一个可能，丰田车的软件有问题。因为被怀疑刹车有问题，丰田不仅召回 1000 万辆轿车，还因此花费 16 亿美元赔偿相关的车辆跌价的法律和解案子。尽管有强大的科学事实，法官仍然认为陪审团的决定比宇航局的火箭科学家更切实。

丰田刹车片的问题必须放到美国当时的政治环境里去理解。它不是一个技术问题，也许是丰田汽车在美国嫉妒外国企业的政治气氛下，如何陪议会中的政治人物走台表演的问题。丰田章男和他的团队有着不错的表现，他们至少理解这次政治演出中自己的角色。其后，当科学技术证据遭遇美国联邦法官制度和条文限制的时候，刹车片的问题成为法律上如何止损的管理。两个生动的情境让我们看到，技术问题只有透过问题情境才能被理解。

就像洋葱，剥离一层又有一层，复杂的管理问题不是表面的因果关系所显示的那样。福特流水线带来的管理新问题就是一例。亨利・福特被认为是 20 世纪的代表人物，很大程度上是因为他系统地应用了流水线作业，为全球带来一个标准化、大规模、重复制造的新时代。可是实行流水线生产后不久，福特发现工人旷工比例不断上升，最高时达到每天 10% 的缺勤率。福特邀请外面的专家研究和寻找解决方案，专家认为，动机和文化是两大因素。为了更好地刺激工人的劳动积极性，福特首先在全国推行 5 美元 / 天的工资，比全国平均工资高一倍。同时，福特认为，大量来自欧洲贫困地区的移民缺乏勤奋工作的文化传统，所以“文化教育”和社会同化活动会改变工人的习性。为此，福特公司设立“社会部”，负责培养工人的美国文化习惯。事实上，在工人旷工行为的深层背后还有生产流水线带来的劳动异化问题。连续 10 个小时重复同一个简单和机械的动作，它会让工人失去对劳动的兴趣。待到多年之后，管理学者才认识到这一深层原因，并开始强调工作职能设计的重要性。福特的案例显示，表面的因果关系容易发现，也自然地成为管理的主要关注点，但是，每个管理现象在深层都隐藏着等待发现的深层因果关系。只有在历史的回顾和总结中，我们才可能对现象背后多层的因果关系有透彻的理解。

通过以上公案，我们得出五个解析管理现象的公理。

（1）管理问题是一个“有机现象”，有成长阶段性的特征。因此，思考管理问题的变化发展阶段是我们分析的着力点之一。在尝试“有机发展阶段论”的理解方法同时，我们对应寻找每个阶段的特征和属性，并接受同一个现象在不同阶段有不同的属性这个事实。

（2）管理问题是一个“综合逻辑现象”，没有单一的逻辑可以解释全部。我们可以从政治、经济、文化、地理的逻辑开始，随着理解的加深，演绎出更丰富的逻辑类型。

（3）管理问题包含“互动观现象”（inter-subjective）。它既不是主观，也不是客观，而是相互作用的互动观。因此，我们理解，观察者和他们使用的观察工具对问题现象本身都会发生作用，不可能完全置身事外。在互动观的概念指导下，我们需要注重观察各个利益相关者之间的正、负反馈关系，理解互动和反馈的回路是怎样放大或缩小各种力量的。

（4）每个管理问题都是“鲜活的现象”，它需要放到生动的情境条件下去思考。因此，管理实践必须超越简单的数据收集和分析，必须包括采集事件，梳理故事情节，寻找牵引事件发展的线索等过程。

（5）管理问题包括"表演现象"，有容易吸引人们注意力的表面因果关系。因此，我们需要时常做历史回顾分析，从后视镜中再次理解历史材料。展望的理解和后视的分析很不一样，因为理解者的时空情境参照系改变了。后视镜中的分析可以超越时态的盲点，看到逐渐呈现出来的新规律。

美国市长共同的担心

|时事微评论|

对社会问题，大多数人都认为确信无疑之时，我们更需要鼓励少数人从完全不一样的角度去质疑大众共识。对 2016 年发生的一系列公共事件，我们常听到单一调门的讨论，这是危险的。关于警民关系，美国已经走过的坎坷能够说明它的复杂性。

1999 年，社会学家莫斯科斯（Peter Moskos）入职美国巴尔的摩市警察局，成为一名正式警官。他入职是为了另外一项工作：研究警察组织。莫斯科斯博士的亲身经历让他找到警察组织特有的逻辑：①这是一个社会不可缺少的官僚机构；②警察的好表现很难衡量，于是控制坏行为成为管理警察的一项重要任务；③在恶性犯罪科，警察粗暴执法的情形与犯罪率成反比，警察不凶，罪犯不服；④警察必须是任务多面手。但是，一旦用简单指标来衡量表现，如罚单数量，那么他们造成的社会抱怨要超过简单问题本身。莫斯科斯博士还发现，如果警察的内在激励动因扭曲了，警察会选择不作为，因为不作为可以避免“坏表现”。

这位社会学家的发现正成为美国市长共同的担心。据《华盛顿邮报》报道，2015 年 10 月，美国 100 多位市长和地方警察局长在华盛顿参加一个闭门会议，讨论为何 20 多年一直下降的恶性犯罪率突然上升。许多市长认为，警察士气低落，不积极执法是一个重要的原因。来自巴尔的摩、芝加哥、纽约和圣路易斯的警察局长则更加直接：警察不想成为负面新闻的一分子。他们想保住饭碗，不愿积极干预。

最近几年，美国警察的粗暴执法激起了民愤，并引发了弗格森、密苏里和巴尔的摩的示威游行。与会的警察局长表示，一系列事件之后，他们管辖区域的警察仍然上班，但几乎不工作。如果晚上看到路上有抢劫事件，警察也不愿积极干预，担心冲突被录像，被传播上网。纽约市警察总督布拉顿（William Bratton）称之为“社交媒体效应”（Youtube Effect）。他告诉与会者，“纽约的示威者直接喊出口号‘我们要警察死，现在就要’”，“如果不是两名纽约警察被行刑式枪杀的不幸事件，这种社会情绪的滥觞还不会收敛”。布拉顿表示：“未来的问题是怎样平衡，怎样让我们的警员执行命令，怎样支持他们做正确的事情？！”

会上，美国联邦调查局局长科米（James Comey）和新奥尔良市市长兰德鲁（Mitchell Landrieu）发生了小小的争执。科米认为，导致恶性犯罪率逆转的原因很多，目前并没有翔实的数据把它与警察低落的士气直接联系在一起。兰德鲁则称，事实数据一旦收集并完成并公布，全国会沸反盈天。

警察暴力执法引起的社会反抗不是最近才有的现象。1991 年，笔者曾亲身经历洛杉矶的暴动，起因就是警察暴打黑人罗德尼·金（Rodney King）的录像被电视台获得并播放。之后，在全国舆论的压力下，洛杉矶警察局实施重大改革，新任的警察局局长派克斯（Bernard Parks）要求全体警员改变观念，改正行为。他还设立特别调查组，只要有市民抱怨执法过度，就调查，一个也不放过。一时间，警局内人人加班，个个抱怨。但派克斯毫不动摇地强调：新系统致力于为公民服务，不是为洛杉矶警察局服务！

这一改革一定会失败！芝加哥大学经济学家普伦德加斯特（Canice Prendergast）曾预言，因为它违背了警察组织的性质，扭曲了动机和表现之间的关系。警察面对的管理对象形形色色，有奉公守法的市民，有一时不检点的人，还有犯罪团伙。教授认为，对待犯罪分子，警察不凶悍，市民就遭殃。因此，市民会容忍对犯罪分子的暴力执法。凶悍的警察自然收到最多的抱怨，如果没有对他们的抱怨声，犯罪问题可能会更严重。

事实证明，改革确实失败了，但普伦德加斯特教授只说对一半。20 世纪 90 年代末，靠近洛杉矶机场的兰普特（Ramparts）地区帮派分子多，恶性犯罪案子多。警察局为此成立了一个特勤组，专门打击这一地区的犯罪活动。特勤组的成员多为彪悍的警察，他们出手粗暴，以恶治恶，成功地控制了该地区的犯罪现象。在这一过程中，他们跨过红线，干起监守自盗的买卖，自己成为罪犯。当地的民众都了解一些警察犯罪的事实，可是，没有人报告。一般民众认为，没有恶人治不了坏人，所以不愿意报告。“兰普特丑闻”后来被好莱坞拍成大片《训练日》（*Training Day*）。

美国的执法现象具有一定的代表性。它表明，在警察所处的灰色地带，能公开表达的一定只是片段。而善良的社会大众并没有机会经历和了解其他“深色”现象，打击犯罪活动的特殊性也不允许全面公开所有的信息。这一天然的信息不对称更让警察与民众之间的沟通困难重重。这时，任何单方面快速求满意的争执都将进一步消耗社会信任资本，并动摇制度的根基。

从笔者亲身经历的洛杉矶暴动到今天，25 年过去了。时钟似乎又倒拨回 1991 年警民对抗的场景，只是城市换为巴尔的摩、弗格森和圣路易斯。从表面看，美国警察执法并没有进步。事实上，各个城市至少在下面几个方面做出了重大改进：①公共管理者认识到社会治安的复杂性、警察任务的多样性，并以此设计多元的执法方法。②预防犯罪成为工作重点，特别是要开发相匹配的绩效指标，简单化的指标导致无意义的应付行为。③对警察执法是否妥当要做情境判断，让这个组织运转比使之完美更重要。④开发社区友善关系，做平安使者成为核心使命。⑤自上而下设计和实施执法守法的文化。因为上述的努力，这一系列事件没有完全走向失控。

傻瓜重复自己的经历，智者学习别人的经验。因其正反两方面经验的丰富，美国社会治安管理值得各国公共行政管理者借鉴。

比较英国的光荣革命和法国大革命，英裔历史学者尹恩认为，“微冲突，动平衡”才是历史的智慧。没有冲突，矛盾就无法暴露；缺少对话能力，社会群体只会激动，不懂妥协。现实中，当人群只有单面意见的时候，尹恩一定选择站在舆论潮流的对面，哪怕犯众怒，也甘冒大不韪。尹恩已经退休，笔者仍推崇他的精神。在舆论几乎全部倒向一位不幸过世的北京青年而指责警察的时候，请不要忘记美国市长们的担心。

怎样的社会治理才会有效

|时事微评论|

社会治理忌讳依赖简单的因果关系思维，间接影响才是真谛。复杂问题不是不可医治，而是不能仅拿封闭系统内有效的工具来对付开放系统中的活性问题。当然，压制是一个短期有效的方式，不过，它有管理者无法支付的利息。

现实中，绝大多数的社会治理活动不是敌对的冲突，不是控制与反控制，而是现场创造安全秩序的协作过程。从思想观念创新开始，我们可以利用中国巨大的社会制度资源扬长避短。

医院有内科、外科、五官科……医生不会用一套方法通治百病。社会问题情况则更加复杂，更需要精细的专业治理方法。在反思拥挤踩踏事件时，我们不能只停留在管理人员上，还需要思考如何提升社会治理的系统能力。

社会治理与商业管理和政党政治相关，但却有自己独特的属性。商业管理为私有权服务，社会治理必须服务于公共利益。政党政治强调如何赢得掌权的机会，社会治理注重遵守公共权力的意识和行为。简言之，企业管理的理念无法通用到社会治理上，越是不需要公开展示公共权力，越是需要人们自觉遵守的秩序，越体现出社会治理的成功效果。要达到这个效果，我们首先要还原社会治理的技术特征。

社会治理的四大技术特征

分辨“有代表性的现场行为”，这是对公共管理者的第一个技术能力要求。

场景：一位贫穷的妇女被举报在超市偷鸡蛋，一位青年乘乱打劫超市里的货物。受过专业训练的警察可以原谅偷鸡蛋的妇女，却必须立即现场拘捕打劫的青年。警察要学会区别对待治安事件，因为社会治理的单位不是制造事件的个人，而是他代表的“现场行为”。

忽视对“代表性现场行为”的控制，治理成本和效果一定成反比。中国航空旅行中的乘客冲突行为就是一例。相比之下，在北美，我们常听到对飞行安全人员“过度执法”的抱怨，但少有无理取闹的行为。现场执法情景和后来对“过度执法”的抱怨同样成为培养守法习惯的强化宣传。

关注社会事件的“荡漾效果”为第二个技术特征。执行的预期目标不是就事论事，而是阻隔或者推动事件产生的“荡漾效果”。

场景：2012 年 10 月，西安青年蔡洋乘公交车下班回家，遇到反日游行队伍。“他很快就被队伍的热情感染，汇入人潮之中”，后来就发生了广为报道的悲剧。

试验一下，如果你向平静的池塘扔一粒石子，无论石子大小，震荡会一圈圈荡漾开去，直至受阻。水波传递的形态信息和公共行为传递的形态信息一样，具有层层影响的荡漾效果。公共管理者必须把有限的资源投放到干扰荡漾效果的行为上。如果是提倡的行为，则需要思考如何推波助澜。

具有权威性的语言和表达方式是社会治理的第三个技术特征。对社会管理者，最有效力的工具不是“拒马”和辣椒水，而是权威性的语言和表达方式，它必须经过专业的设计和训练。

场景：飞机已经滑行，中国航空公司的乘务人员用谦辞和请求性的语言敦促乘客关闭手机、收起小桌板。加拿大航空公司的乘务口手并用，在直接明了要求的同时，也用肢体行为动手收起小桌板。后者有起码两套语言系统，并受过机上冲突管理的“威严语言”训练。

公共管理者必须学会“不怒自威”，否则以少对多，永远没有管理的势能。当民众体会到公务人员的权威性，自觉遵守权威的时候，公共权力，特别是暴力执法权就没有展示的必要了。相反，个人化的、任性的、随性的语言表达往往侵蚀了公共权威，甚至引发暴力冲突。这个方面的例子和教训太多了。

有秩序的“场景效应”是社会治理的第四个技术特征。

场景：加拿大的骑警着装非常特别，火红色的警服。在容易超车出事的路段，加拿大警察会提前设立醒目的标志，表明此地有摄像监控。每逢洛杉矶有重大活动时，警察刻意在最显著的街口停上警车，并闪着灯。上述的措施不是为了“事后治理”，而是为了“事先警示”。不是为了“抓坏人”，而是提醒好人别出现“坏行为”。

公共场所就像电磁场一样，一群人的行为在互动中形成不同的“场景效应”。它既可能是相互约束的秩序场景，也可能是相互鼓励的破坏场景。围棋中有“善阵者不战”的策略。提前发送秩序场景的信号，用以影响一群陌生人之间的有秩序互动，这是公共管理者可以做的排兵布阵的工作。

社会治理从创新思想理念开始

2013~2016 年，纽约警察的过度执法引发了社会各界的诟病。同时，人们也承认，纽约近 20 年来的治安确实有很大改观。它与“破窗户”理论有极大的关系。1982 年，社会学家威尔逊和凯林在《大西洋月刊》上刊登了“破窗户”理论，解释社会治理中的失控现象。概言之，没有得到及时修复的“破窗户”可能引发更多的破坏行为，及时整治微观失控有利于保持社会宏观秩序。

凯林因此受到纽约市政府的邀请，并根据他的新理念来整顿市政管理，“破窗户”的概念迅速在美国大城市的管理中得到运用。尽管对个别实施案例仍有批评意见，但社会治理需要思想理念创新的看法已经成为常识。

一念一世界，新的先进理念可以带来事半功倍的效果。比较中世纪英法和西班牙之间的社会发展，创新经济学家鲍莫尔（W. Baumol）发现，英法王室从“收租”到“收税”的理念创新起到了至关重要的作用。在现代社会治理制度上，德国的派尔等学者提出“秩序学”，说明社会可以通过“社会语言”创新，促进对相互依赖关系的理解，提升合作行为。

从“广场舞”、雾霾、高峰交通到食品安全和打车软件的应用，我们都可以看到，当大家限于旧的“非黑即白”和“你赢我输”的语言系统中时，我们一起陷入囚徒困境，矛盾和冲突只会加剧。

如果我们像派尔建议的那样，通过各式各样的微观互动，认识到相互依存的必然性，并据此提出新的沟通语言，寻找微小但渐进的互惠合作，那么社会环境一定可以改善，体制活力也将渐行渐壮。带蓝牙耳机跳“无声”广场舞的大妈已经成为渐进合作社会行为的践行者。

创新是微冲突的实践

社会冲突往往附带着打破陈旧的“定见”，并为建立新的“见解”带来机会。但我们需要有在微冲突之中“见微知著”的能力，否则又将只是浪费一场好危机。

在美国圣路易斯和纽约的两次警察执法合理性的争议中，司法制度有针对公务人员的独立调查程序，不会将他们混同于一般的社会犯罪行为而定罪，因为情境、动机、行为不同。只有这样，才能既公平公正地量刑，又保持执法机关的社会威严。

相比之下，2014 年 12 月，在太原发生的“周秀云案”，对于那次执法过度事件，已经有了调查线索可选择采取不同的调查方法，但却仍然让上百名警察排长队接受犯罪调查式的辨认，它不但让非涉案警察受到了心理刺激，还降低了执法队伍的整体威严。这样的做法对平息一时的舆论有帮助，但对维护长久的公共利益只有负面影响。欲速则不达，缺少细微设计的社会治理只会高成本、低效果。

从提升“见微知著”的能力出发，我们对拥挤踩踏事件的思考至少可以包括下面的问题：当天乘车人流超过千万时，大数据的警报机制在哪儿？什么情况下，执法人员有权征召社会车辆运送伤员？拥堵现场的语言和沟通方式可以怎样提升？有没有不需要组织警察人墙来控制人流的其他选择？少数警力现场快速聚集的方式有哪些？如何现场征召维持秩序的志愿者？

春运即将来临，铁道部门的朋友曾诉苦：以管理人数之少，应现场民众之多，尚未开始，危局以定。怎么办？笔者的回答是，印一批“党员”标志的贴纸，在进出车站时，号召党员旅客佩戴标志，用两句话招呼周边的旅客：慢走不抢道，友善不抢位。即使他们的作用只有短暂的几分钟，他们已经为有序的“场景效应”提供了视觉支持、语言覆盖和心理安慰。

在现实中，绝大多数的社会治理活动不是敌对的冲突，也不是控制与反控制，而是现场创造安全秩序的协作过程。从思想观念创新开始，我们可以利用中国巨大的社会制度资源扬长避短。

创新企业：做公共政策的积极分子

| 时事微评论 |

通俗地讲，没有比公共问题更大的生意了，只是这门生意不容易做。大多数企业家习惯抱怨公共规范和监管对业务的影响，只有很少人会想到在政策萌芽阶段就积极参与，以帮助培育良性的制度条件。看到的早已发生，难以改变。

《纸牌屋》的男主角史派西（Kevin Spacey）还演过另一出著名的美国政治大戏《政客杰克》（*Casino Jack*）。它的现实模型来自美国共和党院外游说人阿布拉莫夫（Jack Abramoff）的自肥劣行。

院外游说集团，是美国国会政治的孪生体。它饱受诟病，却不可或缺，因为院外游说集团为政治决策和公共选择提供了另一项无法替代的功能：他们对相关政策选择的深度研究。

2014 年 6 月 25 日，裁决“爱瑞”（Aereo）无线机顶盒案例后，美国最高法院的大法官承认，与新技术相关的创新太频繁、太复杂，他们不得不依赖助手和行业专家的分析做出判断。

也正由此，硅谷所有的大公司都在华盛顿设立专门机构，及时向法规制定者解释法律案例背后的知识背景和社会影响。由于对技术的无知，公共政策制定者常常受累于判断力的“贫困”。自私自利的院外游说者们所做的技术知识普及工作带来了一个重要的公益副产品——全面的专业知识和信息。

中国的新技术企业面临着同样的信息不对称问题。更麻烦的是，技术创新者普遍缺乏“福利经济学”（公共经济学）的基本知识。由此，他们自以为有市场价值的创新却制造了经典的“市场失败”，招致政策干涉。

毫无疑问，中国的制度不允许美国形式的院外游说。

但是，了解公共选择的基本概念后，中国企业可以成为公共政策的积极分子，为政府优化政策选择出力，为社会创造新效益，为企业创造发展机会。这是一个三赢的机会。

“帕累托最优”

若不懂“帕累托最优”（Pareto optimal），搞颠覆型创新的企业很容易被公共政策所颠覆。

20 世纪初，意大利经济学家-社会学家帕累托（Vilfredo Pareto）提出社会资源再分配的基本原则：当社会无法在提高一个人的福利的同时并避免损害另一个人的福利时，它就显示为社会福利的动态均衡点。通俗地说，在此时此点，你好、我好、大家好；若一变动，则你好，我不好，社会不好。如果是这样的状态，就叫“帕累托无效率”。

“帕累托最优”还有另外一个版本。如果社会资源再分配能够让一个人的社会福利增加，另一个人的社会福利不受损，那么它就是“帕累托增益”（Pareto improvement）。

一旦商业创新者撞入“帕累托无效率”的陷阱，他们必然成为公共政策的限制对象，这在任何现代国家都一样。以美国的 Lyft 和 Uber 打车平台为例，它们组织私家车，为所在社区提供搭便车业务。这个颠覆创新带来社会资源的有效利用，并具有环保的好处。但是，美国和欧洲的出租车行业举行大规模抗议，因为这个模式损害了他们的利益。各大城市的议会立法限制“私家便车”的新模式，理由是它带来了“帕累托无效率”，一部分人获利的同时，另一部分人遭受损失。

而善于运用“帕累托增益”的思维来解释创新的企业则成功获得政策松绑。2013 年，美国互联网界争执最大的政策问题在于是否维持“网络中立性”（net neutrality），即网络运营商对所有的数据传输一视同仁，不做快慢分类。网络运营商动用各种媒体资源说明新技术模式（端对端专线传输）不会影响公共网络，只会提高合同用户的传输速度。同时，大客户的专线传输实际上缓解了公共线路的“交通紧张”，反而释放出更多的公共网络资源。受此解释的影响，美国联邦通信委员会两次松绑对“网络中性”的政策规范。

新技术皆有公共属性

福利经济学与市场不矛盾。作为“看不见的手”，市场竞争手段是建立“帕累托最优”均衡点的最佳方法。但市场是手段，不是目的。当产品生产和消费出现“外部性”（externalities）的时候，市场失败，政策干预成为必然。以“滴滴打车”软件为例，它客观上造成对“银发族”的使用歧视，产生负面外部性，引发大城市政府对它使用时段的限制。

当创新产品出现正面外部性的时候，它也演变为公共产品。为防止排他性使用和拥有，公共政策也会介入。例如，网络教育等新技术产品，因为对个人的教育有正面的社会效果，政府必须保障社会全体都有使用权，都不会受到排他性对待。由于这个原因，许多国家，包括中国、加拿大、德国在内都实施大学的公共教育制度。

新技术创新要么有潜在的负面外部性，要么有正面外部性，它们自然具有“公共产品”的性质。如果不懂得与公共政策制定者沟通，新技术创新迟早会成为政策的牺牲品，要么被限制，要么被政府专营。

以马斯克的 SpaceX 太空计划为例，发射太空火箭一向为国防的一部分，是典型的公共产品。马斯克利用太空总署转型的机会，游说国会视他的太空计划为低成本的新技术、新产业，使市场手段为国防所用。SpaceX 的“鹰 9”（Falcon 9）发射系统获得美国空军认证，正式进入国防合同企业名单。利用正面外部性，企业合法进入过去的垄断行业。

如果在现有的政策框架中找不到合法性的基石，那就得创造出新的合法性。例如，帮助私人家庭出租睡房给旅行者的 Airbnb 曾遭遇到来自各方的抵制。首先是旅馆业，它们的业务量受到巨大冲击；其次为市政当局，它们失去大量的服务税收；再次为居委会，它们经常收到邻居的抱怨。为此，Airbnb 一方面大兴“流动社区文化”建设，帮助旅行者广结善缘，互助友好，增加其逗留期在社区的消费；另一方面举办各种社会论坛，强调“分享经济”的环保意义和社会价值。它还联合建筑师，设计符合“分享经济”理念的新住宅。站在文化、环保和新经济的高度，Airbnb 在旧金山、洛杉矶和纽约都获得了政策合法性的初步成果。

理解新技术内在的公共属性，向公共政策制定者争取市场合法经营权，这应该成为创新企业的必修课。

在“定见”之前积极行动

创新技术必然打乱既有的社会观点和价值认知。颠覆来临，各方利益相关者都纷纷估算对自己有利或不利的影响，排列价值选择的顺序。例如，民宅可以短期租赁后，往来的陌生人多了，睡房利用价值高了。网络商城普及后，购物方便了，实体经济萧条了。100 个人可能会有 101 个想法。此时，在尚未形成定见之前，创新企业最容易向各方沟通自己商业模式的正面外部性和“帕累托增益”效果。一旦价值排列的顺序形成，定见已在。那时，想要打破它，重新组合，就大不容易。

看见的早已发生，难以修改。排序形成后，“要想在不同的个人价值排列之间，通过比较选择，找到整个社区共同的选择，这是不可能的”。公共经济学的另一个重要原理——阿罗（Kenneth Arrow）的“不可能定理”（Impossibility Theorem），说明尽早、积极参与公共政策的必要性。

想象一个没有私家车的城市

| 时事微评论 |

如果无法相信没有私家车的生活，做共享拼车业务的企业家就会有思维缺陷。生活方式、生产方式、社会治理方式、商业模式，等等，它们一定会串联在一起。仅仅只图一个环节的优化，这样的商业模式就没有前途。开发拼车业务的企业并不缺资金，缺少的是对完全不一样的社会生活方式的想象力。

2013年，中国轿车销售量近2200万辆。如果“北上广”能像模拟的新加坡那样减少60%的轿车数量，那将是一幅怎样的美丽图景啊！

“免费停车才是城市交通问题的原罪。”加利福尼亚大学洛杉矶分校（UCLA）的教授舒普（Donald Shoup）说。按照麻省理工学院的约瑟夫教授（Eran Ben-Joseph）的计算，全球6亿辆轿车，占用城市活动的1/3空间。同校的斯皮瑟（Kevin Spieser）等学者模拟将新加坡改造为无人驾驶汽车的城市，其车辆数可以减少到现在的1/3，其人均节省的价值为1.5万美元。所以，福特汽车公司的董事长比尔·福特（William C. Ford）反复表示，福特致力于发展无人驾驶技术和开发交通工具的共享生活模式。

免费之罪

困扰现代人生活的不是车，而是 20 世纪 50 年代的“现代城市规划思维”。以美国的城市规划法律为例，每 100 平方米的餐馆一定要配 10 个车位，每一个理发馆要按理发师的多少配车位，每一个游泳池要按 10 立方米水配一个车位……结果，像休斯敦这样的城市，地面面积的 1/3 给停车位占了。根据上述几位研究者的计算，美国全国约 2.6 亿辆汽车，平均每辆车有 3 个车位，全国约有 8 亿个停车位。去过洛杉矶的人都会发现，这是一个完全围绕着汽车交通而设计的城市。可是，免费高速公路和免费停车的背后是越来越严重的城市病：浪费在轮子后面的时间、空气污染、人与人的隔绝和低劣的日常生活质量。

舒普教授揭示交通问题的深层因素是免费和低价的停车。他对洛杉矶的 West Village 和纽约的 SoHo 实地取样研究。结果，20% 的当地交通来自为寻找停车位而往返兜圈子的车辆，人们平均要花费 20 分钟的时间找停车位。以洛杉矶商业区的 15 个街区、470 个路边车位计算，一年下来，找车位浪费的里程约 150 万千米，相当于绕地球 38 圈、去月球 4 趟，多耗费 18 万升汽油，多排放 730 吨二氧化碳。这还只是一个城市的一块商业区。

美国的问题代表着全球的现代城市问题，也包括中国。

打补丁

在舒普教授等城市规划经济学家的建议下，旧金山和洛杉矶等城市开始实行“动态停车价格”制度。市政府对不同区域的停车地点采取浮动制收费。实践下来，繁华区价格大幅上升，僻静地带收费下降，平均呈降低的趋势。

停车场不仅占用了大量的城市用地，还有碍城市美观。在他的《重新想象停车位》一书中，约瑟夫教授建议用 21 世纪的眼光来利用“丑陋的停车位”，把它与园林景观结合起来，允许公众做“莎士比亚剧”的小剧场。

政府解决方法之外，网络创业者还开发了不少“停车软件”。例如，“停车猴”（Monkey Parking）和“帮我停”（ParkMe）等软件可以在你离开时通知附近找位子的人，但收到这种通知是要付费的。这些软件刚出炉就被政府取缔，因为停车点是市政公共财产，第三方不能提供排他性的软件来获利。

从停车场看私家车和城市交通，它已经超越车的系统，具有社会成本的眼光。但这还不够，只有从城市交通工具“共享私用”的高度来解决面临的问题，我们才有可能享受“多快好省”的城市群居生活。它代表的新社会形态，技术上已经可行，挑战着新型社会关系和文化的建设。

没有私家车

上述对美国城市的研究显示，私家车 95% 的时间停在那儿，占用一些城市中心 1/3 的土地，制造包括 PM10 在内、一年高达 200 亿美元的污染成本。好消息是，这样的状况可以有相应的技术解决方案。

谷歌从 2005 年开始测试无人驾驶的轿车。目前，美国的三个州——加利福尼亚州、佛罗里达州和密歇根州，立法允许无人驾驶车辆在街道上试运行。丰田、通用、福特等汽车公司都积极投入无人驾驶汽车的研发和试验。因为他们知道，一旦无人驾驶为社会所接受，相关的接口标准和技术平台将成为汽车行业最重要的核心竞争能力，而一般的汽车商就会沦为大宗商品的硬件制造商。发生在电脑硬件和智能手机上的颠覆故事将再次上演。

就像经济学家范伯伦（Thorstein B. Veblen）在《有闲阶级论》（*The Theory of the Leisure Class*）一书中所写的，工业社会有“显摆消费”（conspicuous consumption）。只要还有“显摆消费”价值观，完全没有私家车就是不可能的。不过，一个“共享私用”的城市交通时代正在形成，并必然到来。

麻省理工学院的斯皮瑟等学者以新加坡为假想的“共享私用”城市，对无人驾驶汽车和新型社会关系做了模拟：①人们可以通过智能手机调度最近的无人驾驶汽车；②“共享私用”的车将人们从汽车保养、维修、保险、折旧的烦恼中解放出来；③城市停车用地极大地释放出来，因为人们已经不需要停车场，汽车被反复流转使用，并接受中央集成调度和管理；④与现有的约 78 万辆车相比，只要 30 万辆车就可以满足平均 95% 的需要，或在高峰期满足 75% 的需求；⑤交通缓解、免除进出停车场等节约的时间价值平均为每人每年 1.5 万美元。这个模拟还没有包括污染下降的价值和人们在汽车中悠闲工作或娱乐的价值，也没有计算对老龄驾驶人的方便福利。

事实上，部分“共享私用”的蓝图已经在加拿大和美国东部的一些城市实现。Zipcar 和 Car2Go 这两家汽车租赁公司提供应用软件，让付费会员使用靠他们最近的车，随上随下，不必到中心店租车。旧金山起家的 Uber 更向前一步，帮助私家车主搞有偿搭便车的服务。它们正以顽强的生命力与旧规则做斗争。

社会管理的“洋葱思维”

|时事微评论|

在可控范围内，有问题就是好问题。一直正确的管理也有副作用，即组织会对意想不到的问题的抵抗性下降，这也许隐含了灭顶之灾。管理问题的背后是对立现象，因为对立，能量层级突然高涨。单方面消除对立面一定会耗费更高级别的能量，转换和转化对立的性质与方向，这是让能量变成能源的好方法。能源才是能量有目的和方向的运动状态。

2013 年 2 月，美国休斯敦市一家饭馆出了一个小问题：一名男服务生拒绝为一家子贵客服务，因为贵客多次对邻桌的痴呆儿顾客语出不敬。结果，许多人网上留言，要把此饭馆变成下次旅行的必访之地，以示对那位服务生的敬意，饭馆的生意也一下子火起来了。

同年，因为国内一些城市新交规对闯黄灯行为规定失度问题，有关部门的行为刚好反映了新政下的新态度：有错必改，绝不文过饰非。这样的面子有艺术地丢几次，民敢言，官善听，一来一往，建立、修改和执行规矩的系统习惯就有望养成了。

航空公司的朋友曾诉苦乘客文明问题，缘起中外航班上发生的多起旅客之间争位打架事件。空中打架不再只是文明问题，它直接关系到飞行的安全。平时航空公司讲飞行安全，人们的偏见以为那是在为自己工作的粗糙找借口，但还有比这更合适的宣传飞行安全的机会吗？

类似的例子难以穷数。它们表明，所有的社会管理问题都有不同层次的理解，不同角度的解决方法。就像洋葱有层层叠叠的结构一样，社会问题也有表面现象和深度理解的区别。喜爱厨艺的朋友还有一个共同的体会，洋葱切得越深，眼泪流得越多。问题也一样，感觉越艰难的时候，也是认识渐深的境界。

在复杂多变的环境中，我们最好学会像切洋葱一样理解社会管理的问题。解决问题手段简单化，后果难免恶质化。多层次地看待问题，可以把我们从初始的困境中解放出来。问题越多，显示管理才能的机会越丰富。所以，我们首先要学会热爱问题。

让问题成为新和谐关系的酵母，我们最好不要匆忙解决问题，而是要想着如何解放问题。微软“黑屏”事件的那一年，电脑频发“黑屏”，显然起因是用户使用了盗版软件。用户虽然愤怒了，但是他们对于盗版问题也立即敏感起来。思绪引导选择，有了正版思绪的一闪念，扩大销售才有戏。微软大可不必着急消除抱怨，应该允许客户用愤怒引燃罪与罚的内心挣扎，盗版的问题才会从解决的层次上升到解放的高度。从“解决”到“解放”，人还是一样的人，但有了这个认识，切割“问题洋葱”的思想装备就已经高配了。

在社会管理工程中，高配要低就，要按普通人的认识问题水平来设计，才有集体的效果。网上曾经推出过一条“北京一日游”的新路线：西直门立交桥一日游。按照图纸设计，南北东西、纵横交错的道路在此立交都实现了最优化的汇合、分流。可是，除了设计师，初上桥的司机没有不晕的。有人戏言，每次住在桥边的宾馆，最好的一个娱乐项目就是看着上桥下不来的司机往返兜圈。它印证了邓穗欣院士的建议：社会工程的设计原则之一就是以使用者的平均能力为基准。否则，社会管理不但没有解放问题，反而制造了一堆无法遵守的低劣规则。

艾伦·穆拉利（Alan Mulally）从波音到福特就任总裁后，把航空业的“问题”

习惯也带到福特。他邀请高管在汇报工作时，用红、黄、绿分别标识问题环节、警觉区域和优秀流程。第一次报告时，所有人的所有流程报告都是绿色的，都是优秀。穆拉利质问道：经历了这么多市场衰退，难道我们所有的环节都完全没有问题吗？此后，报告者先上交的红色的部分，管理资源和决策首先集中在问题环节，未雨绸缪。也因此，福特成为第一个从危机中恢复过来的汽车公司，这可以归功于热爱问题的态度和解放问题的习惯。

切好的洋葱做成汤才美味。品尝“问题”的好味道，得先学会浸淫到问题的环境细节中去，慢慢咂摸。讲治学的方法，朱子强调“虚心涵泳，切己体察”。它同样适用对“问题”这棵大洋葱的理解过程。上海政府一直提倡的“周四下基层”，要的不就是这个效果吗？

草蛇灰线，伏脉千里，我们先备上这套“洋葱思维”，因为它有助于辨别复杂环境下的深层问题。

缓解拥堵需要新的设计思维

| 时事微评论 |

拥堵是典型的中国问题之一，值得进行系统研究。什么是我们这个社会最重要的问题？每位学者都需要从此问题开始，否则会脱离社会条件太远。每个社会都有自己特有的问题，例如，美国有种族问题，阿拉伯有宗教流派问题。除了拥堵，还有什么值得我们长期思考？

拥堵容易导致极端行为。芝加哥大学的奎兰特里博士（Enrico Quarantelli）的研究发现，拥堵的人群会相互激发惊恐的心理状态，刺激极度的反应或盲从行为，从而导致像野牛、野马狂奔中相互践踏的“炸窝”现象。研究者还发现，引发拥堵状态下的惊恐心理有三个触动条件：人们意识到自己可能陷入“炸窝”的状态；被众人行为左右，人们感到无助虚脱；在陌生人的包围下，人们强烈地感受到孤立无援。这时候，人们容易采取非理性的、下意识的求生行为，无意识地放弃了相互之间的合作协调。处于惊恐心理中的群体容易受到少数意见的影响。受生存下意识的支配，惊恐的人群往往被身体中突然增加的荷尔蒙左右，胆小的人也可能突然敢于采取激进的行为。一旦超过临界点，对惊恐从众的人群，任何现场理性说服都是鸡同鸭讲。因此，消除拥堵成为防范社会性危机的重要任务。

作为人口大国，拥堵存在于中国社会的各种场合。逢年过节，每个交通运输部门或大型商场都经历过因为拥堵而产生的危机。医院经常有伴生医患纠纷的围堵事件；网上围观已经多次让一个流言动摇一个企业。但是，大多数管理者仍然缺乏对拥堵现象的理解，以至于不断用错误的方法给自己制造新的危机。认识到我们身处一个人流、物流、信息流暴增暴涨的社会环境中，每个社会组织都需要致力于减缓拥堵的管理任务。

缓解拥堵首先要改变旧系统的假设和管理惯性。以流量最大的火车交通为例，欧洲火车站，上车检票，车到人上。中国的火车站只给扶老携幼、提箱扛包的旅客冲锋上车的检票时间，人为制造在拥堵中等待的焦虑乃至恐慌。随着老龄旅客的增加，这样的管控方法伴生出多重危机。又如，医院通透式的大厅和长廊设计不仅不利于隔离疾病和防范交叉传染，也让医患纠纷很容易造成全系统的瘫痪。相比而言，每到 12 月 31 日，纽约的时代广场聚集超过 50 万的迎新民众，他们都被引导进入一个个小围栏中。进去后，只能出，不能回，保持人流的单方向运动。国内外的许多新机场出租车候车区都设计了多辆车平行停泊区。这样的区间分割和疏导流动方向的物理布局缓解了拥堵问题。不过，拥堵远不止于物理空间的再设计，它还必须从公共经济学的角度看待个体行为与社会行为的边际成本和收益。以高速公路为例，超过单位区间承载能力后，每增加一辆车所带来的拥堵效应是以几何级数放大到整个路段。为此，伦敦极大地调高了车辆进出中心区的费用。所以，社会系统的设计者必须正确计算私人行为的公共成本和收益。

拥堵既是问题也是机会。十多年来，美国加利福尼亚州等地推广交错上下班时间、并车通勤、搭车网站、网络电信办公等措施。它不仅缓解了上下班时段的拥堵，还提高了通勤族的生活质量，也连带促进了企业内部跨时段的工作协作。自行车风行之后，哥本哈根改建了许多公寓住宅，让住户可以一骑到顶，不需要电梯。它成为宜居城市的新亮点。美国俄勒冈州的波特兰地区推广生态城市设计，方便和鼓励大家共享公共空间。其中，人们可以利用社交网站在邻里之间实施服务交换。例如，你帮我修马桶，我帮你辅导孩子数学。通过网上社会信用银行，社区内的市民自动存取服务项目和时间。在这个过程中，人们学习自治互助，众多的人口反而变成社会资本的优厚来源。

研究中国管理现象可以从高深的儒道释哲学着眼，也可以从最普遍的本土社会生态下手。拥堵现象影响到国人吃穿住行的每一个方面，它应该从社会控制的话题变成社会管理的内容。在候车亭，在电梯口，在车辆交汇道口，当每个人学会合适地退一小步，我们的社会文明就在不知不觉中跨出了一大步。

该不该消灭“潜规则”

| 时事微评论 |

有人的地方就有情感、文化、历史、语言，有这些因素，社会一定存在大量两可的选择情境。因此，非黑即白的思维太绝对，潜规则永远无法消除。重要的是，如何让显规章和潜规则互补，降低制度治理成本。

像加拿大，社会的“潜规则”就是“确定性”。可靠的“确定性”来自清晰的程序和坚定的执行过程，没有例外。既然每个社会都有潜规则，那么管理的任务就不应该是消灭潜规则，而是让潜规则为显规则服务，配合包容人性的多样性和社会秩序的标准要求。

研究中国历史，吴思用“潜规则”形容“正式规章制度之外不成文、不公开的规则”。其实，每个社会都有自己的潜规则，例如，加拿大社会的“潜规则”就是“确定性”，它是解码加拿大社会稳定的钥匙。

每个社会的制度设计都有差异，但制度的管理逻辑很相似。加拿大的潜规则表明，“制度确定性”是稳定秩序的社会心理基石。无法提供“确定性”的社会和组织，难以在不确定性环境中持续创新。

通过下面三则“确定性”潜规则的实例，我们也许能体会“制度确定性”的重要意义。

飞行安全高于一切

乘坐加拿大航空，别指望服务，但你可以确定，有任何影响飞行安全的不确定性，它丝毫不会妥协。

2015 年 6 月 9 日，笔者从温哥华飞返卡里加里，上飞机后才了解到有机械故障。3 小时后下飞机，又等待 2 小时才得以换乘另一架飞机。换机的过程虽漫长，但不混乱。全飞机约 200 名乘客，包括中转欧洲误机的，没有人吵闹，秩序井然。旅客憎恨不紧不慢的官僚流程，但也体会到加航不计成本、确保飞行安全的真实态度。

2015 年 6 月 19 日，从多伦多飞往巴西圣保罗的飞机，四小时后，在古巴上空折返加拿大，因为 189 位旅客中有一人没有通过安检。事后查明，该旅客经过安检后，又外出吸烟。媒体报道：一根 0.35 元的香烟差点引发 3500 万的飞行安全事故。一次让旅客煎熬的经历，却凸显对飞行安全刻板的坚持。

人们一贯抱怨加航糟糕的客舱服务，但坚信加航的安全记录。在暴风雪频繁的国度，因为后者的确定性，人们长期忍耐着加航的垄断地位。

类似的现象出现在加拿大社会的各个方面。你可以确定，凡是涉及价值观的，它一定不讲成本和效率；你还可以确定，凡是有关制度程序的，它一般不会理会社会情绪和民意。

劳伦斯舅舅归故里

艾伯塔省的梅迪辛哈特市（Medicine Hat）住着一位劳伦斯·戈登（Lawrence Gordon）先生。第二次世界大战时，他同名同姓的舅舅随美国军队赴欧洲战场，后战死在法德边界，但遗体不知下落。66 年后，凭借点滴线索，劳伦斯开始了“让舅舅回家”的艰苦历程。

花了将近三年的时间，在加拿大政府的支持下，劳伦斯先去美国荣民机构查询，然后到德国二战军人善后机构对比资料，期间还申请法国政府机构的协助。几经周折，劳伦斯终于在德军阵亡无名将士中找到舅舅的遗骸。

2014年6月10日，德国军人墓地管理处为劳伦斯舅舅举行棺木回归仪式。69年后，劳伦斯舅舅终于回归故里，入葬家乡的土地。历时三年的回归路耗资数十万，关注整个过程的民众也体会了一次什么叫“荣誉”“正义”和“爱国”。

凡涉及价值观，不谈成本和效率。这是加拿大的又一社会潜规则。

什么是社会价值观？话说起来很简单，但真正要被社会各阶层理解却不容易。像“劳伦斯舅舅回家”这样看似无效率、高成本的社会仪式，其实是最好的社会价值观教育。通过它，人们确信，国家一定会厚待为公共利益牺牲的人民。

赖着不走的瘾君子市长

就像一般加拿大人的性格，多伦多市作为国际大都市，也很少张扬。可是，罗伯特·福特做市长后，多伦多立即成为全球新闻关注的中心。更准确地说，成为被取笑的中心。上任不久，福特市长就丑闻不断。先是酗酒，后有疑似吸大麻的行为，再后就是粗言秽语。一夜间，福特市长成为全球的丑闻明星。

尽管建议他下台的呼声不断，但福特市长丝毫不为所动，反对他的多伦多市民也奈何他不得。作为民选的市长，除非有违法行为，丑闻不足以成为剥夺他市长地位的法律依据，除非当事人自愿辞职。

福特市长承认自己是瘾君子，并去戒瘾中心接受治疗，但坚决不愿辞去市长职务。在这个没有历史先例的事件中，多伦多市议会只能利用程序规则，限制市长的财政权、人事权、行政法规批准权；并利用程序规则，委任副市长凯利（Norm Kelly）更多的决策权。但在下一轮选举之前，没有任何人可以赶福特下台。

2014年6月30日，福特市长从戒瘾中心出关。他引用安大略省的法律规定，任何机构不得在工作安排上歧视瘾君子，得以重返市长办公室。9 月，制度平衡设计显示出它的威力，在新选举中，不出意料的，福特丢掉了市长的职位。制度正义自有它的日程节奏。

社会情绪和民意没有例外决定权，法律规则和程序不可以随意变动。这是加拿大社会另一项潜规则。

像这样的闹剧，虽让人愤怒、无奈，但却强化了人们对程序规则的长久信任。

如何建立“确定性”

社会文化历史产生制度设计的差异化。但是，“制度确定性”这一管理逻辑没有变。古有“城门立木”，商鞅利用民众对“确定性”的社会心理渴望，汇聚个体意愿，建立集体秩序。

利用不确定性，探索创新；制造确定性，凝聚集体意愿，这二者为管理活动须臾不可分割的功能两面。只强调一面，而忽视另一面，管理一定会出状况。

加拿大的经验表明，可信的“确定性”不是语言讲出来的，而是在所有事关社会核心价值的活动中，人们能够感受到的榜样和典范行为。要确定价值观，就不能以效率为先。

可靠的“确定性”来自清晰的程序和坚定的执行过程，没有例外。印第安人酋长西雅图说过，今天的例外，会成为明天的逻辑。例外会制造不可靠。要确定程序意识，就不能以临时的社会情绪设例外。

人心唯危，道心为微。危，摇摆于对不确定性的恐慌和对确定性的期待之间。微，体现于“大道理，小声讲”“抽象的理，具体地讲”“复杂的理，生动地讲”。管理的精，在于用细微的行动来经营可靠、可信的制度确定性。

南加利福尼亚大学的邓穗欣教授研究发现，既然每个社会都有潜规则，那么管理的任务就不应该是消灭潜规则，而是让潜规则为显规则服务，配合包容人性的多样性和社会秩序的标准要求。

奥巴马医改的十条教训

|时事微评论|

奥巴马总统会受到历史学家的高度重视，他在任时的作为会对美国社会产生深远的影响。一国之主，执政时思考的时态应该是一代人，而非一届任期。

2013 年 11 月 30 日是美国总统奥巴马的医改大限：总是掉链子的联邦医保网必须正常工作。如果你认为奥巴马过了这一关就会一马平川，那就太低估了医保执行过程的复杂性——2014 年 3 月 31 日，每个美国人都要购买医保，否则要罚款；2014 年 6 月之前，每个州的保险公司要上交保费计划，并在之后不能改变；2014 年 10 月 15 日，病人将能直接体验新医保带来的利弊。随之而来的，是 2014 年 11 月 4 日开始的美国中期国会选举。

惯例是，中期选举后的美国总统将成为“跛脚鸭”而难以有大的作为。

而上述的每个日子都成为奥巴马医改的新大限。

医改的目的是要让 4000 万没有正常保险的美国人病有所医。这样的大好事怎么会迟迟不能落实而成为一种折磨呢？奥巴马及其团队执行医改的教训，就是企业家避免策略危机的典型教材。通过医保危机，美国政府为所有立志于伟大策略建树的领导者展现了最不能做错的十件事。

《独立宣言》作者之一、美国第三届总统托马斯·杰斐逊（Thomas Jefferson）曾强调执行是策略的一半：轻视执行的愿景就只能是一个迷幻想象。奥巴马医改的十个教训也是企业策略执行的十诫书。

教训之一：不能为政治挂帅而违背执行规律。一直到 2013 年春天，联邦医保网的主承包商 CGI 才从联邦医疗人力资源部拿到所有的技术细节要求。这已经距国会投票通过奥巴马医改法案整整 3 年了。为何奥巴马政府要对医改细节保密三年？那是为了 2012 年的大选而不让对手了解细节，攻击或抄袭细节。一切为了大选的政治做法牺牲了执行法案必要的准备时间。现在，像澳大利亚牧羊人用的飞去来器一样，医改法案的仓促执行无疑将引发一系列政治危机。

教训之二：55 个和尚挑担一定没有水喝。联邦政府向 55 个信息咨询公司发包，并由 CGI 公司领头整合。一个涉及上百个医保选择，上千个保费计划的信息系统却没有设立具有高度权威的中央集成组织。结果，按行政部门的标书，每一个外包公司都能够达标。但负责系统集成的 CGI 却没有办法解决接口的矛盾、软件代码的冲突和灰色的互动过程。子系统之间的联动关系越强，乘积效应越明显，由此，任何一个小误差都会放大到让系统瘫痪的程度。

教训之三：没有"关键情境知识"攻关团队。医改是前所未有的大项目，它有自己的特定环境、特定流程和特定利益相关者的互动知识，不能简单转移使用过去的专家经验和知识技能。例如，因为每个州有提前审查保险公司的保费这一制度，2015 年的保费要在 2014 年 6 月前完成审核。保险公司一定要按照 2014 年的情况估算保费。问题在于，先参加保险和先使用保险的一定是老弱病残穷人群，年轻健康的人群一般会推迟登记参加保险。早期的频繁使用医保现象必然导致保险公司过高地估计未来的保费，它又进一步打击了年轻健康人群的参保积极性。如此一来恶性循环，会让医保体系难以维系。奥巴马的团队并没有关注这样的情境知识。

教训之四：忽视"能力的陷阱"。CGI 有在加拿大承办保险网络的经验，但它收购的美国团队过去主要承担军事合同。发包的政府人员跳跃性地假设，同一家公司内部能够转移医改所需的专业能力。奥巴马的医改涉及退税、抵税、以税代缴保费等一系列的穷人保险补贴计划，但这个过程要求参加保险的穷人马上能了解和使用这套复杂的系统，却忘记了 27% 的参保穷人连税务转账的银行支票账户都没有，需要现金缴费。当为穷人设计的系统“太聪明”的时候，穷人能感受到的只是负担。

教训之五：低估了政治竞争者的“不合作”动机。在首批参加奥巴马医保网计划的 36 个州中，只有康涅狄格州、肯塔基州和华盛顿州得以顺利执行。在共和党执政的州，执行遇到了重重阻碍。政治不合作者总有各种各样的借口归罪于医改的总体设计，值得批评的是，奥巴马的团队早就应该预见这种不合作的政治游戏。

教训之六：没有给失败一个机会。奥巴马的医改要建立全国最大、最复杂的医疗保险交易平台，这个政府主导的平台却需要私营保险公司去执行。更麻烦的是，由每个州的保险委员会来决定医保法案在本州执行的具体形式和过程。作为提供服务的主体，药企、医院和医生必然受到保险公司的压迫，降低费用，提高服务范围。当关键利益相关者有强烈的反向动机的时候，当他们的专业行为极其不容易由外人判断对错的时候，医改注定会以失败开局，注定要有来回的反复和斗争，但奥巴马团队没有设计系统容错的机会，而是选择在 10 月 1 日统一上线。

教训之七：不扶植先进，缺乏榜样的力量。10 年前，罗姆尼做州长时，马萨诸塞州就实施了类似的医改。但是，奥巴马怎肯向自己的竞争对手罗姆尼求教？民主党执政的州也不少，州长配合度很高，可奥巴马的团队没有认识到扶植先进和树立榜样的重要意义。危机发生后，从领导者、专家到流程知识统统空白。

教训之八：同时追求相互矛盾的多项策略目标。美国的医疗支出占 GDP 的 17%，与医保网关系的复杂内容和政治重要性相比，4 亿美元的建设预算实在不算多。CGI 中标将近 2 亿美元，但却要整合 54 个外包商完成的产品。为了未来的联邦合同，CGI 干了赔本的买卖，其质量可想而知。除了卡经费，奥巴马政府还必须顾忌联邦和州政府之间的分权制。医保法规由联邦通过，医保网在联邦的控制下，但具体执行措施由州保险委员会决定。从一开始，集权和分权之间的矛盾就注定了医保法案坎坷的执行过程。

教训之九：只有入场竞标，没有退场竞争。联邦政府根据竞标企业过去的表现决定发标对象，但是却没有设置阶段性检验的竞争，任由中标企业自我检验。《华盛顿邮报》的报道显示，CGI 这家公司雇用了大量的合同工程师，多次误报和谎报项目进度，掩盖系统内部流程的缺陷。如果只能依靠一家企业自我汇报、自我监控，甲方难免会被乙方套牢。事实上，美国国防部过去的军事合同都同时发包给两家，让他们相互竞争，相互监督。

教训之十：对能言善辩的总统（领导者），听其言、观其行。奥巴马太享受自己的讲话了，对于无法承兑的许诺，如果他每次都能漂亮地“脱逃”，又何必真的去执行呢？对叙利亚的“红线”说辞，奥巴马成功地解套了。对“你可以保留过去的保险计划”的许诺，奥巴马又想修改英语语法和字词含义。可这次实在关系到许多人的健康和性命，普通民众联合媒体拒绝“语言大师”奥巴马对“保留”“过去”和“计划”的新概念解释。

上海社会发展对中国进步有何意义

|时事微评论|

上海可以说是中国“两个百年”政治理想的试验田。在上海试验的意义在于培养希望的种子，并撒向四方。多次的国际旅行后，人们一般会达成共识：上海几乎是全球华人生活最惬意的地方。上海好，中国强！

两位泥瓦匠，一位愁眉苦脸，一位神采飞扬。愁苦者不知何时能结束劳作，完成教堂的四面高墙。而高兴的那位却因为有此际遇，能参加建设宏伟巨制而喜悦。透过历史的长焦距，东西方目前正处于大秩序调整期，以上海的国际影响，其城市发展不仅关系民生，更代表中国的社会治理水平，有着不平凡的历史意义。从某种意义上说，上海好就是中国强。

大秩序观下的上海

在其著作《黄河青山》中，历史学家黄仁宇教授把中国的千年帝王朝代划分为“三个帝国”：秦、汉为第一帝国，中国完成了文化统一。隋、唐、宋为第二帝国，以科举制度为代表，中国建立了上下行政管理体系。期间，元朝只是过渡。明、清为第三帝国，管理层努力尝试建立精密的社会管理模式，如税收和预算，但没有成功。明清的中国仍然为“村落体大聚会”的社会，它直接影响政权的实力。后来外强入侵时，社会肌体羸弱的毛病暴露无遗。用黄仁宇的历史大秩序观看待当代中国社会变化，明清遗留下来的“社会治理结构”问题仍然艰巨。综合现代社会的新特征，交通、移民、环保等问题的复杂性已经超过任何历史时期。

基辛格博士也抱有类似的历史大秩序观。在他的新作《世界秩序》中，基辛格指出，西方近现代 400 年都处于威斯特法伦国际秩序之下，近现代历史上的两次世界大战不过是“威斯特法伦大秩序”的幕间剧。其他西方历史哲学家也持同样的看法。美国外交关系协会主席哈斯在《外交季刊》2014 年年末回顾文章中指出，中东冲突的表象之里是威斯特法伦国际秩序的溃散，美国已经难以独挽颓势。后现代主义的代表人物，历史哲学家图尔明在《国际大都会》一书中详细描述了“威斯特法伦公约”前后的欧洲社会变化，并预告了一个更加感性、区域性和多元文化的新世界秩序。

值此大秩序修正期，一个共识已经达成，即中国必然扮演其中的重要角色。但是，以何种形式内圣外王？如果说过去的争论还只限于政治制度，最近 10 年的全球动荡让“社会治理”成为关注的焦点。中东、欧洲、非洲，一系列的危机凸显一个迫切的要求，在社会中观和微观层次建立更富有人性的秩序。在目前欧洲暴恐危机背景下，社会治理更超过政治制度，成为焦点。以中国和美国各自为代表的东西方，无论哪个国家，只要能够提供有效的人性化社会治理的系统方法，这个国家便可能获得广泛的支持。

以上海所面临的复杂性，这个城市开发出来的社会治理方法将有广泛的借鉴意义。从全球各国一般民众的眼光看过来，上海好就是中国强。在全球大秩序进入“微冲突、动平衡”的时代背景下，上海的建设者可以扮演引领者的角色，为中国输出社会治理的典范。上海社会发展的意义远超过市政和民生，它会助推中国在世界秩序版图上的位置。

“威斯特法伦秩序”式微

1618~1648 年，欧洲经历了“三十年战争”，即欧洲版的“战国时代”。那时，宗教统治、世俗王权、社会思想、经济结构统统处于一片混乱和冲突之中。天主教和新教徒各自声称代表上帝，以相互杀戮求正统地位。神圣罗马帝国下的各个王国，法国、西班牙、德国、波西米亚、英国等尚未形成国家和领土主权的概念，并在宗教的旗帜下以掠夺邻国为胜利。雇佣军之间的战争造成一些地区一半以上的人口死亡。除了不同的宗教教义，社会中还流行各种各样的巫术。更有教士以做法蛊惑民众，控制国王。30 年间，欧洲没有哪个国家能够幸免，轮流加入到相互摧毁的恶斗中，直到人疲马乏，困窘至不得不讨论和平的无奈之境。

威斯特法伦，德国北部一个不起眼的地区，成为欧洲无奈之境的希望之地。1648 年，欧洲各国聚会于此，通过多重合约，汇集成为“威斯特法伦和平协议”。它的重要性在于如下几个方面。①从此奠定欧洲的国家主权制度。此后 400 年，欧洲，乃至于全球的政治秩序，其实都是在这个框架中演绎。②在“霸权和平衡”的大秩序下，西方各国轮流坐庄。③“个人”进入社会意识，而过去只有封地王国内的臣民依附关系。④以数学和天文学为来源的“确定性”“理性”逐渐成为社会主流思想。

在基辛格看来，威斯特法伦国际秩序维持了 400 年的稳定。两次世界大战前后的各种合约不过是这个西方主导的大秩序的注脚。历史学家布尔金和斯泰尔用他们对自由市场经济和布雷顿体系形成的研究佐证了这一点。第二次世界大战后，英美这两个卫兵换岗，大秩序不变。哈耶克和弗里德曼的自由市场经济更多代表的是意识形态，维护大秩序的意识形态，而非“经济科学”。他们与另一位经济学家凯恩斯之间的分歧只在于维护大秩序的手段，而非目的。

进入 21 世纪，这个以西方国家轮流坐庄的“霸权和平衡”的大秩序正走向全面的离散和混乱局面。它有多个明显起因：金融危机、中东冲突、恐怖主义等。而潜在的低烈度社会问题，如人口爆炸、社会老龄化、城市移民、环境污染、交通与居住方式、贫困、公共安全等，更进一步动摇了既有的秩序。后者也成为困扰全球的“时代困境”。

“时代困境”在中国同样存在，甚至因为人口庞大等因素而变得更加复杂，更加具有治理的难度。也正因如此，这个全球共同的“坎儿”提供了一个影响大秩序发展的机会。与欧美相比，中国正尝试着一个不同的社会发展道路。因为有对现有国际社会秩序的不满意，如果中国的实践能够展现更好的选择，民心所向，人们会追随新的秩序引领者。这样的国际意愿是中国的“一带一路”和“人民币国际化”等大战略成功的必要社会资本。从这个意义上讲，上海的市政，或许关系到中国的外交。

世界期待上海的实践

未来 30 年，全球各国都在寻找能够应对上述“时代困境”的社会治理模式。具有典型问题特征的国际大都会将是全球的关注点。

一方面，上海可以向纽约和哥本哈根这样的城市学习，学习它们发展宜行易居的经验；另一方面，上海需要总结和推广本土成功的案例。例如，金山强丰菜场顾客自我管理，无收银员的实践。它门前的“上海信誉”铜牌比金子还宝贵。上海荣华社区居委会有能力吸引年轻一代参与社区自我管理，成为“青年汇”。在欧洲面临移民和年轻人与社会格格不入的危机背景下，荣华居委会的经验具有广泛的社会意义。

普陀区东新村四期等拆迁改造过程中，引入了社会治理的创新设计。他们先让市场咨询评估机构提出自己的评估方案，然后请居民投票选择评估公司。他们还为每个家庭计算分配拆迁后的利益提供公平的方法。用罗尔斯《正义论》的第一公平和第二兼顾的原则来看，普陀区的拆迁方法体现着正义和公平原则在社会治理微观层次的实践。当我们把这些实践点点滴滴地串联起来后，一个社会有效治理的系统就自然成型。当上海成为国际模仿的对象时，中国必然强盛。

世界历史表明，比军事更有持久影响力的是经济，左右经济成败的则是思想，分辨思想的高低在于考察它与制度的关系，制度能否长久则要看它能否主导历史大秩序。若有机会参与主导历史秩序，这将是怎样的荣耀啊！

第三章

重识未知的无知

危中有机已经成为商场上的口头禅，但事到临头，真正能化危为机的企业则屈指可数。如今，无论是本土企业还是在华的外国企业，大家都面临着转型的危机。安邦似乎要借机出海；万科恐怕要在大股东之争中走与过去不一样的路。外资政策已出现结构性变化，有些外企却还是按总部习惯的老套路出牌，选择回避的策略。传统的策略决策模式虽很方便，但却不能适应大变化中的环境和组织。重视危机决策，让我们重识“未知的无知”。

我们的认知有从低到高的四个阶梯：数据、信息、知识和判断。数据本身没有意义，它只是对事物的观察和记载。信息显示的是数据之间的同步关联性。如果把同步关联性当作必然的联系，问题就大了。知识来自对信息的分析，是暂时认为可靠的因果关系。因此，知识有用，因为按因果关系的规律，我们可以有计划地行动。但是，动荡环境会打破稳定的因果关系，这时再按旧因果关系行动则很危险。这样，判断就有价值了。判断是以最少的信息做出最合适的选择。判断依靠的能力不再只是知识，而是把握无知的能力。

如果说过去的策略都建立在既有的知识基础上，那么今后的策略必须依靠对无知的判断。既有的知识为“我们知道我们知道什么“（known knowns）。无知是“我们不知道我们不知道什么”（unknown unknowns）。而有价值的策略必须来自知识背后的无知，这就是奈特的“不确定性”（uncertainty）。

危机的价值在于帮助我们探索和扩大对无知的认识。与危机相伴生的不确定性也是未来新知的来源，这才是我们需要关注危机管理的策略目的。

危机决策：重识“未知的无知”

|时事微评论|

危机决策有别于常态决策形式。从已知出发，选择行动方法，这是常态决策。向着未知的领域挺进，为选择创造条件，这往往是危机决策的典型特征。

“做还是不做？”这是莎翁名剧《王子复仇记》中著名的“哈姆雷特之选”。对于此类问题，过去30年，像哈佛商学院战略规划教授波特这样的专家通常都会建议：请想好了再做。

无论是项目决策、风险决策还是规划决策，其实，“想好了再做”暗含了一个前提，即认为我们知道我们所知道的（known knowns），甚至可能知道我们所不知道的（known unknowns），并有认识能力将“未知”化为“已知”。

当决策活动发生在较稳定的环境中时，上述的认知前提确实是成立的。但是，稳定的环境要么不复杂，要么允许通过充足的学习时间来解码复杂性。因此，准确而言，上述项目决策、风险决策和规划决策属于“常态决策”。

2002年2月，当小布什时期的国防部长拉姆斯菲尔德被问起攻打伊拉克的证据时，他绕着弯回答，证据可能属于“我们不知道我们不知道什么”（unknown unknows）。此后，面对“未知的无知”，怎样决策？如何行动？它们便成为危机决策的“认知悖论”。

对于“未知的无知”，芝加哥大学经济学教授奈特把它解释为小概率事件的不确定性。在他发表于 1921 年的《风险、不确定性和利润》一书中，奈特详细说明了风险指的是我们已知的概率分布，即“客观风险”。而不确定性显示了我们对新现象的无知，包括缺乏认识新现象的工具，所以，确实存在“未知的无知”，即我们不知道我们不知道什么。

南加利福尼亚大学工程学院的弗里德曼教授是全球 11 位研究地球防御计划的专家之一。他曾向笔者展示了行星撞地球的分布图，它深度改变了笔者对地球命运的看法。但弗里德曼教授说，比行星撞地球的可能性更糟糕的是彗星。就像运行周期为2850万年的鹿林彗星一样，对它，人类没有任何积累的知识，充满了“未知的无知”。

面对“未知的无知”，“常态决策”失去效用，“危机决策”才是合适的选择。从“做还是不做”到“做了才知道”，危机决策因更强调后者而更具有实践价值。今天我们就一起来聊一聊如何面对“未知的无知”，如何看待“危机决策”。

只有做了才知道

“要么做，要么不做，没有试试看！”这是著名的科幻影片《星球大战》中 800 岁的智叟尤达对徒弟“天行者”的忠告。习惯了思考“做还是不做，这仍是个问题”的观众，突然必须重新审视和思考自己的人生态度和世界观。然而，“天行者”的果断，哈姆雷特的犹豫，谁更值得追随呢？

研究流体力学的专家告诉我们，“湍流”是一种独特的现象。对它的流体形态特征，人们无法事先用公式去确定，因为它受到各个变量的交互影响，且互动的瞬间模糊，互动的效果事先不可全知。与“湍流”现象类似，危机好比社会关系和人际互动过程中的“湍流”。它既显现已经被打破的成见，也代表尚处于矛盾和挣扎中的各种新见解。就像没有任何人可以事先预料克里米亚和乌克兰东部现在的局势一样，接下来，它们所身处的地缘政治的合理性与合法性，仍将处于挣扎与互动交织的过程中。

复旦大学的俞吾金教授曾经以马克思主义的实践论来解释“做了才知道”。他认为，“实践”既是马克思主义的本体论，也是马克思主义的方法论。中国的导弹专家、决策学教授张顺江则进一步把“实践”阐述为“思考的内实践和行动的外实践”相激相荡。落实到危机决策中，实践就是“想中做，做中想，边想边做，边做边想”。由此，我们找到了重新认识“未知的无知”的方法，即上述的马克思主义实践论。下面的商业历史案例亦表明，它其实已经一直被运用在商业活动的危机决策中。

1929 年 12 月 31 日，在美国通用汽车公司第 21 份年报上，高管就为何要参股“福科”飞机公司作出解释：“对飞机的未来，现在我们无法准确陈述。不过，通过参股，我们可以置身空中交通之前沿。这样，我们就有机会深切理解其中的问题。据此，通用则能获取逐步清晰的评估证据，增长判断能力，进而决定发展的策略和政策。”“福科”就是波音公司的前身。通用汽车以这种实践方法来想象未来的交通工具模式，应对环境中的不确定性。

最近，谷歌、亚马逊和脸书争购“无人机”技术，因为它既可能实现云端移动 WiFi，也可能应用于快递物流。但它具体会变成什么，人们只能边做边认识。但显然，谷歌、亚马逊和脸书在此例中的决策风格与传统做法已有明显不同。

由于长期处于较稳定的业务环境中，传统企业一般熟悉“常态决策”，注重成本收益比较和选择。因此，波特的产业价值链定位策略也比较有效。可是，当网络技术、智能机器人、新型材料、交通技术拆散了行业之间的篱笆后，重新组织商业形态的成本降低，优势增大，商业再现了一种游牧民族般的属性：哪儿草肥去哪儿，哪种牲口好养就养它，只要能够保持自己的放牧能力。

可见，“做了才知道”的实践观可以帮助商业组织游离于“两可之间”的创造状态。它包含的“新模式因子”可能成功，也可能失败，但真的只有做了才知道。就像阿里巴巴和微信，新模式暗含的因子能否成功，只有通过变化的过程逐渐呈现出来或衰变下去。相对于“常态决策”，这是一个关于“变态”（变化中的状态）的决策问题。

危机并不是总能被解决的

我们常常把突发性事件管理和危机预案当作危机管理的全部。它们的即刻性效果给管理者带来错觉，以为危机已经被解决。但事实上，任何一场危机都可能涉及多个系统层面。就像人体出现并发症，一旦有高烧，医生会先用退烧药，待身体条件具备后再手术一样，危机预案的解决方法也应当是让受影响的组织系统暂时稳定，然后再做长远的更新与转型。若一味追求快速“解决”，只会给未来带来更加难缠的困境。因为，这种思维定式过于依赖历史上的成见，而危机所包含的不确定性是无法简单依靠历史知识的线性推导来解决的。

危机发生，表明物质、设施、行为处于失控状态，更深层地则表现为意识、心理、文化的溃散。以 2011 年日本福岛地震第一核电站机组爆炸、核泄漏为例，它看似天灾，实则背后隐藏着东京电力公司失败的组织能力。同样，2008 年的次贷危机，表面上看去是缘于少数企业的贪婪逐利行为，其深层根源则是“自以为全知”的组织意识和“以客户风险牟利”的行业文化。

关注表面现象是人们的经济选择，因为更深层的根源通常已经固化为集体的共同意识，形成长期稳定的“见解”，人们默认不需要对其作频繁改动。因此，在确定性高的环境中，“成见”，即固化的见解，是好东西。然而，危机的一项重要功效，就是打破业已牢固根植于人们头脑中的“成见”。遗憾的是，那些看到危机就立马实施管控的经理人往往会帮倒忙。因为他们太习惯于对管理工具实施控制，却鲜少料到，过往管控系统中业已存在的缺陷正是造成危机的根源之一。

简言之，危机决策要面对四类情形。①连环引爆式危机。例如，埃博拉病毒在非洲地区的蔓延。②慢火焖烧式危机。例如，全球气候变化对商业经营的影响。它的危害尚未发展到全社会都能感知到的程度，但已逐渐上升，并不断接近大危机的门槛。③隐蔽耗散式危机。例如，老龄化人口对企业人事与组织策略的冲击。它已经成为某些部门或某个地区的危机，但尚未成为大系统层面上迫切且紧要的任务。

④长久阴影式危机。例如，10 多年前的玩具质量危机给西方消费者留下的心理印象，至今仍影响着他们的购买行为。

对不同类型的危机，应当采取的危机决策方式是不一样的。比如，对于连环引爆式危机，我们需要立即拿出解决方法，否则它可能带来灭顶之灾。而一旦系统取得暂时的稳定，我们就需要在习惯性的管控思维之外，思考如何进一步“解散”“解析”和“解放”的管理方法。

比如，有些危机往往和社会关注度成正比。许多无法逆转的危机，只能依靠分散关注度，换取悄悄处理的时间和空间。如果不懂“解散”的逻辑，强力动员资源压制冲突，结果只能是越描越黑。而且，危机本身就是由复杂交错的因果关系造成的。每场危机背后，至少有行为、心理、文化和设施等方面的起因。因此，不能以为最直接的信号源消失了，危机就解决了。如果不找到病源，即使是割掉显示发炎状况的扁桃腺，我们的身体仍然会出问题。

事实上，造成危机的深度因素往往缘于人们的狭隘思维方式和认知冲突。“解析”其实就是让各种片面的认知充分暴露出来，让更合适的共识有凝聚成型的机会。例如，在上一次“钱荒”背后，其实是市场对中央政府“兜底”的习惯性预判。这时，政府就需要借用这场可以控制的危机，校正“以高社会成本为代价的自利的市场行为”，让滥用制度资本的商业银行和个体投资人看到投机的灭绝成本。

爱因斯坦曾说，“解放”只能在理解层次的上一层出现。这里的“解放”，指的是超越和升华。更上一层系统维度，可以让人们看到难以想象的可能性。例如，房地产行业“垒砖头造住所”的旧模式已经走到尽头，有识之士开始思考物质环境之上的社区关系建设。和睦相处的社区关系能够给处于困境中的房地产项目带来人文环境层面的价值，这就体现了“解放”危机的思维。

应对危机决策的原则

所有的管理问题都可以从多个视角重新定义。对于看似不可调和的矛盾，只要找出隐藏在深层的共同认识，就有解。不是我们的无知带来灾难，而往往是我们的“自以为是”造成灭顶之灾。无论是要面对危机决策中的哪一类情形，它必定涉及形态的转变。就此，可以参考以下 10 项应对危机决策的原则。

（1）明确企业必须保护的生存资源是什么。

危机决策的首要问题不是效率，是生存。多争取一点缓冲资源，就有机会；少一分精准，就可能灭绝。因而，管理者必须清楚地明了企业的根本生存资源。比如，“归真堂”（曾经营活熊取胆业务）危机中，管理的要点不应当是继续争取公司上市，而是尽可能地从公众视野消失。

（2）始终聚焦最关键的利益相关者。

在农夫山泉举报《京华时报》虚假报道一事中，农夫山泉最关键的利益相关者其实是消费者。因此，即便他们赢了官司，却不一定能赢得消费者。相反，如果因此让消费者对企业有一个全新的正面认识，它恐怕应该感谢始作俑者带来的大辩论机会吧。

（3）抓住与关键利益相关者的深层联系。

所有的管理问题都可以从多个视角重新定义。对于看似不可调和的矛盾，只要找出隐藏在深层的共同认识，就有解。比如，有一年，黄浦江上漂的死猪特别多的原因之一是事发地区的官员狠抓买卖病猪得力。我们是宁愿病猪流入黄浦江，还是任它流入消费者的胃？如果能建立起这个共同认识，危机可以成为促进各方合作而不是针锋相对的契机。

（4）从设施、行为、心理、文化四个方面思考，危机可能成为竞争优势。

禽流感曾一度把家禽养殖业推到倒闭的边缘。同时，它也动摇了中国人“吃活鸡”的习俗。有远见卓识的企业家应该一方面看到禽流感还会变个编号再来威胁自己的产业，造成灭顶之灾；另一方面，却也给企业建立新竞争力系统提供了前所未有的机会。从隔离养殖、封闭运输、菜场定点宰杀到消毒下水处理，过去可做可不做的，在危机背景下，皆可以成为紧迫且必须做的。如果能够迅速、全面做到，就能奠定一个企业在消费者心目中的地位。由此可见，每场危机都需要从设施、心理、行为、文化这四个方面去分析、设计，危机竞争优势就是这样产生的。

（5）分辨偏差中的转机。

转折点往往就在偏差中。富士康员工多次跳楼事件发生后，企业采取的措施是增加更多机器人进行生产。但现在看来，这样的做法并没有解决任何危机，因为无法从根本上改变企业形象。众所周知，为苹果等公司代工，是富士康的主营业务之一。消费者平日追捧苹果公司出品的各种数码产品，带来的直接联想往往是美好的生活和未来，却很难意识到这背后是一群心理压抑的年轻工人。如果产品、背后的企业及其管理行为不能带来美好的联想和心理感受，相关企业在国际供应链关系中高高在上的地位就会失去基石。从这个角度来看，诸如富士康员工多次跳楼事件的发生，也许能为重新划分国际供应链中的相互关系带来契机。

（6）事关价值观，不计成本；涉及宪法程序，不受情绪左右。

在丹麦，每个人都可以通过“汽车流动图书馆”借阅图书，国家甚至为渔民和农民接受高等教育提供国家支付工资的替工。此举虽成本极高，却强化了人们对“公民教育第一”的价值观的认同。又如，在没有经过宪法规定程序的情况下，加拿大多伦多市无法驱走瘾君子市长，人民在无奈和愤怒之余，也体验到了宪法程序的严肃性和至高地位。相反，若为顾及一时的社会情绪而做出随机灵活的变化，很可能就为下一次违规提供了借口。

（7）针对小概率事件，设计成功的失败。

马克·吐温曾说，不是我们的无知带来灾难，而往往是我们的“自以为是”造成灭顶之灾。我们最应该担心的，不是所知的无知，还应包括未知的无知。面对未知，我们要做的是设计可以控制的失败。所谓“成功的失败”，就是找到目前知识体系中可能为我们带来灭顶之灾的盲点。这也是失败了的阿波罗 13 号之所以成为航空探索史上不可磨灭的一页的理由。

（8）永远以“恐慌心理”为管理的设计前提。

海军陆战队的飞行员有一个体会，一旦坐进战斗机驾驶舱，智商会下降一半。在紧迫感超强的危机临场条件下，“恐慌”和“窒息感”是人的自然本能反应。与其试图讲道理，不如集中力量营造符合“恐慌心理”条件的主观感受。因此，在上一次的苏丹红危机中，笔者曾建议首先把所有的红色调料下架，制造立即可感的主观感受，即任何红色调料都被妥善隔离了。

（9）设计场景沟通，表演行为艺术。

危机沟通不是一一对应的直接沟通，而是间接、次第传输的场景沟通，如前一阵非常红火的“冰桶挑战”。它通过朋友网群传递“关爱”的信号。在场景沟通下，管理就是表演，危机管理就是行为艺术。参观华为的人常被安排在最合适的角度和位置来体验它们的技术成果。如何让每一次展示都能做到精准呢？华为把百老汇的表演能力运用到参观设计中，在地上以黄色原点提示最佳演示位置。当下，凡是追求核心竞争力的组织，都越来越重视戏剧表演能力。

（10）传导新希望，汇聚微意愿。

危机中形态的转变靠的不仅仅是资源，更是点点滴滴社会意愿的汇聚。特斯拉宣布推倒专利墙，“所有我们的专利属于你们”，赢得了排山倒海的正面评述。想必其创始人马斯克懂得，社会大众的意愿是他最宝贵的竞争资源。任何企业，只要有能力汇聚普通大众的意愿，就没有过不去的危机坎儿。

安邦的“中国逻辑”来了

| 时事微评论 |

安邦之所以成为中国企业一个典型，是因为它综合了多种中国企业的典型特征。它的成长过程、影响力、跨国经营的方式方法，每一个方面都算得上是一个样本。无论成败，安邦的经历值得跟踪考察、系统分析。

2016年，3月5号是惊蛰，3月20号是春分。不过，安邦不等自然时辰，直接催生全球的酒店业进入新季节。3月14号，安邦牵头的财团提议以每股76美元、总值128亿美元现金收购喜达屋（Starwood），在不见喜达屋动心后，又于3月18日加码到每股78美元、总值132亿美元现金收购价。一时间，并购之战尘飞扬。

接下去的战略问题不是万豪国际（Marriott）是否会跟着加码，而是尘埃落定后，全球排名前列的豪华酒店连锁将各属谁家？

酒店业进入后汉时代

先有东汉建安之乱，然后有魏、蜀、吴三国之争。Airbnb引发了全球酒店业的大洗牌。

在“共享经济”的大旗下，以 Airbnb 为代表的分享式住宿平台正颠覆着酒店业有千年历史的“客栈”模式。以 Airbnb 2015 年的数据为例，它平均每晚客流量超过 42 万人，比希尔顿全球连锁每晚客流量高出 22%。单单在纽约市，2015 年传统酒店业被 Airbnb 赚走的住宿收入就高达 4.5 亿美元，高盛预计 Airbnb 年房间供应量在全球整个酒店行业房间供应总量所占的市场份额将进一步从 2015 年的 3.6% 上升到 5.4%。以上数据还只是 Airbnb 一家，如果再计入 VRBO、FlipKey、HomeAway 等多家类似 Airbnb 的其他分享式住宿平台，未来趋势日渐明朗。“夜半钟声到客船”的留宿客人将离开传统酒店业，步入民居。

酒店的客栈模式发生裂变，可一分为三：民居分享、低价酒店、服务体验。

喜达屋也受到了共享模式的冲击，经营欠佳，于 2015 年春天挂牌出售。2015 年 11 月，世界两大酒店集团万豪国际和喜达屋达成协议，由万豪出资，以每股喜达屋股票换 0.92 股万豪股票加 2 美元现金、总值达 122 亿美元收购喜达屋，预计交易完成后，两者合并成为世界最大的酒店集团。

这一切看上去都非常美好，因为二者的联姻体现近似完美的协同效应。可是，现在的市场不是“联姻”，而是“抢媳妇”的游戏。

兼并的“协同效应”逻辑

追求协同效应，是企业兼并收购理由的第一条。万豪在宣布并购时曾解释集团可以获得的系统协同效应和可以节省的成本，他们预计此项兼并能减少 2 亿美金的运营成本。事实上，节省运营成本只是故事的一半。

另一半的协同效应来自万豪和喜达屋战略资产的相配性。分析截至 2015 年 11 月 16 号的经营数据，在众多的连锁酒店中，万豪具有高度的轻资产特征。它的 EBITDA（税息折旧及摊销前利润）中有 87% 是酒店管理费，自己拥有或租赁的酒店收入来源只有 6%。相比而言，喜达屋的 EBITDA 中酒店管理费则占 68%，自有酒店收入是 21%，产权度假屋收入是 11%。兼并后，万豪将既有来自经营管理的轻资产收入，又有实体酒店的收入。有形资产和无形资产的匹配组合度将大大提高。

往深度看，万豪新的资产组合还具有国际优势。旧万豪的主要市场在美国，它过去系统中客房的国际市场额度只有 21%，而喜达屋在国际市场的客房数量占系统的 57%。最有吸引力的是，喜达屋目前在建的客房中，有 61% 是在国际市场。因为收购喜达屋，新万豪国际还可以将其 25% 在亚洲的收入纳入囊中。简言之，此番兼并后，万豪在国际市场中的竞争力，特别是在中国市场的竞争力将大大提升。

经典的管理逻辑都指向万豪和喜达屋的美满结合。

安邦来了！

安邦不愿放弃喜达屋，早有轨迹可循。2014 年 10 月，安邦以 19.5 亿美元收购了纽约华尔道夫酒店后不久，传出欲将其改建成高级住宅楼（condominium）的计划。2016 年 3 月 13 日，黑石集团（Blackstone Group）宣布将其刚在去年 9 月以 60 亿美元收购的战略酒店集团（Strategic Hotels & Resorts）以 65 亿美元卖给安邦，使之成为中国内地企业收购美国房地产资产的最高单笔成交记录。

保险公司拥有公寓、酒店、地产租赁，它本来就属于其组合策略一部分。从收支性质角度，保险公司希望有稳定的现金流来源对冲保费和保险赔偿支付，二者可形成进出平衡的投资组合。但安邦计算的方法和价值可能不止于此。

3 月 14 日，安邦牵头的财团提议以每股 76 美元、总值 128 亿美元现金收购喜达屋，在不见喜达屋动心后，又于 3 月 18 日加码到每股 78 美元、总值 132 亿美元收购价（加价总值是 3.38 亿美元，大约等于喜达屋退出与万豪国际合并需付的 4 亿美元毁约金的 84%）。此时，相比于万豪国际的收购议案，即使扣除毁约成本，安邦的出价也比万豪收购价要高出 14.5%，因此，喜达屋宣布，由于安邦价格更优，而且无须裁员，所以放弃与万豪的合并计划。喜达屋最大的股权人 John Paulson（拥有将近 7%）公开表示支持安邦的收购。根据协议，万豪有权在 10 天之内提出修正的收购价。

万豪 - 喜达屋的计划并购案遵循的是传统西方商业逻辑：合并、提高品牌效应、降低成本（预计此合并可以每年节省 2 亿美元）、增强竞争力和提高利润率。安邦抢购的逻辑则基于中国目前的经济状况和其未来全球资本运营：房地产是硬资产，人民币汇率风险要对冲，资产要全球布局。对安邦而言，未来 10 年，中国经济在世界的影响和地位如何？这个地缘政治的课题隐约出现在其谋略背后。

当东方遇到西方，战略逻辑不同已经是一大看点。更值得关注的是，协同效应与地缘政治孰轻孰重，谁先谁后，可否并存？安邦 - 喜达屋并购案提醒中国企业，地缘政治经济必须综合考虑。

对酒店业，演出刚刚开始

喜达屋将落于谁手，似乎还不能简单断定。

一方面，万豪提出高过甚至达到安邦当前出价的可能性不大。以安邦如今的出价，即便到 2018 年它可以实现的净收益率可能还达不到 5%，按上市公司的逻辑，要出这样的价，万豪将难以向自己的股民交代。

另一方面，因为同业巨头合并的未来盈利和发展潜力要远远大过当前分立的局面，万、喜合并对双方都仍然具有很大吸引力，所以，万豪有很大概率会利用它所拥有的还价机会，提供一个高于原先计划的修正收购价。修正价也许无须与安邦的全现金价格一样高，就足以使喜达屋董事会对安邦的追求产生二心：因为现金价格的好处是短期的，在酒店业资历、资源有限的安邦对喜达屋的运作状况、竞争力和品牌改善没有明显影响。相比之下，与万豪合并对利润结构和发展潜力的正面影响则是深远和长期的，因而，合并后，数年内实现超过当前安邦收购价的可能性很大。

而如果喜达屋对万豪修正价产生兴趣，安邦是否会再次提高收购价呢？一方面，安邦从 2004 年成立时注册资本 5 亿元到目前号称总资产超过 19000 亿元（2920 亿美元），资产规模以火箭速度增长，11 年之内成长 3800 倍（中间债务杠杆是隐含风险的未知数）。但要继续拼价格也很勉强，按常规金融逻辑，它的加价空间并不多。例如，董事长兼 CEO 吴小晖 2015 年在美国表示，安邦的投资理念为“安邦选择目标公司的收益都很高，我们的投资原则是 PB（平均市净率）低于 1，ROE（净资产收益率）高于 10%，这是我们投资的底线。”目前每股 78 美元的收购价已超过 10 倍的 PB 值，ROE 多年都预计不会超过 5%。继续追高，它与公司表述的投资理念不和。然而，以安邦发展史显示的投资性格，似乎“常规”也不适用。

如果就案论案，不久我们就会找不到合适的橡皮擦。在 2016 年 3 月 28 日万豪回复行动之前，全球豪华酒店连锁企业的董事会一直都彻夜难眠，因为这个“抢媳妇”的游戏才刚开始。在万豪宣布大幅提高收购价后，安邦后续“基于诸多市场考虑”选择退出，但安邦的下一个兼并的目标，谁都可能是。洲际集团有 4900 家酒店，72.6 万间客房；希尔顿集团有 4400 家酒店和 72 万个房间。接下来，雅高、卡尔森酒店管理公司都可能成为下一个目标。

从万 - 喜第一轮谈判就可以看出，豪华酒店的经营模式已经开始改变。除了商务会议这个传统的价值点，新模式还隐含下面两个潜在优势：①大数据分析和营销。毕竟，全球 1% 的精英是豪华酒店的常客，其价值非同小可。②以“伺候周到”为心理价值的服务体验。豪华酒店的宫殿环境时时触动人类虚荣自尊的心理弱点，它将是优势利润的不竭之源。安邦是否为此而来，兼或其他目标？只有时间会告诉我们。

长江实业、安邦、万科、宝能……市场总是关注标杆企业的一举一动，因为它们在领跑市场趋势的同时也反映了一代企业的性格和命运。

万科股权之争的制度意义

|时事微评论|

万宝之争已经演变为万科与华润在董事会中的矛盾。万科引入深铁的方式和时机都受到市场的普遍关注，对股东，它关系到融资策略和对股价的影响；对市场，万科这样做会引发对内部人控制的讨论；对社会，它的影响已超出公司治理结构，关系到商业文化。万科的董事长是否把个人利益放到企业之上？随着事件的演变，结果也越来越清晰，答案却越来越模糊，直至本文发表，万科股权之争已经演绎为浑水之战。内部人的问题将持续为制度之痛，随着高管过去的行为不断曝光，旁观者则看得明白，哪有什么情怀，从来都是利益之争。

一砖一瓦建成大厦，一例一案形成制度。因此，我们需要从制度建设角度看万宝之争。

这本是一桩金融并购案，但因为相关者的社会身份，而被符号化。本为谋划经济利益而动员社会关系，却因为江湖故事，被政治符号化。万科复牌之时便是万宝之争的落幕之始。可是，它引发的讨论则涉及众多制度层面，不能以个案对待。

金融资本对产业的创新重组不等于提升其生产力。25 年前，鲍莫尔已经对企业创新做了阐述：有生产力的、无生产力的和破坏生产力的。今天，中国产业与金融资本正处于制度创新的接口。万宝之争各方的行为必须为有生产力的制度创新做贡献。否则，暂时获利会衍生长久负担，对各方都是如此。

“恶意收购”的个体之恶可以成为制度的集体之善，它不应该是反对收购的道德理由。在市场这个大系统中，单体的“坏”可以促进总体的好。伊坎（Carl Icahn）被称为“恶意收购之王”，几十年来，他专门打表现不好的上市企业的主意。通过收购公司股票，获得董事会席位和投票权，逼迫现有的管理层改组或改变策略。待市场对改革充满期待，股票上升后，他则抛售股票，卷款走人，寻找下一个目标。如今，像他这样的“麻烦制造者”也越来越多元化。美国上市公司500强中，有七分之一都曾遭遇过“麻烦制造者”发动的法律诉讼。但是，这帮投机者从私利出发，却对社会做出了有生产力的贡献。在他们的虎视眈眈下，上市公司管理层因忌惮而慎独。若没有了做恶意收购的投机人，资本市场的大系统将会生态失衡。

董事长和高管都是公司代理人，必须受到制衡。2015年全球债券市场最大的事件莫过于格罗斯（Bill Gross）辞职。在位37年，这位太平洋投资管理公司（Pimco）的创始人主导着2兆亿的基金，一举一动都能左右债券市场的起伏。可是，当他的个人性格侵蚀公司文化后，他必须离开。“没有离不开的代理人”，这已经是资本市场的成熟规律，不能因为明星高管的社会地位而例外。作为代理人，他们的尽职表现在哪几个方面？如何划分历史功绩和未来职责的边界？怎样看待个人品牌对公司的影响？万宝之争可以给我们留下制度的榜样。

没有无边界的金融资本权力，管理层的智慧理应得到尊重。金融资本的合法性和权力并不是与生俱来的。1720年，英国议会曾通过“泡沫法案”规定股份公司违法。直到1825年，限制金融资本的法案才正式解除。近年来，在知识经济的背景下，以多伦多大学马丁（R. Martin）为首的学者强调管理层智慧资本应该有更大的权力和收益。例如，阿里巴巴设计了给予创始人更多投票权的制度。万科没有类似的安排，因而陷入了当下的困境。此案后，管理层的智慧资本和长期权益将成为各公司董事会的重大话题。万科的“盈安合伙”和“国信金鹏分级1号”（管理层的资管计划）也将成为治理结构的研究对象。一个更难监管的问题是：如何矫枉而不过正，如何应对代理人掌握的信息不对称的优势？

监管难题已经来临！政府监管的力度和时机正在面临考验。2015 年 12 月 22 号和 23 号，保险行业与深圳地方监管机构均有所行动。但后续如何？影响多大？还值得观察。公共政策干预可以左右制度创新的生产力发展方向，对此，历史学家黄仁宇曾写过一个经典案例。

在离剑桥不远处，有一个圣尼奥特斯镇（St Neots）。中世纪的圣尼奥特斯是一个九镇通衢之地，大乌兹河（River Great Ouse）穿镇而过。11 世纪，镇上几位有商业头脑的人在河岸边画地为界，私自设立交易场所，并且向往来的商贩发放交易执照。方便的水路给这个小城镇带来了繁荣的交易，可是，这地本来属于国王亨利一世（Henry I）。与其依法取缔交易场所，亨利一世选择依宪授权。亨利一世依《自由宪章》在 1130 年赋予圣尼奥特斯镇的商家“市场交易权”，并依此征税。圣尼奥特斯市场，本来是一个依旧理要取缔的“违法”创新活动，因为亨利一世顺应时代的变化，予以合法权，而使之成为英国历史上重要的内陆商贸中心。

对于来自保险业的资本活动，是依照旧法理监管，还是顺循新趋势？公共政策的核心指导原则应该是促进社会生产力的长久发展，它是有中国特色的社会主义政治经济学的原则之一。

万宝之争极大地刺激了人们对案例背后的人和潜规则的好奇，许多情节也是人们想象中“造”出来的。不过，到 2015 年 12 月 23 日晚，当万科宣布与另一位股东联盟后，人们的文学想象又掀起新高潮。肆意想象能成为无辜现实的雾霾，这种对法律之外社会势力的想象崇拜必须破除。它不仅不符合“全面推动依法治国”的国策，也会成为当事企业危机之踵。

怎样对待合法资本之外的社会影响力？有人的地方就有情感和利益，就难免存在潜规则。一个促进社会生产力发展的制度不是消灭潜规则，而是让潜规则为显规则服务，制度学者邓穗欣如是说。

反思商业历史，体制创新只有四个选择：①冲突体制，体制规则纵容和鼓励冲突；②妥协体制，体制允许强势方无原则地瓜分利用资源，直至恐怖平衡点；③“囚徒困境”

的体制，为私利抢先行动的赢，落单在后的输；④互保体制，从共同和长远利益出发，各方确立至高无上的原则，并配有捍卫原则的工具，以防范单方面的破坏。如果万宝之争能为互保体制做出贡献，那么无论结果，都是共生共赢。

识别“网络的人”

|时事微评论|

从经济的人、组织的人，到网络的人，在企业中，我们都是“关系的人”。时代背景不一样，关系性质有改变，对“关系的人”的具体解释也随之调整。也许，不久的将来，我们会成为“非机器的人”。

“谷歌让人变笨了吗？”2008年，学者尼古拉斯·卡尔（N. Carr）在颇有影响的《大西洋月刊》上发表的这篇文章引起人们广泛关注。互联网进入人类生活已经超过25年，它对人的大脑认知系统的影响仍然是一个谜。

好消息是，“谷歌”并没有让人变笨。伦敦大学的脑科学家米尔斯（K. Mills）研究显示，没有科学证据显示互联网的使用会改变大脑物质。不过，相关的研究也表明，人们的认知习惯和行为方式确实受到了互联网的影响。简单地说，新一代的网络人有着明显不同的社会性格。

就像19世纪的管理者要研究“经济的人”，20世纪的管理者必须研究“组织的人”的社会性格，才能有效管理，面对网络的一代，21世纪的社会管理者要认识到“网络的人”有着下面的种种社会性格新特征。

（1）上线才算存在，下线心理恐慌。“无线网络”被更新为马斯洛需求层次中比生理存在更基本的心理需要。这个搞笑的段子却有真实的佐证。在笔者的访谈中，很多管理者反映，对一线生产员工的“手机使用”管理成为他们最新的挑战。

（2）美妙甚于真实，虚拟同样可信。网络影响人的认知能力，人们对“美好”的偏好超过对“真实”的追求。在“谷歌让人变笨了吗？”中，卡尔说明网络使用确实影响现代人的思维和行为能力。皮尤（PEW）研究中心访谈的大部分专家并不同意卡尔的负面结论。但是，对网络模糊了虚拟和真实的边界，大家却达成了共识。

（3）生活故事化，社会场景化。故事更容易理解，抽象的道理太消耗心神。社交媒体用段子把“大脑趋趣”的习性推到前所未有的高度。利用这个趋势，商家则按“首映式”的格调把营销变成表演，将体验变成弹幕。法国社会批判学者德博（Guy Debord）的“景观社会”（the society of spectacle）观点在“多屏社会”中成为现实。

（4）崇拜倍增速度，习惯封装思维。齐美尔（G. Simmel）可以算是第一位阐明“加速度生活”的社会学家。在《货币哲学》中，齐美尔说明资本对倍数成长的需求。它影响社会对加速度的崇拜，并改变人们的生活节奏感。今天，信息通信技术更强化了“倍增速度”的合法性。通过颠覆模式，“倍速崇拜”进入了人们的脑细胞。可是，头脑的思考速度远赶不上技术的变化。为了适应，人们开始从网络大V那儿接受打包封装好的思维概念。段子化的“逻辑”思维被下载，并成为日常话语和沟通词句。至于思维表达的是什么意思，鲜有人去质询。

（5）让第一印象成为终极印象。《瞬间决断》（*Blink*）的作者格拉德威尔（M. Gladwell）解释第一印象在人们交往中的重要性。虚拟网络技术和社交媒体手段则把“第一印象”推向“终极印象”的极致。例如，微信头像的锥子脸可以一直更新而不变。“经济的人”注重效率，“组织的人”强调归属感，“网络的人”更希望保持美好的第一印象。

2013年的科幻电影《她》（*Her*）获得5项奥斯卡提名，并获“原创剧本奖”。电影中的主人公先着迷于网络电脑助手性感的声音，后又为声音中体现的关怀而感动，直至深深地爱上他的网络电脑助手。对于他，她远远不只是一个虚拟的存在，虚拟甚至比真实更加美好。“她”的现象已经超越电影，进入现实。例如，许多日本青年迷恋网络电子情人而不愿意结婚生子，它已经开始影响日本的劳动力供给预期。在中国，网络的一代已经成为各项社会活动的主力军。相比之下，“网络的一代”不再有稳定的归属感，也缺乏长久的忠诚度。对这一代，社会管理者要学习成为思绪捕手，抓住心理线索片段，用故事和场景把线上的热情转化为线下的生产力。不要忘记，他们是早上八九点钟的太阳，世界将属于他们。

转移不如转型：在华跨国企业的新选择

| 时事微评论 |

跨国企业在过去以全球经济的眼光看待中国市场，中国隶属于它们全球战略的一部分。如今，跨国公司得学会从中国经济角度看待世界市场，视角调整合适了，中国市场的机会还是充满潜力的。

从 2012 年开始，跨国公司撤离中国已经引起广泛关注。2014 ~ 2015 年，国家发展和改革委员会涉及跨国公司的行政罚款创下历史纪录，2014 年为 18 亿元。2015 年 2 月，对高通的罚款达 60.88 亿元人民币。外企投资决策和反垄断，两件本是常态的决策，在媒体的密集报道下，笼罩上了一层特别的意义，成为一个绕不过去的话题。

从 1978 年改革开放开始，跨国公司进入中国已将近 40 年。期间，国际和中国国内的政治经济环境发生了翻天覆地的变化。过去，跨国公司在“单边优势”的策略下谋求海外发展。形势表明，这业已过时。当前发生在中国市场的变化是国际投资条件变化的一个缩影，跨国公司恰好可以利用这个机会，探索“互惠经济”策略下的新选择。换言之，按老套路转移还不如在新环境条件下谋划转型。

40 年来，跨国公司与中国政府和企业已经结成了一个难以分割的利益共同体。《经济学人》的分析显示，中国经济 GDP 增速连续两年 2% 地下降，对全球 GDP 增速平均有 0.3% 的冲击。换言之，无论跨国公司撤退到何处，都将受到中国经济的影响。与此同时，诸多跨国公司在中国的发展创造了大量的就业和税收，成为中国经济发展中难以短期替换的成分。所以，跨国企业能否成功转型，对中国政府、经济和企业都有巨大的现实和远期利益。长远观之，在华跨国企业的今天就是中国企业在亚非拉国家的明天。“互惠经济”策略下的选择可以成为中国企业进入非洲，沿“一带一路”发展的战略选择。

与成熟的“单边优势”策略相比，“互惠经济”策略尚待大规模实践的检验。探索行动，理论先行。本文的目的就是描述一个可供批判的理论雏形。为说明简单转移的短视，我们先分析常规的跨国公司撤退策略，然后通过比较，介绍转型的理论框架。在笔者的《新技术的胜算》一文中指出，跨国企业在中国若能成功转型，对于全球经济都将是一个福音。

跨国企业战略转移的驱动力

从 2012 年开始，一些在行业中有影响力的代表性企业开始从中国大陆市场撤离（图 3-1），这些企业转移的方向不尽相同，既有回迁本土的，也有向东南亚转移的。

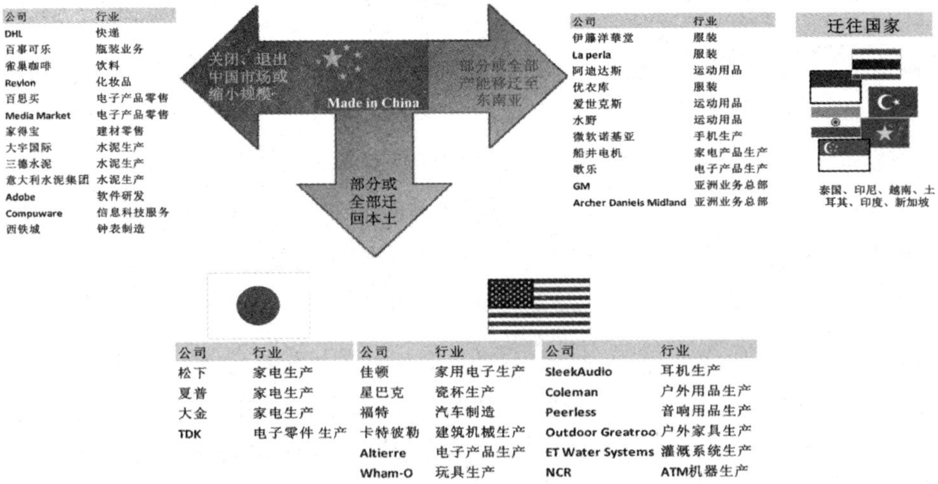

图 3-1　2012~2015 年外资转移研究样本

在分析上述从中国撤离的公司时，我们看到两个层面的因素：跨国企业总部层面的决策（corporate level）因素和运营层面（business level）的成本因素。理解战略撤离也需要从这两个层面开始。

以总部策略（corporate-level strategy）观看撤出行为，综合文献研究和上述企业的特征，我们找出四项驱动力，其缩写为 PAGE：绩效（performance）、优势（advantage）、治理结构（governance）和环境（environment）（图 3–2）。

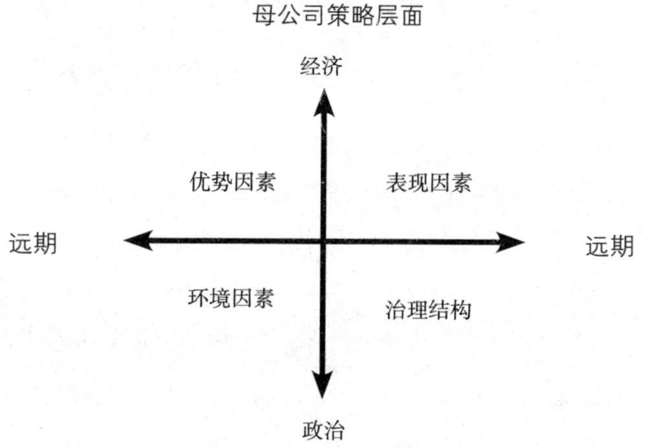

图 3–2　战略转移的驱动力（PAGE）

绩效因素，特别是收入、回报、利润率等表现指数的降低，成为跨国企业从海外市场战略转移的重要决策考量。十年来，汇率从 2005 年的 8.27（中间价）到 2015 年的 6.26，人民币升值超过 30%。最近三年，各地的劳动力成本上升幅度也在 17%（江西）~38%（四川）。调查显示，运动鞋类、化工等制造业开始向东南亚国家转移。这和 20 世纪 90 年代，电子行业从新加坡、中国台湾和中国香港向中国大陆转移的规律相同。

优势因素，占位的优势、内部资源调配的优势和母公司利用所有权实施统一的管理优势，已经从单一国度的计算进化到跨国度的地区性统筹安排的新高度。文献显示，地区化和集束化（regionalization and clustering）是最近十年来的趋势。跨国公司将在更大的区域范围内统筹调配资源，为全球范围内的竞争服务。以最近将部分生产向美国本土回迁的 GE、卡特彼勒和福特为例，它们希望更多利用智能机器人、全自动化生产、新材料和新设计技术。新生产要素的企业主要集中在美国本土，贴近研发基地生产的策略符合其商业生态的规律，有利于更新企业的核心竞争优势。

治理结构，是指股权结构、董事会组成、内部议事和监管的规定，以及国家法律法规变化而产生的治理结构调整，这些都会影响跨国公司的战略转移决策。1986 年《外资企业法》公布后，跨国公司开始自然终结过去的合作或合资企业，以求获得更大的决策自主权。从时间点上看，关闭到期的合资或合作企业，重新考虑独资、全资，这也是转移现象的驱动力之一。例如，一家在上海的医疗诊断器械外资企业顺应母公司新的外包服务模式而解散了合资的营销公司，尽管合资的营销公司一直盈利。

环境因素，包括自然环境、人文环境和制度环境，也会引发跨国企业的战略转移。美国商会 2015 年的调查报告显示，跨国公司一方面对反腐败和知识产权保护表示满意，另一方面也对政策的快速调整感到不适应。出于对不确定性的担心，对新政策程序的陌生，跨国公司因此进行防御性的自我保护式调整，包括战略转移的举措。

在进入海外市场时就规划撤离，这是总部策略必要的一环，始终受到这四项驱动力（PAGE）的影响。但是，在中国的运营背景下，总部策略还受制于具体运营条件，即必须考虑撤离的机会成本。

战略转移的成本因素

在运营层面（business-level strategy），跨国企业战略转移的成本主要来自四个方面：资源专属（specificity）、规模庞大（size）、协同效应（synergy）和层级结构（structure）（图 3-3）。这四方面在中国市场表现得尤其突出。为避免机会成本和转移过程中的损失，跨国企业首先应该认真考虑“转型”的选择。

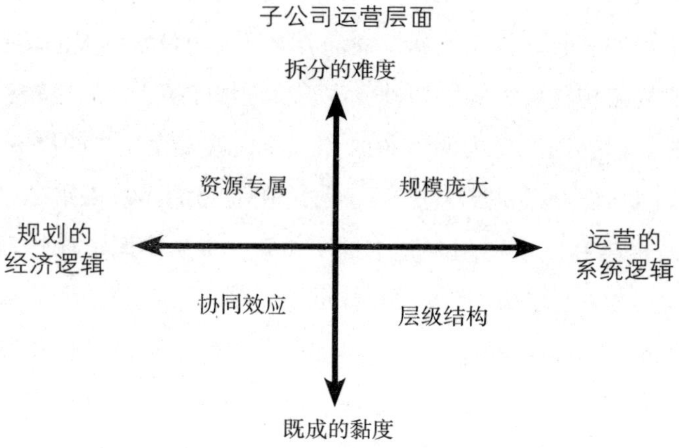

图 3-3　战略转移的壁垒（4S）

资源专属性是战略转移的第一种成本因素。与现金等通用性生产要素相比，根据属地特征而设计的组织形式、厂房，与当地利益相关者的合作关系，以及管理层积累的隐性技能等是高专属性资源，无法简单搬迁到新的投资地点，只适用于现在的经营环境。

协同效应是第二个成本因素。在华的外资企业可能是公司全球布局的一个关键部分，它属于系统产品。例如，以研究语言识别技术著名的微软亚洲研究院，它与企业内部其他活动之间的互动关系合成为组织的竞争能力，很难简单分离。另一种类型的协同效应体现在产业链上下游的一体化。

考虑撤离时，专属和协同这两种成本体现出经济规律的两面性。专属资源很难拆分，转移时变成了沉没成本。协同效应一旦形成，组织内部各项活动之间会产生强烈的“黏性”，转移时克服既有黏性的成本必然提高。

母公司和海外子公司之间的决策层级结构（structure）是第三种成本因素。我们的调查显示，越是成功的跨国公司，子公司高管参与决策的程度也越高。战略转移必然涉及子公司高管的去留。依据在决策结构中的影响力，子公司高管要么强烈反对撤离，要么期待被调离到一个福利性的等待退休岗位，要么要求高额离职补偿。从诺基亚撤离中国的经验看，无论哪一种都会给母公司带来巨大的转移成本。

规模是影响战略转移决策的第四种成本。投资规模越大，战略转移的成本越高，决策周期也越长。以韩国三星为例。2012 年三星在西安设立一期投资为 70 亿美元，总投资为 300 亿美元的闪存芯片生产厂。与之相配套的还有未来 10 年免税和 10 年半税的政府政策优惠和城市规划配套工程。如果三星从中国市场转移，仅西安项目的实际成本就超过 300 亿美元。

在中国，类似三星的跨国企业还有很多。它们的投资都经过长期的规划，有内在强烈的规模经济逻辑。经过多年的运转，母子公司之间，供应商之间，企业内部各项活动之间的日常运营习性和相互适应已经形成。战略转移所涉及的拆分与肢解活动必然干扰业已成形的生产秩序。对这种干扰产生的混乱和对控制混乱能力的担忧都将成为战略转移决策的壁垒因素。

在公司战略（corporate-level strategy）层面，跨国企业长期存在四项转移的驱动力，这是常态。从运营策略（business-level strategy）来看，四种成本越高，撤离的决策越难做出。以跨国企业在中国市场经营时间之久，市场份额之大，撤离并不是一个经济的选择，转型才是上策。

跨国经营“单边优势”的困境

跨国企业没有走出“进入”与“撤离”的两难选择，因为 20 世纪 50 年代以来，跨国经营的思考模式维持不变，一直都是从“先进的西方企业”的视角看待如何利用“落后地区资源”。跨国经营的重心落在建立和维持有利于母公司的“单边优势”策略上。这种“单边优势”思想也集中体现在唐宁（J. Dunning）、巴特利特（C. Bartlett）、戈沙尔（S. Ghoshal）、巴克利（P. J. Buckley）等人的跨国理论中。

在唐宁的 LOI 模型中，“单边优势”思维体现为“控制”，控制决策权、信息流和组织能力。所有权（ownership）和内部化（internalization）能扮演的控制效果最终落实到“地缘优势”上（location advantage）。无法控制之时，便是转移之日。

唐宁的第二次世界大战后跨国经营模式赶不上20世纪90年代的变化。巴特利特和戈沙尔的四象限模型（本文简称B&G模型）修补了其不足，并继续“单边优势”的策略目标。为解释B&G模型隐含的“单边优势”思维，我们在每个跨国策略选择下面加注了它背后的组织逻辑（图3–4）。

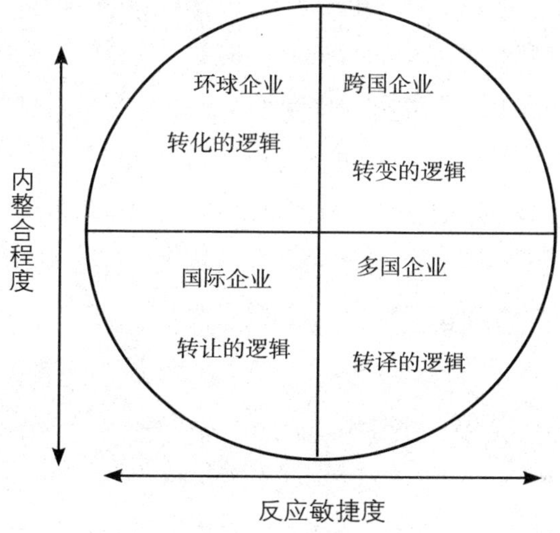

图3–4　B&G跨国形态再解释

在B&G模型的第一象限，“国际型企业”的海外经营既包含普及性产品，也包含客户化服务。它在母公司“中央控制”和属地“快速反应”两方面找平衡点，如IBM中国，其组织逻辑强调从母公司向海外子公司“转让”知识、技能和组织能力。

第二象限的“多国企业”要么是生产形态上必须符合属地的特征，要么是主要为属地的客户服务，必须反应迅速。这样，母公司就不能太强调内在的整合和中央控制，必须让海外公司有运营的自主性。在中国的联合利华就有这样的特征，其组织逻辑是将母公司的策略基因（从文化、语言到商业模式设计）“转译”到多国的形式框架中，外表当地化，核心思想保持母公司的风格。

第三象限的“环球企业”一般为标准化、通用型产品的生产企业，如广州本田。因为产品标准化程度高、客户化程度低，母公司会加强中央控制，希望通过内部化的整合创造规模和协同效应，其组织逻辑为“转化”母公司的行政控制到子公司，保持内部集权化的管理优势。

上述的三种跨国经营的组织逻辑有一个共同点：由母公司向子公司输出的单向维度特征。这与母公司所追求的“单边优势”一致，并与 20 世纪国际环境的特征相对应。随着环境的变化，最理想的组织形式是第四象限的“跨国企业”，一种既包含高度的母公司中央集权整合控制，又允许属地子公司保持自主性，保障快速敏捷反应能力的跨国经营模式。GE、强生等企业已在尝试这样的策略，但比较成功的还是像麦肯锡这样的跨国咨询企业，其他公司都遇到了不同的问题。

“互惠经济”下的跨国经营：中国的试验

波拉尼（M. Polanyi）的“属地化”（embeddedness）和巴瑞（J. W. Berry）的“互涵化”（acculturation）概念为在华外资向“互惠经济”转型提供了指导性的两个维度。

借助人类学的方法，历史经济学家波兰尼将抽象的研究与实在的经济活动区别开来。前者关注抽象的原则是怎样被遵守的，而后者更强调实在的经济活动有什么独有特征。波兰尼因此而开发出的“属地化”概念被社会学家广泛应用。放到国际企业在中国的经营环境中，“属地化”将跨国经济活动置于所在国的具体社会关系中去考虑它的效率和公平问题，认为剥离了具体社会关系的策略要么片面而不能长久维持，要么有失公平正义而会受到惩罚。2014 ~ 2015 年，美国高通和英国葛兰素史克（GSK）在中国的经历就是例证。

基于同样的人类学研究，波兰尼指出历史上各国在各个不同时期都存在过实体中的“互惠经济”（reciprocity in substantive economy），即通过分享和互助的经济组织形式来满足社会的需要。以中国的世界影响力和经济扩张的愿望，外资企业必须学习从“互惠经济”的角度不断提高“属地化”的程度，从“以外资的眼光看中国市场”转向“以中国的视野看世界市场”。“属地化”就是要理解中国当前的政治关系、生产关系和社会关系，并选择符合互惠共赢的跨国策略。

社会心理学家巴瑞的文化相互兼容的“互涵化”概念是另外一个在华外资转型的维度。在此，它指的是：①文化双通，中外相互适应；②“互涵化”既可以是多文化共存，也可以说是融为一体的新文化；③它包括相互学习和适应对方的行为方式、语言习惯、价值观念甚至无法言表的潜规则；④它会经历“接触—冲突—适应”的三阶段。与B&G的跨国模型相比，“互涵化”强调双向的学习和改变，而前者只关注单边的文化输出。“互涵化”过程不是东风和西风相互压倒的较劲过程，而是彰显各种各样的可能性，深度理解共同的新文化的过程。如图3-5所示，即为从“单边优势”到“互惠经济”的跨国公司形态的转型。

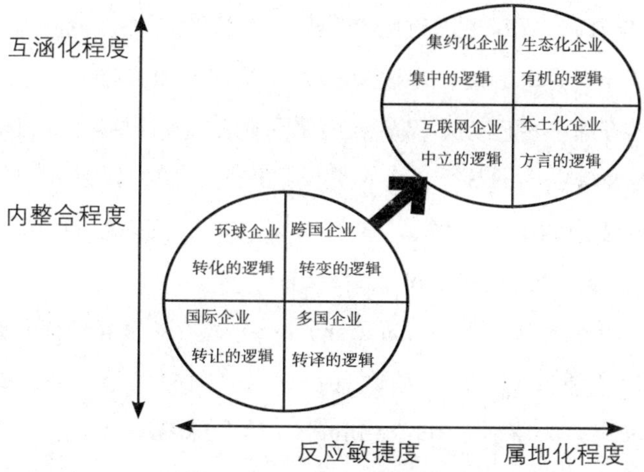

图3-5　转型后的“互惠经济”跨国形态

“互惠经济”的初始模型在最近的全球化过程中已经出现。在下面的案例中，除了第三个例子外，其他的雏形均发生在中国，它们业已取得的成功说明了转型的可行性。

第一种是“互联化”(internetted)的企业。与过往的技术不同，互联网技术去中心化，本身就是一个诸多文化“互涵化”的过程，难分彼此。利用互联网技术提供产品和服务的企业一出生就是新型的国际化企业。数码技术的低复制成本这一特征成全了企业一定程度的属地化。例如，淘宝网通过大数据分析，企业的网站自动以本土语言在各国向目标客户营销，其提供的产品与服务内容也随属地的人文特征重新组合。这类企业可以 24 小时运营，充分利用信息中介的力量，不断扩大其网络效应，力求保持对消费者关系的需要方的垄断优势地位。网络中立的逻辑有利于与各方保持等距离，为网络优势服务。

第二种是巴克利描述的“集约化”（glocal）企业。类似于航空业主、副机场的辐射圈设计，集约化企业利用网络技术和人力资本的组织优势形成“区域布局，中心调度”的辐射圈，并有选择地推行“互涵化”和“属地化”。以星巴克咖啡在中国的实践为例，经历“故宫星巴克之变”后，星巴克更加强调咖啡文化的中国化。从营销、门店设计到人事制度，星巴克的人文策略既有总部的文化，又糅合了中国元素。在属地化方面，星巴克不仅从云南采买阿拉比卡咖啡豆，还在云南与爱伲集团合作建立培养咖啡农场的基金，寻求共同发展的方法。到 2014 年，中国已经成为拥有超过 1000 家店面的星巴克“第二本土”。以具体业态决定分散或集中的组织结构，它们遵循集束的逻辑（hub-and-spoke）。

第三种是“源本土化”（vernacular）的企业。它的策略核心是：不转让、不外部强加，一起“源自本土”，从创意、观点、材料到语言和组织。曾经为上海世博会设计丹麦馆的英格斯（Bjarke Ingels）的全球 BIG 建筑设计就是一个典型。他们的“源本土化建筑设计”强调从利用当地条件发展到浸淫其中，即敏锐地观察和阐释当地的人文、气候、材料、能源使用、审美价值观和功能传统。其业务就是像“助产妇”一样，把人文与自然关系的精气神用建筑表现出来。“源本土化”力求用方言表达属地人民的思想，用有机进化过程的观点容纳矛盾和冲突，让各个方面利益相关者的意识都能合理表达。对这样的企业，任何限制条件不过是挑战设计师的一个新变量。把这样的建筑设计思想嫁接到跨国公司中来，将带来意想不到的增值新维度。方言蕴含当地文化的精、气、神，方言的逻辑是这类企业的根本策略思想。

第四种是能够自如地容纳多元文化（大都会式的融洽）的“生态化”（eco-cosmopolitan）企业。按照后现代文化学家图尔明（S. Toulmin）的解释，大都会式的文化融洽（cosmopolitan）有不同于现代多元化的特征：①人文第一；②遵从各地的特殊性；③学会用方言沟通；④百花齐放才是春；⑤实践与实用的思想；⑥先理解，然后才能理性；⑦生长过程有自己的时态特征。从互惠经济的最大交集角度去看，自然生态和人文生态是跨国公司和中国政府共同关注的领域。时至今日，没有任何经济活动会不涉及自然生态的保护和改良。保护和改良的任务同样适合跨国企业与属地人文生态的关系。西安杨森制药就是在自然与人文两方面将生态化做得很成功的例子。20 世纪 80 年代，比利时杨森制药几经周折找到地处深山的陕西汉江制药，不是为了合作，而是为了起诉对方盗用治疗寄生虫病的四咪唑专利。经历来回多次冲撞，保罗·杨森博士对中国同行的态度从愤怒到理解，从尊重到寻求合作。作为最早一批合资制药企业，西安杨森成立的过程就代表了一个艰辛的“互涵化”与“属地化”的征途。当时的庄兴祥总裁已经将西安杨森与中国和美国（母公司是美国强生）人文生态融为一体。西安杨森既有“重走长征路”“天安门放飞和平鸽”等经典的中国人文活动，也有自上而下宣讲“强生的信条”（Credo）的母公司文化洗礼。在它连续获得最受尊重的外资企业称号之时，它的业务表现也是各大医药公司的标杆。笔者曾与西安杨森有过合作，亲身感受到它是如何像生物有机体一样，与各类医院和药厂共同开发适合中国政策环境的商业策略。有机的逻辑是它成功的核心。

我们选择上面的四个例子来描述“互惠经济”的跨国形态，因为它们既包含新技术企业，也有传统行业；既有高智慧资本型企业，也包括劳动密集型服务企业。表 3-1 是对它们所代表的四类跨国企业经营形态特征的进一步总结。

表 3-1 互惠经济的跨国形态

形态	逻辑	特征	价值	优势	范例
互联网企业	中立的逻辑	全天候运营 全球互动	近零成本信息总汇	首创者独占	淘宝网
集约化企业	集束的逻辑	区域布局 中心调度	快速反应的人文服务	雄厚的产业关系	星巴克咖啡
本土化企业	方言的逻辑	随域随缘进化生成	冲撞后的和谐	集体共识	丹麦 BIG 建筑事务所
生态化企业	有机的逻辑	相互促进的社会理想和商业生态	相互成就感和能力	汇聚微意愿的商业意识形态	1990 年的西安杨森制药

向“互惠经济”转型的行动策略

向“互惠经济”转型的跨国公司需要制度创新的行动。从历史上一系列国际企业的制度创新实践中，我们总结出适合中国制度环境的五种做法：直言不讳（straight talk）、双赢的游戏（winning game）、包容的议程（inclusive agenda）、高尚的举措（noble acts）和不断总结（generalizing）。取其在微冲突中不断寻找动平衡点之意，简称为“秋千”（SWING）行动策略。

跨国企业要直言不讳，真实地反映制度的利弊，不惧怕暂时的情绪冲突。以目前的中国制度不断完善的背景，直言不讳的价值远高于外交辞令式的公关沟通。因为，短暂的情绪冲突能够扭转意识观念，帮助播下“互惠经济”的概念种子。以淘宝与国家工商总局成功互动为例，在可以合理冲撞的时候不必一味低姿态求和，不可浪费了“热烈讨论”的时机，不能错失立规的好时机。

应力求双赢的游戏。政府要认识到，外方无条件的退让不一定对中国经济长远有利。外资企业要理解，除了经济目标外，还有许多社会、政治、文化和公共关系的筹码可以交换。星巴克在几次公共危机中的表现值得借鉴。在价格、故宫星巴克、添加剂等危机中，星巴克有分寸地承担和退让，并同时获得更多的机会，融入中国社会。双赢的游戏创造出正面的激励效果，让中外双方看到积极行动所带来的积极效果。

包容的议程让双方有机会回旋和妥协。外资和它的利益相关者都需要向各自的主体负责。中外双方涉及的问题往往有历史沿革和政治政策的风险。因此，外资可以从具体的、容易形成共识的环节开始。双方可以从议题、讨论的程序、沟通的语言、专业标准、权威认定等中性的因素开始。这样的做法能潜移默化地提升共同工作的组织能力，为开拓一个渐进的过程准备好工具。

适时的高尚行为举措能打动利益相关者的心。在讨论制度大问题的时候，别忘记讨论者都有一颗火热的心。当一方为了正当的公共利益作出高尚的妥协和牺牲时，它会产生意想不到的正能量。20 世纪 80 年代，在中方无法筹集到合资注册资金之时，杨森博士助力中方申请比利时的政府贷款，合法地用比利时的钱做中方入股的资金，成立了西安杨森。这一高尚体贴的举措为后来的合作注入了难以言表的正能量。

不断总结规律，积淀共识，让每一次碰撞为制度测稳服务。无论是程序、语言、规则，还是法律法规的提案，无论是可以付诸文字的公告，还是相互理解的潜规则，中外双方在创立制度新规矩的过程中要阶段性地确立已经获得的共识、正在攻关的难题和无可动摇的信念。只有这样，才能克服行政行为的任性，为长治久安服务。

结论

因其在全球的军事影响力，美国有政治上的“美国例外论”。从跨国转移的困境看，中国有经济上的“中国特殊论”。其特殊在于两方面：外资可以撤离，但逃脱不了中国经济的全球影响；中国能够惩罚追求“单边优势”的跨国公司的垄断行为，但对外资的治理结构危机仍然存在。我们的分析显示，“互惠经济”思维下的跨国形态可以有新的选择。目前备受关注的外资问题刚好为转型选择提供了良机。对于准备进入“一带一路”大战略的中国企业，在华外资的今天就是它们在国际市场的明天。文化的“互涵化”和经营的“属地化”也将是中国企业的必由之路。

跨国公司大变局

|时事微评论|

国际企业需要积极主动地适应中国政策的调整，但一味地低调和回避并不是好选择。主动沟通，积极参与，在开始时会难一些，但只要真诚地与国家的大政方针保持一致，正直的争执会获得更多的尊重。

以2013年葛兰素史克中国行贿事件调查为代表，一系列关于跨国公司的报道显示，他们的超国民待遇已经结束了。

从电子通信、医药到汽车、软件行业，从三星、高通到奔驰、奥迪、微软、精工，这些昔日的明星跨国企业都被反垄断调查。在商业咨询行业，麦肯锡这样的机构已经不能像过去那样享受“首选”的品牌效应。财务审计行业也处于微妙的变化中。

来自跨国公司的人士反映，一些高管承认深感惶恐：一些人认为这是一阵风；还有一些人则认为，这是企业在中国策略的转折机会。

自20世纪80年代第一家外资合资企业建立至今，跨国公司已与中国市场水乳交融，成为中国全球经济格局的一个重要部分。各方应该把这次的反垄断当作制度完善和成熟的重要一步。超国民待遇结束之后，可能是更加公平法治的市场。但它不会从被动等待中产生，跨国企业需要借机提升“策略敏捷能力”（strategic agility），以中国的观点看待全球格局，并据理力争，为自己的权益辩护。

反思跨国优势

跨国企业对上上下下、制度变革的过山车并不陌生。1966 年，在华的最后一家西方石油公司——壳牌石油公司关闭其上海办事处；1978 年 12 月 13 日，可口可乐与中国粮油签订进口协议；4 天后，中美签订《联合公报》；1980 年 4 月，北京航空食品有限公司与香港北京航空食品有限公司获得批文，成立合资公司。

34 年过去，中国外资、合资企业超过 66 万家，使用外资金额超过 9000 亿美元。以上海一地为例，跨国企业地区总部就有 424 家。2013 年，上海的外资、合资企业贡献了超过 20% 的 GDP。

凭借长期积累的跨国经营的知识、经验和技能，在华外国企业享受到巨大的“地区优势”。可是，再丰厚的地力也有竭尽的时候，更何况“超国民待遇”这样的优势不可能永续。跨国企业到了必须自我审视策略方向和方法的时候了。

跨国策略泰斗唐宁（J. H. Dunning）教授总结出三大跨国策略优势来源：所有权优势（ownership）、所在地优势（location）和内部化生产优势（internalization）。单一所有权有利于母公司规模化使用商标、品牌和组织模式；所在地的原料和劳力资源提供低成本的利基；内部化生产模式能让跨国公司内部调动和调节核心技术及资源配备，避免外溢的风险，并降低交易成本。

跨国优势为企业全球化策略规划的核心，可是，它们也埋下了问题的种子。

利用中国以市场换技术的迫切心情，跨国公司在中国成立了研发中心，仅上海就有 359 家。早期的研发中心更多的是架子，缺少实质性内容。

笔者研究中外企业之间隐形知识与技术转让的调查，发现下面的典型做法。①跨国企业同时与多家国内企业成立合资。为屏蔽模仿学习，它们将关键技术拆散合资。②利用自己的内部化生产优势做境外整合。依靠所有权优势，跨国企业对进口的核心部件加价，用内部成本核算的方式将利润转移出中国市场。

所以，在笔者调研的开发区，可以看到一条马路相隔的两家合资企业，属于同一家母公司；也可以看到组装后的电信设备没有利润，甚至需要母公司补贴行政开支的奇怪现象。

无疑，刚刚开展的反垄断只是揭示了一系列“异化”的优势策略的冰山一角。

公平而论，现在的联合研发机构不断出品具有世界水平的技术成果。长期以来，跨国企业对中国本土企业的技术提升也做出了巨大的贡献。但今天的中国企业已经不满足于被动式的合作，它们更希望与跨国公司共同主导全球产业链的技术地位和分配原则。对一直享受产业链势能高度的跨国企业，这是从未有过的挑战。

过去，他们习惯“以世界的眼光看中国市场”。从今往后，跨国企业得“以中国的眼光看世界市场”，否则难以维系其在华经营。

“策略敏捷能力”

对享受“超国民待遇”的跨国企业来说，反垄断确实是一个“环境意外”，一种来自外界、策略计划外的突变，但这已是一种新常态。近十年来，国际“环境稳定”已不复存在，“环境意外”则层出不穷，它更加激发企业提升“策略敏捷能力”。例如，大部分跨国企业已经放弃“即时物流、零库存”的策略，尝试网络布局，预送货。

这一波“意外”促使跨国企业从三方面提升自己的策略敏捷能力。

“敏锐关注环境变化的能力”是第一要义。“环境意外”发生之前，各种弱信号不断，但常常被忽视。以此次对跨国企业的反垄断为例，2008 年 8 月，全国人民代表大会常务委员会通过《中华人民共和国反垄断法》。之后，国家发展和改革委员会、商务部和国家工商行政管理总局有一系列关于加强取证和执法能力的讨论。战鼓擂响不久，电子通信行业和进口奶粉企业均受到调查。等到对葛兰素史克收集取证的时候，反垄断的大方向已经越来越明显。

敏捷能力的第二要义是“且思考，且行动”的同步反馈决策能力。下山的路，最快的不是直行，而是之字形。同步反馈决策充满了之字形的试探性行动和快速总结，但对于等级森严的跨国企业来说，这很困难。长期以来，跨国企业凭借母公司组织能力的落差优势，向海外分部“灌装”管理模式，分部则极少有机会参与母公司的策略决策。从福喜食品和奥的斯电梯案中，我们已经看到母公司与子公司之间的决策反应速度问题。它必须改变，中国的分公司必须参与母公司的决策。

敏捷能力的第三要义落在“资源配备，整合执行”上。为成全第一线团队的本土化首创举措，母公司需要提供组织资源的支持，并鼓励跨部门的合作。对一线团队来说，要把“敢于尝试”列为绩效第一条，把“行动—反馈—调整—再行动”当作必然的流程。在这个方面，跨国公司已经有许多成功的积累。

许多跨国公司已经在全球推动策略敏捷能力。需要强调的是，在中国的跨国公司必须学会“以中国的眼光看待世界市场”，因为这次反垄断的深层动机是中国经济发展模式的转型和重新定位。过去，跨国企业把既有的策略灌输到中国市场；现在，他们得把自己的利益和中国在世界市场上的利益糅合为一体。有了这个立场和观点，企业大可不必对反垄断采取“鸵鸟战术”，以躲为上策。他们大可理直气壮地引经论据，与公诉机关对簿公堂。因为，一个公平、公正的司法制度是在各方博弈中成长起来的。这样的一套制度符合所有企业的利益，也符合中国长远的全球战略，跨国企业只不过是这部宏大剧本的第一幕主角。

在力量对比悬殊的环境下如何求共赢？脸书的首席运营官桑德伯格（Sheryl Sandberg）对女性领导力自我提升的建议书《向前一步》，非常有启发性。那就是，为了制度的进步，勇敢向前一小步。

万向“混血”电动车菲斯克

|时事微评论|

万向集团的跨国经营策略有一定的标杆作用。沿着产业链，中国企业在不断向上游迁移，万向是其中的代表。比混血产品更值得期待的是混合管理模式。东西方的经营理念和方法能否融合？万向将向世界显示它的成绩。

特斯拉和菲斯克（Fisker）曾经都是美国能源部重点扶持的电动车企业，前者已被众多消费者驶入豪庭，而后者却被投资人上诉到法庭。

2012年12月至2014年2月，中国知名企业家鲁冠球领导的万向集团接连收购了美国的电池企业A123系统和电动车企业菲斯克。

可期待的是，中国拥有、美国设计和生产的“混血菲斯克”将进入中国市场，那时候，消费者将为谁尖叫？

在电脑和电信等高频率变化的短周期行业，联想和华为等企业已经在国际市场耕耘多年。而在长周期行业，核心技术、组织结构、商业策略、消费市场上都高度国际化的中国企业则不多。以电动汽车制造业的高度系统性协调特征，万向的国际“混血”模式是否会成功，能不能产生有普遍推广意义的管理经验，都很值得关注。

万向“得瓜”

从兴起到破产，美国的菲斯克电动汽车公司只走过了六年。2006年，曾经为宝马和阿斯顿·马丁做设计的丹麦人菲斯克（Henrik Fisker）创业成立了菲斯克电动车公司。那时，他设计的“卡玛”（Karma）混合动力车与特斯拉难分伯仲。刚刚推出样车，包括演员莱昂纳多在内的3000名粉丝就交了定金，等待2008年出厂的第一批菲斯克。

菲斯克以设计见长，其他的关键零部件都外包给A123系统和量子技术这样的企业生产，整车组装也在芬兰完成，但这并不妨碍它获得美国政府的青睐。2009年，奥巴马政府能源部向菲斯克提供5.28亿美元的贷款，远远高于给特斯拉的。它在风投市场也获得6亿美元的投资承诺。可是，生产不到3000辆，“卡玛”就因为电池问题而停产，2012年10月，菲斯克申请破产保护。

菲斯克专注于设计，可是这个核心竞争力也为它的失败埋下种子。与传统汽车相比，电动车是一个完全不同的系统，但系统各个部分之间的磨合规律却是一样的。传统汽车行业发展了100年，系统除错了100年。少了必要的系统整合和除错过程，菲斯克公司的外包策略立即显出其“鄙陋”之处。

菲斯克倒闭之前用的是A123系统公司的磷酸铁锂电池，后者曾经被当作美国式“产学研”结合的典型之一。在奥巴马政府大力推动新能源的过程中，麻省理工学院的教授蒋业明（Yet-ming Chiang）创办的A123系统获得了2.49亿美元的政府贷款额度。2009年10月，A123系统的最高市场价值达25亿美元。同年，菲斯克电动车电池接二连三地出现事故，发生火灾，A123系统马上从高峰跌到谷底。2012年10月，公司不得不申请破产保护。

从大学研究室到工厂大规模标准化生产，A123系统经过了约10年的时间。实验室的技术到工程技术过渡期经常看到的生产工艺的不足也在这个新兴的能源企业中重复上演。

在 A123 系统出现危机不久，万向集团出现了。2012 年 8 月，万向就向 A123 提供高额的财务支持，并提出以 4.65 亿美元购买 80% 股份。其间，美国的商业和政治势力对中国企业收购美国高科技公司表现出强烈的负面反应。万向顺应美国政治环境的要求，把政府部门的业务剥离出去，并在最后的拍卖中以 2.6 亿美元购得 A123 系统。

类似的“节奏”也发生在对菲斯克的收购过程中。前期，中国内地武汉的东风汽车和中国香港富豪李泽楷的混合技术公司都有意参与收购。其间，美国特拉华州商业破产法庭的法官判决又让收购出现多次反复。怎样利用美国破产法庭和法官的判决求得有利的结果？万向的这个收购案可以成为经典。

从表达购买意愿到等待、妥协和成交，万向集团的耐心得到了回报。对于购买的技术价值，各方有不同的评价。但观察万向的收购过程，他们的国际兼并收购经验值得中国企业研究和学习。

“混血”企业

中国企业国际化已经走过了“全球资源布局”的阶段。怎样成就全球设计、全球制造和全球营销？这是中国企业面临的下一个挑战。以万向集团的上述两次收购兼并为例，它推行了从电池、电机到电动车制造的系统工程模式。但这只是一个层面，万向要成功，还必须在技术、组织结构、商业策略和全球市场这四个方面做更深入的系统整合。

在技术方面，理解新兴技术被市场接受的阶段特征是关键。摩尔在《跨越鸿沟》中描述了“前期寻找行业同志，早期团结粉丝，中期打入主流，晚期转型突变”的技术产品的阶段模式。特斯拉是这样做的，万向也需要遵循这个规律。

在组织结构方面，华为强调用自己的文化和骨干去同化全球的技术中心；联想则偏重建设全球网络状组织，允许异化。万向怎样区别对待科技研发人员和生产流水线人员？怎样综合国内研发机构和刚刚收购的境外科研队伍？这些值得我们持续观察和关注。

菲斯克的再生需要美国市场，但它的兴盛应该发生在中国。这是观察万向的商业策略的风向标。菲斯克从出生起就是特斯拉的竞争对手，现在，以特斯拉在中国的明星效应，菲斯克将更加为国内消费者所重视。人们期待一个能与特斯拉竞争的中国品牌，这样的意愿是万向最宝贵的社会资本。

菲斯克首先是美国的，然后是中国的，这样才能是世界的。从全球市场策略来看，美国和中国两大市场有着不同的政策和使用环境特征，如对续航要求的差别。这两大市场为特斯拉和菲斯克之间的友好竞争和合作创造了广阔的空间。例如，在遍布全国的充电系统建设方面，如果菲斯克能够结盟特斯拉和比亚迪，这将是广大电动车消费者的福音。

在万向收购菲斯克不久，特斯拉推倒了自己的专利墙，宣布“我们的专利都是你的”。也许，菲斯克能够帮助中美企业推倒市场的壁垒，让共同的成为更美好的。

通用汽车教训的通用性

| 时事微评论 |

通用启动器的危机已经从国会和公共媒体领域回归到了法律和行政监管范围。大企业处理危机，对外要防止被政治化，对内则可以借力改变组织文化。只要想清楚策略，以大企业拥有的资源，可以危而不慌。

从 2014 年 4 月 7 日开始，通用汽车为六类型共约 260 万辆小型车更换启动器，原因在于当车钥匙有较重的挂件时，汽车启动器会误转到停车状态，导致引擎熄火，防撞气囊也同时失灵，类似的情况也可能在颠簸的路面或不小心膝盖碰撞钥匙时发生。从 2002 年有事故报告至今，此原因引发的撞车事故有 33 起，其中 13 起导致人员死亡。

第一季度的报告显示，为应付接下来的召回修理和法律诉讼，通用汽车已经预拨出 7.5 亿美元备用金。

这个导致熄火的装置生产成本有多高呢？ 0.57 美元！如果消费者自己购买、调换，市场批发价格约为 10 美元，调换时间不到一个小时。

正在发生中的通用汽车产品召回危机，绝不仅仅只对美国汽车行业有反思价值。

它的演绎过程也为中国企业提供了一系列有通用性的危机警示：问题当头时，管理层整改的想法不断；但等危机过后，想法鲜有具体落实的。要记得：不理解生产逻辑与危机管理逻辑之间的悖论，绕一圈又回到原点。

走出低成本策略的误区，应先从认识危机隐含的“灭绝成本”开始。

低成本策略有误区

2014 年 1 月，通用汽车第一任女 CEO 玛丽 · 芭拉（Mary Barra）在国会经历了两天的听证。为什么 12 年前就知道的技术问题，到今天才实施产品召回？国会的政治人物不会轻易放弃任何扮演“正义伸张者”的机会。到 2016 年 6 月，这场危机暂时告一段段落，可是其背后的危机文化问题还将影响通用很久。

《华盛顿邮报》的记者调查显示，在 2002~2005 年，通用内部至少有三个部门讨论过启动器的问题。通用的零件供应商德尔福（Delphi）曾经报告这个启动器并没有完全满足 60 项技术指标，但采购部门却没有阻止继续生产。收到消费者的报告后，技术研发部门有改进提案，改进零件每只增加 0.9 美元成本，此外还需要工具改造费用 40 万美元。

因为成本太高，技术设计部门给出的改进方案一直没有通过，也没有给出召回修理产品的措施。在通用汽车看，似乎出事后通过法律和解的方法更便捷。

在国会听证中，芭拉承认，通用汽车的“成本文化”必须改变，目标是变成“用户为先的文化”。

通用汽车启动器的召回事件给所有企业敲响了警钟：我们必须重新审视传统的低成本商业策略，特别要看到危机的“灭绝成本”性质。因为追求低成本，从而引发危机，最后导致企业倒闭的事例已经不少，但管理者的思维定式一时还难以改变。

其中最要改变的，就是 30 年前总结的“低成本，差异化，高关注”三大商业策略，特别是“低成本策略”。环境条件在变：随着监管部门的积极作为，媒体的广泛传播，社会风险意识的普及，产品缺陷带来的危机再也难以“低调隔离处理”或“悄悄庭外和解”。

这一次，通用汽车可以受 2009 年修订的第 11 章破产法的保护，把责任推到破产之前。但是，芭拉已经明确表示，要考虑对受害家庭的“补偿”。历史教训显示，诉讼成本、监管罚款、品牌冲击、销售影响等，低成本策略设计必须重新考虑这些新因素，否则，会有灭顶之灾。如果中国企业在欧美销售产品，危机成本更是绕不过的变量。

设立产品安全的“政治辅导员”

“成本文化”不应改变，只能超越。同时，靠现有的组织提升“危机意识和安全文化”的效果有限，因为生产部门的组织逻辑仍然在于扩大产出、重复最佳表现和精简资源投入。相对于“成本与效率”的生产管理逻辑，危机管理遵守的是“生存与蜕变”逻辑，它要求管理者捕捉弱信号暗示的危机、对小概率事件做预判、用以十当一的投入更改错误。让生产团队同时进行危机管理，他们得左手画圆，右手画方。这种“双灵活能力”需要政治辅导，超越成本的价值观和技能辅导。

中和成本和生存的两种逻辑，从高管团队开始，设立“政治辅导员”。负责危机管理的高管必须有“讲政治”的能力，既能够认识新形势下危机跨界蔓延的性质，能够说服内部成员看到潜在的系统危害和灭绝成本，还要能够引导外部利益相关者看到意想不到的正面社会影响。

做安全文化“辅导员”的高管要抓纲举目，为团队提供管理的撬动点和方法。1987 年，奥尼尔（Paul O’Neil）接任美国铝业总裁后，集中推行了一项出乎大家意料的绩效管理：降低工伤导致的劳动丢失时间。减少工伤，它符合基层工人的切身利益；找回因伤病丢失的工人上岗时间，部门经理的表现自然提升。结果，安全生产带动经济表现，也有利于消除危机隐患。首先认识到成本和生存两种逻辑之间的矛盾，其次在新的高度实施对立统一的方法，奥尼尔可作为榜样辅导员。

难以显现的正面信号

仅仅在过去30天内，美国国家公路交通安全管理局（NHTSA）网页上罗列的“汽车产品召回名单”就超过30个，包括欧洲和日本的品牌车。对各大汽车公司，产品召回其实是一个常态化的项目。它涉及外部客户、内部人员（包括经销商和供应商）、政府监管部门和双方律师。虽然是同一个项目，却有四个不同的“舞台”。每个舞台都有自己的“戏眼”、脚本和升帐落幕的节奏。危机管理的生手难辨其中的细腻差别，一不小心就会串错场。结果，可能是关公战秦琼，越弄越拧。

管理也是表演，最难的一场则在媒体。一旦有多起人员伤亡，国会或政治人物介入，公司与媒体之间的互动会愈发诡异。在这次危机报道中，各大媒体都聚焦在“0.57美元成本”的启动器上，因为它最刺激眼球。其间，芭拉作为第一位女总裁，就职两周内就做了其他人12年没有做的“召回”决策，通用正在迈入自省自新的新时期，这个正面的信号却淹没在国会议员谴责的口水中。

在一片嘈杂的负面新闻中插播扶摇而上的正面信号，这既需要宣传技术也需要沟通艺术，非常不容易，但危机管理者的责任就在于“传导新希望，汇聚微意愿”。

核心在中层

| 时事微评论 |

中层管理干部又红了！他们上传下达的任务变少了，但是，随机应变的危机管理职责变多了。他们既是信息员，保障信息和信号的真实可靠性；又是突击队员，临时应对各种突发事件。

隔着玻璃墙，丽莎指着楼下开会的那五位：“他们是我最不能得罪的一群人。上帝保佑，他们并不知道！”连续多年获得沃尔玛供应商百万销售金奖的丽莎对我说：“商业策略确定后，核心中层干部决定一切。”

干部决定一切！从三星、联合技术（UTC）集团的扩展，到中小企业站稳市场，核心技术人员、核心岗位经理、核心流程团队，他们是企业核心竞争能力的中坚。但大多数企业在瘦身、精简人事时，却鲁莽地把他们推向了竞争对手的阵营。

中层是“变革电阻”

长期以来，中层管理者就像墨西哥人过生日用的“皮纳塔”（Pinata）一样，谁都可以抽上两棍子。著名组织理论家汤姆森（J. D. Thomson）曾责怪中层管理者为企业变革的“电阻”式因素。在1958年发表的《哈佛商业评论》文章中，莱维特和卫斯理（H. Leavitt，T. Whisler）预测20世纪80年代将不仅是信息技术的黄金时代，也是替代中层管理者的必然阶段。思想意识影响策略行为，受该文章的影响，90年代的流程再造运动中，削减中层已变为扁平化管理的规定动作。从航空制造、家电生产到政府部门，美国企业约25%的中层管理者“被瘦身”。

姑且不谈该文章正确与否，其传染效应却随之扩散，莱维特和卫斯理的“终结中层管理者”的思想得到包括德鲁克和柴尔德（John Child）等管理大家的响应。他们也同样认为，中层管理人员的主要任务就是上传下达信息，因此必将被信息技术所替代。

中层管理者真的只有“信息导体”的作用吗？等到美国企业认识到因为忽视中层管理者组织而出现“能力中空”现象的时候，来自亚洲的竞争者已经如日中天了。

无疑，管理研究片面关注高管，忽视中层管理者，以至于理论误导了实践。事实上，国际化、跳跃技术和蝶变的商业模式推动了达文尼（R.Daveni）所描述的“极限竞争”现实的形成。其特征之一就是中层管理者任务角色多元化，包括沟通、谈判、培训和控制。他们承担着越来越多的临场决策和随时创新的责任。

升三级想全问题，降三级撮合执行

笔者访问奇瑞汽车时，其研发部的中层管理者分享他们多年的管理心得：升三级想全问题，降三级撮合执行。换言之，只有上升到高层领导的角度，才能看到每个策略的意义；同时，必须要深潜到具体执行的细节中去，来回折腾、捣鼓，才能落实纸上的策略。

动荡环境中，像这样的“能唱会跳”、擅长临场应变的管理中层正成为企业离不开的“核心中层”（core middle），他们起到了如下作用。

其一，中层管理者远远不只是“信息员”。布格曼（R. A. Burgelman）的研究发现，在英特尔公司从记忆芯片转型到信息处理芯片的过程中，中层管理人员扮演了关键角色。他们处于和市场互动的第一线，对产业变化极其敏感。没有他们与高管的及时沟通和创造性的内部资源再配备，也就没有英特尔后来的辉煌。在企业内部创新中，中层管理者是主力军，这也是英特尔至今仍保留的传统。

其二，中层管理者还是企业隐性知识的载体和传播导体。加利福尼亚大学伯克利分校的野中教授（I. Nonaka）对本田汽车等多家企业调查访谈后，发现中层管理者不仅储存着企业生产过程的“活知识”，他们还创造和保有“隐性知识”。那是难以用标准化语言来描绘的实践秘诀，也是企业核心竞争能力的重要来源。三星电子的快速成功也离不开他们的“中层管理者教导队”。在中国建立新的生产基地时，三星首先划分骨干流程，然后派遣技术专家团队向中国员工灌输基本技术规范。工厂开工后，每个流程都由一名“技术教导”带队，并挑选有培养潜力的中国员工做副手。当流程规范到位、整体知识传授到人后，教导便离开，转赴下一个任务。离开具体操作环境的策略是空洞的策略。顶层设计必须经过中层的模拟和初始化实验，在这个过程中，中层管理者就是完善策略的核心。

其三，在危机来临时，中层管理者又有“堵枪眼”的责任。1999 年，亚洲金融危机导致生产厂商倒闭，供应链异常变动。戴尔的“飞虎队”分兵三路，抢产品、抢运输飞机、抢时间，最终保住大客户订单。那边货箱还在途中，这边已经预订好运输飞机上货的时间。他们巧妙地安排最后上货，这样能最先下货。接着，在机场等候的货车已经到位，报关人员早就准备好材料。中层管理团队之间的默契配合成为企业度过危机时最可靠的依托力量。

伍尔德里奇（B. Wooldridge）和弗洛德（S. Floyd）是较早看到“核心在中层”的学者。他们指出，中层管理者的重要性体现在上下左右四个方向。中层管理者要有能力理解顶层策略设计，对宏观策略做出微观分解和落实，做现场决策，代表高管解释变化和偏差。他们的工作充满了矛盾和冲突，常常让人有“精神分裂”的感受。站起来能营销，坐下来会生产，中层的多面手能力成为企业动态竞争能力的核心。

“向自己学习”是联合技术集团开发管理中层的专业潜能，先形成 ACE 系统（achieving competitive excellence，获取竞争优势），然后跨部门、跨行业传播，联合技术集团因此保持着 20 年行业领先地位。

中层最难忠诚

企业的高管最“忠诚”，因为他们“爬”到这个位置过程中的投入大、时间长、回报也高。更重要的是，高管的领导技能有极大的特殊性，与其在任企业的具体特征紧密相关，如苹果前零售主管罗恩·约翰逊（Ron Johnson）到了 JCP 百货就水土不服。相反，中层管理者的技能则有较高的通用性，到不同企业后，可以马上进入角色。在待遇上，他们从内部升迁缓慢，跳槽却可以让待遇也跳级，因此，中层管理者很容易见异思迁。

对于“如何管理中层”这一问题的请教，丽莎认为要一拉，二打，三套牢。综合其他公司的经验，可将她的方法归为下面的选择：①树立不可动摇的公司原则。处于开创时期的 Zappos 网店就立下了“谦逊服务”十原则，不适应的新人可以得到 2000 美元的离职费，好聚好散。②鼓励核心中层“休产假”。每过 2 ~ 3 年，让他们有 3 ~ 6 个月脱产学习和进修的机会。重要的是，离开岗位后，中层会有机会反思“功臣情结”和非我莫属的“个人英雄主义”的局限。距离产生美，离岗后的中层会更迫切地回到组织的怀抱中来。③友好套牢。对中层的一部分奖励与任职年限和去职条件挂钩。例如，去职后 12 个月不能为竞争者服务，否则奖励取消。④事业晋升双轨制。给内部的管理人员设计了行政和专业成长的两条路线，让中层看到各种各样的升迁机会。

在《激励》一书中，哈佛商学院院长诺里亚（N. Nohria）总结出依据人性的四条规律：学习成长、获取名利、保护名利、团队关系。它们也是上述方法的理论基础。

在日俄战争时期，为了解除跳蚤的骚扰，沙皇军官设立了抓交跳蚤有奖制度，结果有人蓄意养跳蚤发财。野蛮的奖励和粗暴的惩罚都是管理大忌。核心中层管理者是企业里“城府最深”的阶层，因此，对他们的管理方法既要一贯真诚，又要与时俱进。

大企业最重要的社会责任是什么

|时事微评论|

大企业从制度政策方面受益最多，这在每个社会都一样。大企业必须以自己的方式回馈制度，这样才能持续经营。中国的大企业应该向中小企业输出技能和商业机会，美国、德国、日本和韩国的大企业均以这种独特的方式回馈制度，中国大企业也不应该例外。

继华为、中兴在美国市场遭受阻挠后，中国海洋石油总公司在加拿大的购并计划也出现了麻烦。面临越来越政治化的国际市场环境，为了切身利益，中国大企业有必要立即建设新商业生态经济。它不是关于自然环境保护，而是与上下游的国内中小企业合作，建立能力互补的经济共同体，从中衍生出来的经济制度资本是中国经济成功转型的必要条件。简言之，抛弃国际分工的幻想，建设与本国中小企业之间的协作制度，增强本土商业生态系统的竞争能力，这才是大企业最重要的社会责任。

以大企业为龙头的经济合作共同体造就了所在国的富裕和强盛。在《大企业国富论》和《看得见的手：美国企业的管理革命》中，钱德勒等经济历史学家总结了美、德、日、韩等国经济持续强盛的第一条件——制度资本。19 世纪末，美国铁路、钢铁，德国化工、制药等产业发展的历史显示，19 世纪的新经济制度——“管理资本主义制度”（managerial capitalism），催生了现代大企业；现代大企业则带动着中小企业，继而共同制造了富裕强盛的社会。那时的新经济制度有三大创造：所有权和管理权分离；企业由专业经理人运作；企业通过多元组织结构（M 型）实现垂直和横向扩张。它们为现代大企业发展提供了隐形制度资本。没有它，技术工具就是没有弓的箭。

只有立足本土商业生态合作系统，中国大企业才能有国际竞争力。合作型本土商业生态关系是大企业成功的第二制度条件。在扩张的同时，美、德、日、韩大企业承担起了开发产业知识、传播产业技能、养育本国中小企业组织能力的社会责任。一方面，大企业受制于政府政策要求，必须向中小企业开放知识和技能。例如，韩国早期政府直接干预家族企业的发展策略，以外贸特权等政策为手段激励传统家族企业向现代大工业转型。这些措施有力促进了三星、大宇、现代和 LG 这四大企业的崛起。另一方面，历史形成的经济合作体系成为最有竞争力的制度资本。例如，日本战前的家族企业是后来各财团法人株式会社的前身，它们都有上下游企业结盟合作的特征。较大的株式会社中，本田汽车有近 300 家合作企业；丰田有近 200 家；三菱重工最多，有近 700 家。联盟内企业形成非市场型合作模式，它让日本企业有能力实施小批量、高质量、多品种的灵活生产。这个模式也包括了日本的蓝领和灰领工程师之间的技能交流。通过非正式的社会网络，日本的产业知识和技能信息可以在中小企业中迅速流通。像大河水系的主干和支流系统一样，大企业与上下游中小企业分享知识技能，协作生产。这种商业生态环境可以协调一体化的大规模生产和销售，帮助大企业实现三大经济效益：规模、程度和速度。

在合作型商业生态关系上，第二次世界大战后的德国是个典范。德国大企业财阀之间有着“国内合作，国际竞争”的默契。德国式的合作商业关系至少有三个历史渊源。①法本化学公司（IG Farben）的历史影响。法本是一个纵横交错的、由财阀牵头的跨行业集团，集团内的企业关联交易，共同发展。②“罗意威理念”（Loewe Norm）带来的工业标准化效应。早在 19 世纪末，以生产来复枪出名的罗意威兄弟公司就大力推广可以互换的多用途机械零件，它直接影响了后来的德国工业标准设计（DIN）和德国电子标准设计（VDE）。在“罗意威理念”的影响下，德国企业致力于设计和制造像变形金刚一样的组合型工业母机。它可大可小，可分拆为独立的加工机械，又可组合在一起生产复杂的工业产品。这样，德国各企业之间生产的工业母机能够相互兼容，因此，国际客户更愿意购买德国产品。③普及工程师教育和培训体系。德国大企业建立了与大学和职业学院之间密切的合作。通过“联合工程设计”产学研联盟，德国培育了大量标准化的工程师资源。按照拜耳化工的董事杜伊斯伯格（Carl Duisberg）的说法，拜耳实验室创造出大量有实际能力的工程师，以至于不允许也不需要依赖个人英雄。德国百年前培育的合作制度之树至今仍然庇荫着它的企业。

技术兴盛十年短，制度保障百年新。各国大企业的现代发展史不断折射出“制度资本”的力量。

既然“管理资本主义”制度有不同的发展版本，中国的企业与政府也不妨以史为鉴，努力塑造出符合中国历史和制度条件的新版市场合作经济制度。

“倒逼式改革”暗含新问题

| 时事微评论 |

“倒逼式改革”最大的红利是紧迫感。自信与自满往往只有一线之隔，紧迫感有助于克服决策的惰性；但是，紧迫到慌张也只是一线之隔，慌张的决策往往会短视。只有明了每种方法的利弊，才能扬弃使用。

中国（上海）自由贸易试验区挂牌后，最频繁的关联词莫过于“倒逼式改革”。它不仅类似于“未来时态，倒序执行”，也变果为因。原本为一步步变革的未来结果，现在成为敦促变革每一步的动因。按照管理学家科特（John Kotter）变革的经典八步，第一步应该是建立愿景，最后才是确立制度。但当太多的利益和情感纠葛交织在一起的时候，“倒逼式改革”更可能促生新的商业模式。不过，它成功的规律更加隐晦，还因其不可逆转，弄拧了，就会沦为一种耗散混沌状态。

回头一看，人们都没有跟上

美国第 32 任总统罗斯福曾这样描述大变革者的窘境：当你想带领人民向前进的

时候，回头一看，人民都没有跟上！

其实，即便人们有跟上的行为，也并不代表新秩序的确立。新旧模式转换的过程就像拆换“俄罗斯套娃”，打开一层，还有一层。改革除了要变更行为模式，还有个人心理、集体文化和制度设施。它们四位一体，相互加强，新模式才会沉淀成为一种下意识的规矩。然后再周而复始，习以为常。否则就会像我的外国朋友，给他一副筷子，他还当叉子来戳菜。

人们没有跟上，那是自然本能使然。细胞膜对外开放，吸收营养，对内封闭，保护内环境的稳定，不然就无法维持生命。亿万年的生物进化让人们本能地排斥任何对内部环境的干扰，小到细胞组织，大到社会组织。变革是对进化的反动。研究显示，变革是指人们不愿意被动地接受环境的选择，要发挥主观能动性，自我提高生存的概率。从天择到人为，变革是人们后天学习而获得的“主动本能”。例如，自贸区就是对“环太平洋贸易协定”（TPP）的主动回应。“倒逼式改革”要成功，组织者先得了解自然本能和主动本能之间的悖论，理解追随者的犹豫和恐慌。

“倒逼式改革”的红利

求生的欲望最能激发人们的潜能。红星美凯龙的董事长车建新曾说：“情急之下，人的潜力不可限量！”“倒逼式改革”的红利根源于处于临界状态中的紧迫感和生存危机意识。但是，要让潜在的红利发酵出来，我们还要学会问三个问题。

第一，怎样把解决生存压力转化为新的优势策略？以房地产开发为例，交房是开发商和房主矛盾最集中的时段。房主横挑竖比，就怕以后有问题，抢天呼地没人理。开发商左支右绌，对群体焦虑引发的非专业质疑，浑身是嘴难以辩白。结果，一根钢筋的疑惑也许会燃起销售中心的烈火。因此，矛盾集中在交房时段的生存压力必须解决。

既然有样板房，为何不能有“样板施工现场”？运用“倒逼式改革”，笔者曾帮助企业设计了建造过程中的阶段性“样板施工流程”，让房主有机会看到每个关键阶段的建造质量，提前质疑墙后面的问题，把矛盾消除在萌芽状态。这样一种受房主欢迎的设计必然受到施工单位的抵触。这就像既要吃中餐，还要进得去厨房，它要求施工部门必须严格遵守“5S”现场管理。但真正实施下来，不仅房主满意度提高，工地的现场事故率也下降了。“透明施工”成为新的优势策略。

第二，怎样唤起外部关键利益相关者的积极配合？以活鸡养殖和贩卖为例，每次禽流感来临时，养殖场都感到大祸临头，有灭顶之灾。要挣脱这样的宿命，养殖场必须建立一个可以检验、能够隔离的产业系统。它包括定期检验、专业物流、定点销售、专业扑杀、下水回收。上一次 H7N9 禽流感流行是养殖企业唤起公共卫生部门进行“倒逼式改革”，立法规要求各个环节配合的好机会。可惜，相关部门浪费了一个好危机。

第三，怎样让失误变成学错兴奋点？试图一步跨越缓慢的自然进化，“倒逼式改革”的过程中注定会充满各种各样的失误，而且没有前例可循，所以要有学错的能力。批评与自我批评就是一种学错。但是，人们习惯把错误与“负表现”联系在一起，不能看到失误也是一种“正绩效”。

要让“倒逼式改革”成功，组织不仅要设计失误为“正绩效”，还要能够让成员为此而兴奋。例如，跨国工程设备搬迁涉及上千个环节。为克服搬迁技术人员的麻痹大意，笔者曾帮助企业设计类似“复活节找彩蛋”一样的策略。“彩蛋”（失误）被刻意设计在流程中。找到了，就中彩了，有奖励。由此，工人能保持高度兴奋，不仅找出控制下的失误，还常常发现意想不到的“彩蛋”。“让掉链子的地方成为创新的热点”（breakdown for breakthrough）已经成为詹森（Michael Jensen）等学者所倡导的一种新领导力实践。因为在复杂环境下，掉链子是必然的，核心能力显现在重新衔接的动作中。

组织也要有情商

“倒逼式改革”一般为大变革。在大变革的“俄罗斯套娃”结构中，个人的恐慌与愤怒心理最隐秘、最有阻碍性，但它也可以转化为变革的动力。在拉尔森（R. J. Larsenand）和迪纳（E. E. Diener）的情感圆周分布图（circumplex model of emotions）中，恐慌、愤怒、焦虑的情绪和亢奋、激动、高兴的情绪同属于“激活半球”。

在大变革中，个人与组织都要有情商才会创造“微冲突、动平衡”的新秩序，否则就会出大乱，这是欧洲工商学院的阮伊教授（Quy Nguyen Huy）的研究结果。实现大变革的组织情商包含六种能力：①转换恐慌情绪为兴奋情感的能力。烟台万华化学集团把每次大修、停车、试车的过程变成各项工程能力的演武场，让新员工充满兴奋和期待。②庆祝失败的能力。3M 和高尔材料（Gore & Associates）的研发人员经常庆祝实验失败，打破了失败与忧郁之间的情绪关联。③培养先锋队的能力。在次贷危机五周年回忆中，美国财政部前部长保尔森感谢小布什和国会给予他的“免死牌”（不回溯追究他救市的责任），让第一线的人敢于行动。④开发荣誉的能力。曾国藩曾用 500 把佩剑让将士为荣誉而战，视死如归。⑤创造传奇的能力。没有保持和延续美国商业传奇的激励，郭士纳就不会接手濒临破产的 IBM 集团，让大象重新跳舞。⑥设计毕业典礼的能力。让大变革成为接力赛，让完成历史使命的先锋队光荣退出中心舞台。墨西哥的 Cemex 要求高管定时“下岗”，然后再竞职“上岗”，消除历史功臣的自满情绪和占位行为。

“没有目的地，朝哪个方向走都一样。”漫游仙境的爱丽丝从懒散的波斯猫那儿明白了这个道理。“倒逼式改革”则是先有目的地，再制定路线图，波斯猫想偷懒也不容易。

应变的新法则

|时事微评论|

暴雨加水库泄洪，它们形成了叠加效应，给下游制造了毁灭性水灾。危机叠加效应对社会的影响也是如此。不幸的是，各个国家都面临危机叠加效应，它已成为新现实。如何应变危机叠加？建立“勇士组织”是一个好选择。

对于后知后觉的认知特征，哲学家普特南（Hillary Putnam）评论道，画家只有放下画笔之后才能够解释自己到底想画的是什么。十年后回顾正在经历的历史，我们才有可能有一个较准确的概括。但有一点已经非常明确，那就是我们正参与着一场新格局、大事件的叙述过程。从自然环境到国际社会的诸多变化都显示安逸的工业文明已走到了一个转折点。令人不安的是，我们可能还没有意识到，温润怡情的时光已经结束，等待我们的将是一场战斗！

自然环境的拐点已经来临。2012 年 7 月，格陵兰岛冰盖在四天内完全融化。依据地质样本，科学家表示，每 150 年气候会骤然变暖一次，因此，格陵兰岛也曾绿过。但是，与上次 17 亿人口的地球相比，今天 70 亿人口的地球已经没有多少缓冲资源，任何的极端气候变化都将带来从粮食到淡水的灾难性短缺。

全球经济制度的拐点已经来临。从美国“反对华尔街”运动到仍然处于泥潭中的欧元危机，表面上显示的是周期性的经济危机。深看一眼，它们显示出全球一体化的金融体系已经无法维持原来的结构，但是，新的体制解决方案还在各国的政治实验室中调试着。隐藏在国际金融体制下面的是第二次世界大战后的政治秩序。没有它的支持，华尔街的金融寡头就无法利用各国、各地区的发展落差来寻租。

第二次世界大战后的政治秩序正受到来自亚洲、中东、北非和环北冰洋的地缘政治危机的挑战。20 世纪 60 年代发生在巴勒斯坦地区的政治势力重组现在正在叙利亚上演。出场的演员不一样，排练的逻辑却相同：分割地区领土，形成平衡对峙的地区政治势力。上次分裂的是巴勒斯坦地区，这次瓜分的是伊拉克和叙利亚。随着海冰融化，环北冰洋地区的冲突也在不断升温，各国开始争夺航线和海底资源。亚洲的局势也到了没有哪个大国可以单独控制的程度了。

在过去，技术发展往往扮演着一俊遮百丑的关键角色。百年工业革命不断地给社会带来跨越性的技术和几何级数放大的经济发展，它所创造的巨大财富让社会各个阶层都获得了不同比例的满足。抱怨总是有，但被脱贫的愉悦冲淡了。不过，这样的奢侈已经成为往事。从太阳能到纳米材料，技术暂时到达了它们发展的极限。值得注意的是，越来越高精的新科技也伴生着巨大的使用风险。自从发现变异的当地物种后，日本的核电厂事故经典地体现了技术风险可以摧毁社会的再生功能。

从宏观到微观，所有的社会组织正面临着前所未有的“危机叠加共振”挑战。能够存活下来的只有“勇士组织”。这样的组织坚韧不拔，具有高度的适应能力。他们有着共同的信念，相互信任，对彼此充满信心。信念、信任、信心组成了他们的组织基因。革命时代的 359 旅和当代的无国界医生都是这样的组织。面对复杂变化的任务，他们能够迅速适应、调整并还原战斗能力。

要想塑造“勇士组织”，为战斗做好准备，管理者就需要认清现在的刚性等级组织只能够在稳定和平的环境下执行有效率的重复生产，但它无法应对复杂激烈的环境变化。企业要学会设计柔性组织，赋予“一线人员首先决策”的权力。我们还需要鼓励成员去尝试有风险的新项目，对于那些勇敢地尝试犯新鲜错误的员工，不仅不能打击，还要奖励。在学错中，我们才能不断完善组织流程，为突如其来的“海啸”做好准备。

在《复杂社会的崩溃》（*The Collapse of Complex Societies*）一书中，剑桥的考古学家泰恩特（Joseph Tainter）提出一个无法回避的问题：6000 年的文明史也许是亿万年地球生物进化的例外。他收集了 24 个世界文明崩溃的案例，它们要么与环境为敌，畸形掠夺发展；要么极度依赖单项生存资源，自我放大了社会的脆弱性。反思这些案例，中国的“天人合一、道法自然”的思想不仅是定义我们心理身份的文化，也应该是我们赖以生存的社会生产和生活的设计原则。

气候颠覆来了

| 时事微评论 |

气候颠覆出现时，一切的经济发展活动都将立即被人种生存活动所替代。气候的灾难性影响已经不是隔代的挑战，它将在我们有生之年出现。可是，大多数国家还在采取鸵鸟政策，这也是人的天性和宿命。

当每个企业都在讨论互联网时，互联网已经无法颠覆你了。下一个会带来灭绝性冲击的是什么？是气候。

在5~25年里，气候会给商业造成颠覆性的影响，这不是假设，而是已经开场的现实。

过去20年，对于气候的影响，政治人物和商业领袖常采取“四不态度”：不可知、不科学、不一定、不可为。现在风向转了，2013年10月，几位美国共和党大佬，包括布隆伯格（Michael Bloomberg）、保尔森（Hank Paulson）、鲁宾（Robert Rubin）等人发起成立了非营利机构“荣鼎集团”（Rhodium Group）。8个月后，这几位美国共和党大佬主持的“商业气候风险”报告开始激起全面的反响。

企业家认识到，气候风险不是一个可以留给儿孙辈处理的未来挑战，而是当代、现任、扑面而来的颠覆性冲击。在 5~25 年的时间跨度内，没有气候策略的企业必然如飓风席卷下的海岸线，没入浪底。

颠覆性冲击

2011 年，泰国水灾，丰田和本田的零件厂全部停产，仅丰田一家企业就遭受了 15 亿美元的损失；2012 年，“桑迪”飓风袭击曼哈顿，全城停电四天，损失 60 亿美元；2013 年，“海燕”台风给菲律宾造成 140 亿美元的损失，6000 人死亡或失踪；2013 年，百年不遇的大水漫入卡尔加里城，学校被迫放弃城中心的校区。

布隆伯格等政治代表人物和商业领袖所推动的研究表明，类似的气候灾难正在成为新常态。它给农业、商业地产、公共卫生、劳动生产力、能源和交通带来前所未有的打击。以趋势可能性（67%）和极端可能性（5%）为标杆，在 5~25 年内，美国东海岸和墨西哥湾地区的沿海地产将遭受 350 亿~1080 亿美元的损失，美国中部农作物产量将下降 10%~20%。因为天气炎热，户外劳动生产力将下降 1.5%~3%。如果选择 1% 的可能性分布，到 21 世纪末，气候对相关地区的商业冲击将是灭顶之灾。

麦肯锡全球研究所（Global Institute）也有类似的研究报告。通过对食物、非食物农产品、金属、能源四类大宗商品的统计，在过去 10 年中，价格波动剧烈，综合价格指数上升 150% 以上，并呈继续上升的趋势。

芝加哥大学保尔森研究所能源与环境研究员哈维（Hal Harvey）解释气候已经注定对商业产生影响：常态气候下，一年四季，过冷、过热、适中的气候各占 1/3，呈现“高斯正态分布”。对此，农作物生长还可以平衡，人类也能够适应。但是，美国太空总署的历史气象资料显示，过热的天气越来越频繁，趋向帕累托分布的“长尾现象”。通俗地讲，80% 的天气不正常，过冷或过热；只有 20% 正常冷或热。因此，农作物歉收将成为新常态，商业将面临原料供应短缺和能源超常消耗的局面。

“2012 策略”

极端异常气候正造成六个方面的商业冲击：原料价格上涨；能源短缺并且价格上扬；全球物流、交通条件趋向恶劣；公共卫生和员工健康水平下降；政府环保政策严酷；消费者购买意愿变化。

应对气候突变的风险，苹果公司在亚利桑那州的麦萨（Mesa）建设了一座 100% 利用可再生能源的工厂；华为的“2012 实验室”包括了热技术实验室，它着眼于毁灭性的商业突变情形，研究绿色环保相关的技术产品；预想到气候会引发原料价格飞涨，户外服装企业“巴塔哥尼亚”（Patagonia）尝试“少买多用”（buyless campaign）的策略，在租赁和更换商品的价值上下功夫；欧洲议会也推动企业思考“无需占有，按需租用”的商业租赁模式，降低浪费型消耗，减少原材料和能源价格波动的冲击。

上述领导者把电影《2012》当作气候危机的警示信号，思考在气候突变情境下应该怎样生存下去。

总结“气候策略”先行企业的做法，它们一般从意识、愿景、设计、运营、联盟、生存这六个层面着手行动。

（1）自我联系的警醒意识。企业参照权威的气候报告，联系企业自身业务，预想可能的冲击和困境。例如，耐克和阿迪预想水资源严重缺乏对印染工艺流程的影响；沃尔玛预想气候影响下交通瘫痪、能源中断时的营业情形。

（2）反脆弱性的策略愿景。华为的“2012 实验室”包括媒体、平台、敏捷、绿色四个实验研发领域。它们之间的业务相关性不大，但各自的策略前提则相同：假如现在业务被颠覆了，什么技术能力和业务能拯救企业。假想局域电网设备瘫痪，沃尔玛把“供电源本地化、本店化”列为发展方向。

（3）3V 策略设计，需符合愿景（vision alignment）、有具体价值（value proposition）、能做绩效评估（valuation of performance）。沃尔玛要求亚洲的供应商

不断减少和减轻包装材料，并以此作为合作关系的重要考核指标。笔者所调查的一家沃尔玛鞋类供货商因此研发出新的硬纸板技术，能增强承受力，并可同时减少一半的材料和重量，它直接降低了运输成本。

（4）把气候的影响具体到运营层面，用数字显示“气候风险”和“环境成本”。惠普等电子企业要求物流部门比较气候变化下的空运和海运的风险与成本，并据此设计物流运输方案。护肤美容企业“布蜂”（Burt’s Bees）设计了能自然分解或回收的外包装，力求“垃圾填埋零负担”。“不能衡量的，就无法管理”，德鲁克的卓见也适用于气候风险策略。

（5）寻求建立“同道联盟”。与政府、环保组织和评估机构合作，推广对“气候风险”和“环境成本”的标准化测量与检验，让市场价格全面真实反映新的气候环境现实。同时，甄别有强烈环保意愿的友商（供应商）和友客（顾客），向他们营销“气候风险控制”的理念和价值。例如，百事可乐和可口可乐这两大竞争对手也在尝试技术联盟，寻找对双方都有利的替代原料。

（6）替代供应商、异地备案计划、可替换原材料和零部件。在因气候骤变而造成产业链断裂时，企业要有能力保障不间断经营，有替代方法。天变了，在极端气候条件下的生存能力要比在常态环境中的盈利能力更加重要。

上述六个不断深入的层次组成企业的“气候策略”系统。天道不可违！如今，节能减排不再止于环保公益，而是企业求生自救的必须修炼。

第四章

理性秩序的感性源

理性策略背后的感性源是建设未来工业秩序的重要资源。未来的智能经济必须包含人的社会意愿，必须体现仁爱精神，否则就没有生命力。

未来，冷冰冰的工业4.0不能脱离有热情的感性源，一切价值的核心除了效率外还应有爱！人与人之间，人与自己之间的爱奠定了商业价值永恒的基础。互联网、工业4.0、物联网，这些技术可以与艺术相结合，为新型社会关系服务，并促进新的生活方式。

本章的第一部分解释体验经济进入新阶段。消费者的显摆心理已发展到角色扮演阶段。如莎翁名言，世界是个舞台，往来都是演员。市场上，能够搭建舞台，让消费者尽情表现多重戏剧性格的企业才会赢。组织内部，为员工的英雄情结创造用武之地的领导者最有影响力。在社会文化领域，共享主义不仅仅是为了节约环保，更是社会人际关系进化到新高度的体现。

回应第一章开篇的立意，创造社会利润已成为商业优势的新要素。电动车只有与共享主义价值相结合才有未来。工业4.0、物联网、智能机器人，这些单面技术的未来在于如何成为人类新史诗的一部分。没有感性设计，理性秩序便是无源之水、无本之木。

进入工业4.0，理性背后的感性比任何时候都更重要，感同身受的能力将成为组织核心竞争力的关键元素。

显摆经济学

| 时事微评论 |

显摆根植于基因。显示美的孔雀与显示力量的大猩猩有共同点，那就是向对方显示其基因的优越性，适于传宗接代。显摆消费也是如此。因此，我们不能简单地将奢华显摆与浮华浪费画等号。

没有显摆消费，创新技术便不能获得进一步完善的机会。若不是为了显摆，理性的人鲜有选择创业的，因为算上创业的艰难和成功的低概率，安稳的职业经济回报更高。在我们坚决反对暴殄天物式的消费，强调社会共同富裕的同时，也要了解奢华不是犯罪，美丽的价值能激发社会创新。

美国最多产的发明家爱迪生就很懂得显摆的力量。在他刚刚实验成功电灯泡，急需刺激市场需求的时候，爱迪生宣布，在 1879 年的最后一天，他要把整个门罗公园点亮。那一天，除了来自各地的媒体，周边地区的民众也早早赶来，见证一个历史性的时刻。爱迪生成功地上演了一场令人难忘的公共事件，电灯成为各大报纸的头条。有了舆论效果后，爱迪生马上向华尔街的金融大亨推销他的新发明，美国首富范德比尔特（W. Vanderbilt）和金融大亨摩根（J. P. Morgan）成为首批客户。追随和效仿这些有社会地位的客户，其他人和机构也开始使用爱迪生的电灯。那时候的电灯用的是直流电，发电机必须建造在大厦的地下室，既吵闹又危险。但是，显摆的心理满足平衡了新技术的种种缺陷，让人趋之若骛。从电灯到电脑，喜欢显摆的首批消费者为不成熟技术的自我完善买单，他们是技术创新最重要的市场同盟军。

对于人类显摆的社会性格，经济学家范伯伦有过系统的总结。在《有闲阶级论》中，范伯伦第一次从经济学的角度提出“显摆消费”现象。对于他的批评分析，人们有不同的意见和看法。不过，各派经济学家此后有了共识：商品的价值不仅来源于它的使用特征，也与它显现的社会地位与身份有关。

显摆消费有心理满足的价值，它成为高端品牌设计的理论基础。南加利福尼亚大学商学院的几位研究者分析显摆消费的四类人：①有财富支持的审美消费者；②富有的追美消费者；③中产的模仿消费者；④低收入的期望消费者。不算他们之间可支配的财产数量差别，这四类消费者的共同点在于以产品消费来显示其社会关系，拉近或排斥与一部分人的距离。简言之，显摆的背后是社会关系。

无论是西方还是东方，社会价值观一般都反对势利的社会关系现象，认为排斥其他阶层有违社会公平。但是，大家同时也认识到排斥和吸引是一对矛盾的共同体。消除所有的排斥关系，吸引关系也便不存在，就像不存在只有正极的磁场、只有阳极的电池。从社会经济角度看，消灭合法的显摆消费，市场营销和品牌开发也即失去存在的理由。

需要认清的是，朴素、简洁、返古可以是一种昂贵的低调。中国服装设计师马可设计的“例外”和“无用”两个品牌的衣服都采用质朴的原料，麻绳、木片、竹片等，但却由精选的民间艺人用最费工的原始制作方法加工而成。因此，一件麻纺的衬衫标价也要上千元。在品牌研究者眼里，低调的奢华才是最高境界的审美消费或有格调的显摆。

显摆消费有其社会价值，但也不能一概而论，但对于创业和创新活动，显摆的经济意义就更高了。显摆的心理满足是创业者奋斗的引擎。

普林斯顿大学的历史经济学家鲍莫尔以研究创业与创新著名。比较创业者的实际经济收入和他们投入的时间与精力，鲍莫尔发现，创业者的平均收入远远低于同样条件下专业人员的收入。如果你很少看到常青藤学校的毕业生从事高风险的创业活动，那是他们理性的选择。在高风险的创业道路上，成功是例外，失败为常态。

那为何还有人选择创业呢？鲍莫尔认为，非经济的激励因素，如明星般的社会地位，显示自己超常的能力，证明自己的社会价值等，这些在促进创业者奋勇向前。通俗地讲，如果我们抑制了创业者“显摆”的内在动机，单凭经济回报的刺激不足以维持人们创业与创新的动力。值得强调的是，对于那些因缘际会而成功的创业者，他们个人享受的财富效益其实有限。鲍莫尔和另外一位意大利经济学者的研究显示了一致的结论：创业者的社会溢出效应很高，他们创造的总经济财富收益的50%~90% 归属于社会。因此，一个良性社会制度更重视设计和保持对创业者的激励机制，让他们在自生自灭的个人奋斗过程中“顺带”创造社会财富。消灭了显摆的机会，创业与创新也失去了一个重要的理由。

显摆与反显摆，在各国历史上都有先例。英女王伊丽莎白一世（1533~1603）即位后立即建立清教徒教会，并颁布国民着装规定，阶层高低不同，则着装华丽程度有别。例如，骑士阶层着装可以有超过普通阶层新郎着装三倍的豪华，英国女王本人的豪华服饰也自然而然成为同时代莎士比亚戏剧的细节内容。在那个时代，如莎士比亚所描述的，英国确实有很多故事。

亲密模式，体验的升级版

| 时事微评论 |

简单接触式的体验已经落后，亲密和关爱的体验更有前景。根据最新的大脑意识活动研究，人们的亲密互动关系直接影响大脑，形成个人对社会道德的认知。从这个角度看，有利于关爱的商业体验活动也会促进社会文明的进步。

再提“体验营销”，你就是第1001个用花比喻美的懒人。简单地模仿、体验只会增加运营成本，不一定能提高客户忠诚度。21年前，哈佛商学院的特里希（Michael Treacy）和威尔玛斯（Fred Wiersema）把“亲密客户关系”列为一大独立价值体系。如今，在体验普及无差异的背景下，企业必须把被模糊的“亲密关系”价值再次凸显出来。面对超量选择和频繁变化的市场，消费者极度缺乏安全感，他们渴望被引导、被关爱，因此，亲密模式正当其时。

神经科学研究表明，信赖与友好是人的天性。依此开发亲密关系，它能促进连带消费，降低消费决策成本。亲密模式也解释了为何大企业注重婴儿产品，因为“亲密模式”要从娃娃抓起。

亲密模式的三种形态

曼哈顿的“麦野”（Danny Meyer）餐厅没有著名的大厨，却屡屡在消费者评选中名列前茅。因为餐厅的服务生会给老客户留专座，在他们的纪念日摆上花；假如新客人对两道菜犹豫不决，服务生索性会各上一道，但只收一份的钱。伯林翰（Bo Burlingham）总结它的成功源自“亲密文化”，并把它收集在《小巨人》（*Small Giants*）一书中。另一个例子是，当一位癌症患者渴望 8 月过最后一个圣诞时，当地的圣诞树企业为他做了全流程的庆祝，包括圣诞老人的祝福。这些企业生意不大却声誉甚高，因为它们能创造“信仰客户”。设身处地为客户考虑，自然源心的关爱行为，高度的专业知识，它们构成亲密模式的第一种形态——“关爱至上”。虽然规模比不上大企业，但小巨人活得更长久。

“组织归属”是亲密模式的第二种形态。在北美，环保人士对沃尔玛抱有强烈的抵触情绪，他们也影响到了其他消费者。美国最大的环保组织塞拉俱乐部的主席韦百赫（Adam Werbach）著书称沃尔玛为新污染源。2011 年，沃尔玛出人意料地邀请韦百赫担任顾问，指导他们的“可持续发展策略”。当环保信徒看到沃尔玛真正地发生改变后，他们不但消除了对韦百赫“变节”的误会，还加入了支持沃尔玛变革的行列。通过容纳共同的价值和行为，企业获得了一个社群的整体归属感和亲密关系。在中国，“找到组织”的激动更有当代政治文化的溯源。

第三种形态为开发“关爱技术”。30 年前，耐克还只是运动鞋企业；20 年前，它已经转型为推广运动生活概念的营销企业，鞋子生产都外包了；10 年前，耐克悄悄进入创新技术企业的行列。设在波特兰的耐克“燃料实验室”（Fuel Lab）研究各种运动数据和显示技术，从心脏起搏到卡路里消耗。耐克试图将运动与身体健康之间的反馈技术无缝结合到运动产品中去，在运动过程中，成全人们的自我关爱。开发自我了解和自我关爱技术，这也是像美敦力（Medtronic）这样的医疗设备企业研发的新重点。

网购企业 Zappos 为“关爱至上”形态的新典型。为核实“他们凌晨 2 点为客户订比萨”的故事，我打电话与客服希尔（Shea）聊了半小时。她甚至愿意电话连线我的课堂，与学生们分享企业文化。创始于英国的“美体小铺”（The Body Shop）是“组织归属”形态的反例。被大企业收购后，它失去了对女性团体的吸引力，变成众多化妆品连锁之一。而“体恤夹克”（T-Jacket）则利用智能感应和通信技术，让穿它的人能远程被亲爱的人拥抱。这种包含“关爱技术”的夹克受到幽闭症儿童和父母的热烈欢迎。

亲密模式的三种形态可以交互执行，也适用于各种规模和性质的企业。例如，结合第一种和第二种形态，全球最大的烈酒公司帝亚吉欧（Diageo）为高端客户派送调酒师到府上服务，让家庭聚会有夜店的氛围。

亲密模式的科学原理

亲密模式即将兴起，因为基于性价比基础上的商业忠诚非常单薄。朝三暮四，比喻的就是消费者。企业抱怨消费者“线下体验，线上比价”的同时，消费者的信赖本能和对亲密友好关系的潜意识渴望却长期被忽视。

人是“信赖的动物”，有“集体归属”情结，这是脑神经科学家、人类进化研究者和行为科学家 30 年来的研究共识。加利福尼亚大学的哈里斯（Sam Harris）发现，脑神经系统对“可信现象”的反应快于“不可信”现象，信赖比怀疑更有进化优势。意大利脑神经科学家里佐拉蒂（Giacomo Rizzolatti）发现人的大脑中有“镜像”神经元，它解释了同类模仿、相亲相近的行为。在《大脑相信》（*Braintrust*）一书中，丘奇兰德教授（Patricia Churchland）解释，群体友好关系与一种神经系统的激素后叶催产素（oxytocin）相关。从一开始就习惯相互照应的哺乳动物会刺激大脑产生这种后叶催产素，并且一辈子受它影响。大脑神经系统的“友好软件模式”影响了我们的集体信任行为。

通俗地讲，相关的科学发现可以概括为：①人有“信赖”（believing）的自然偏好；

②亲密关系（intimacy）能帮助人降低心理焦虑，并提高人对环境掌控能力的自信；③在“信赖”的影响下，决策成本更低，更快捷；④在亲密关系中，信赖程度会提高，相互行为的模仿程度也会上升。它们解释了为什么建立亲密关系的企业自然会获得长久、频繁和稳定的客户消费。

对亲密关系的渴望来自人类亿万年的进化。但是，新的网络社交媒体打破了地域、文化和种族的界限，让古老的亲密关系有了社会规模效应和经济价值。未来学家里夫金（Jeremy Rifkin）认为，电视、网络、社交媒体帮助人们释放“感同身受”的潜意识能力，形成全球融通的“亲密文化”，它是人类集体意识的进步。

就像核技术能发电，也能做武器一样，“亲密模式”也有可能被误用或恶意工具化。例如，犯罪化的“直销”团伙将“亲密模式”恶意工具化，这些都属“亲密模式”需要禁止的范围。

为“戏剧性格”搭建舞台

| 时事微评论 |

从古希腊舞台戏剧中的脸谱，到当今社会舞台中人的戏剧性格，意识的多元存在形式也从哲学问题演变为商业价值提案。一名消费者可以有多重有差异的性格，因此，为消费者的戏剧性格创造演出机会的市场也将放大许多倍。

从娱乐界到国际政治，我们已越来越难分辨出真人秉性和戏剧性格。像娱乐明星演员夫妻的家庭事件戏剧化，万民跟进学造句“且行且珍惜”；俄罗斯与北约在东欧的地缘政治纷争就像一场场“权力游戏”；2016 年，英国脱欧公投，美国特朗普竞选总统，每条新闻都充满戏剧性舞台效果。

到底是全民偷窥，还是全民参演？是政治，还是戏剧？是来看时装秀，还是秀自家的时装？如果不了解现代人的“戏剧性格”，你就永远只能是在场外倒票的“黄牛”，错过场内精彩的演出。你向往多少种生活方式，就有多少种“戏剧性格”。现代人心里的自我不再只有一种，也不会从生到死不变。像电视剧角色一样，自我情结总是在流动的社会交往中浮现、感受、退隐、再现。穿上工作服、坐在办公室里的“自我”，迥异于身着晚礼服、手把香槟酒的“自我”。

有联系，故我在；断了通信，你我立即不自在。在《日常生活中的自我呈现》（*The Presentation of Self in Everyday Life*）中，社会心理学家戈夫曼（Erving Goffman）解释了现代人的心理结构和自我情结具有强烈的社会互动与影响的特征，“我”只有在“你”的反应中理解“谁是我”。因此，你与我，联系在一起，相互成为演员和观众，我们即兴表演的舞台就是生活的不同场景。假如没有办公室政治、周末郊游、家庭团聚、同学会中的相互观摩，片段的自我就会失去社会戏剧舞台，摔落一地，沦为破碎的人生。

“戏剧性格”帮助我们解码复杂的现代社会现象。为什么面向大街、有通透落地大玻璃的健身房生意特别好？因为跑步机上的“演员”需要街头路过的观众。微信朋友圈中，最火爆的永远是晒幸福、求励志，展现“我”每天的奋斗史诗。角色扮演远不止于“戏服”时装，汽车是“坐轿子”的演出；住房表演“经济种姓等级”；旅游为了模拟流浪剧；扶贫能感受被穷人爱；徒步走戈壁可以做一回没有生命危险的“西部牛仔”；职场晋升就像“大富翁”游戏。过去，百业百人；现在，一人百业。生活场景构成以“我”为主角的连续剧，缺一集，人性就不完整，心理情结便少一块。

“世界就是一舞台，男男女女把戏演”，莎翁在《威尼斯商人》中的台词已经成为千禧一代的潜意识流。在电视真人秀节目的熏陶下成长，现代人时常把自己当成从视频里走出来的某一位。脸书、微信、微博、优酷，浸泡在社交媒体中的现代人已经无法从社交网络中剥离自我。美国研究机构 PEW 对千禧一代的调查显示，社交和社交网络被当作是他们生活的基本需要。网络平台变成他们的表演舞台，“点赞”和“围观”定义的那一刻即是生存的意义。

现实中，静态“单自我”已经被动态“多自我”取代，“演出”成为人们的基本生活形态。互联网化的全球文化交流激活了丰富的潜意识，让现代人从单个生物体变为具有多元心理情结的社会人。从“唯一的自私自我”到“多类型的心理性格”，我们的生存意识已经和日常社会活动纠缠在一起。早起的那一刻，演出开始了。朝九晚五的社会生活也变成永不落幕的大剧场。

对于“戏剧性格”的普遍化，未来学家里夫金认为，这是人类集体意识的进步。

在《同理心文明》(*The Empathic Civilization*)一书中，里夫金解释，“表现欲望”“戏剧性格”“舞台人生”“社交自我”，它们正唤起人类沉睡千年的潜意识共鸣能力。通过观众和演员的即时角色转换，同一社区的参与者获取感同身受的集体共识，演出创造和凝聚了新社区。

演戏并不等同虚假。“深度表演不是煽情，而是挖掘真诚的天然情绪，以求与角色的共鸣”，俄国大戏剧家斯坦尼斯拉夫斯基(Constantin Stanislavski)如是说。理解他的后来人知道，“戏剧化”将是每个组织都需要的新能力。管理就是表演，演出的成功在于把观众变成演员，并产生共鸣。

加拿大和英国的医学院开始推行音乐课程和戏剧培训。医生必须懂得角色扮演，才能“感同身受”病人的心理过程。现代医学，三分医疗、七分心理辅导。

“戏剧性格”也隐含无穷的生意。所以，笔者曾建议上海时装周的一位主管：设立时装周票友网页，让时装达人上传自己的扮演，用群众点赞的形式选出“风骚一百”的观众，为他们设计有收藏价值的入场券。更关键的是，在明星红地毯的旁边铺设“粉地毯”，让“风骚一百”有临场演出的机会。有戏剧性格，就可以创造演出的市场，做“道具”的生意。

让观众与演员角色互换，激发共鸣，利用现代人的“戏剧性格”设计多种舞台合作的机会。不仅是艺术家、商人，政府管理者也需要思考这个新命题。

让你的组织对成功“上瘾”

| 时事微评论 |

自然习性与社会习性提供了丰富的管理资源。若是引领一群心性自由的员工，却想强迫控制他们，肯定会遭遇员工的本能反感。可以利用习性的力量，让员工对成功上瘾，这代表未来工作场所的一种体育竞技化的趋势。

想要让员工懂得极限竞争，就得布置他们观看冬奥会。从速滑、单板、自由滑雪到无舵和双人雪橇，选手之间的较量以接近毫秒的差距分出胜负。在以毫秒为单位的竞争中，成败超越了实力之争，变成习性之争。

奥运冠军的经验告诉我们，习性决定胜败。

对员工能力有高低之分的企业，成功的习性更有价值。成功的习性包含专家智慧和隐性知识，所以，培训过的条件反射可带来高于平均水平的表现。因为这是集体的下意识动作，组织让高能力的员工事先预判和优化其选择，而不需要低能力的员工做出选择，规避了系统的短板效应。

不懂培养成功习性的组织往往会受困于习惯平庸的习性，在只有冠军才能生存的市场中，这意味着缓慢死亡。

“菲鱼”靠习性破纪录

凭借 22 块奥运奖牌，“菲鱼”（Michael Phelps）打破了奥运史上单人奖牌的纪录。但造就传奇的还是他盲游 200 米的蝶泳纪录，他让人们开始相信“成功的习性”。

在北京奥运村，2008 年 8 月 13 日，早上 6:30，“菲鱼”准时起床；7:00，进餐。无须思考，鸡蛋、燕麦、奶昔，刚好 2000 千卡的能量。8:30，入水热身游 800 米混合泳，600 米踢腿，400 米挥臂，200 米自由泳，25 米冲刺。9:15，开始着 LZR（鲨鱼皮）泳装，需要 20 分钟让它贴身无碍，然后戴上耳机，播放同样的临赛音乐。9:56，开赛前 4 分钟，“菲鱼”站在起跳台边，活动脚趾。听到自己的名字后，站上去，然后再下来，甩手前后三次，再站上去，保持好姿势，发令枪响，“菲鱼”纵身入水。

这些是他每一次比赛一成不变的标准流程。它们已经成为他的下意识动作，根本不需要思考。

不一样的是，这次入水后，“菲鱼”立即感到泳镜里有水气。游出 100 米后，“菲鱼”已基本看不清水底标线。在最后一个来回，他能听到场上喊声震天，但看不见对手，也不知道离终点还有多远，但心理时间告诉他，再奋力三下他就能触壁了。当他出水时，扯下灌满水的泳镜，看到 1:52.03 的成绩，“菲鱼”打破了世界纪录。

从他 7 岁开始，教练鲍曼（Bob Bowman）就着重训练“菲鱼”一招：养成下意识的条件反射习性。按照教练的要求，每天睡前“放录像”，“菲鱼”都会在头脑中默想每一个动作、每一秒感觉，直至自然入睡。到比赛时，教练只需强调，进入“录像放映”。于是，“菲鱼”让大脑沉浸在千万次重复过的连续动作中。教练还让他在黑夜的密歇根湖水中游泳，让身体完全听从下意识的习性，无须眼睛的指引。当泳镜进水后，“菲鱼”仿佛又回到了熟悉的夜游中，一切听从习性的安排。

超越泳池这样稳定的环境，放到高度对抗和变化的橄榄球赛场中，习性仍然是成功的法宝。2014 年 1 月“超级碗”大赛中，西雅图的“海鹰”队以 43 ： 08 大胜丹佛的“野马”队。教练卡罗尔（Peter Carroll）沿用他在南加利福尼亚大学时的“习性”哲学。从吃的食物到使用的语言，每个细节都围绕“竞争”和“胜利”组成下意识的行为动作。“成功的习性”已经升华为冠军策略的核心。

“成功的习性”与流畅的心理体验

早在20世纪80年代，剑桥教授舒尔兹（Wolfram Schultz）就开始研究大脑中的“意识回路”对行为的影响。“引信—习性—奖励”，这三个部分组成自我强化的“意识回路”，让人们养成下意识的行为模式。后来在麻省理工学院、加利福尼亚大学洛杉矶分校等神经科学的研究也得出下面的结论：①习性会显著地左右行为；②与说服、讲道理相比，习性会更长久地影响人的行为；③某些外界刺激能引发下意识的习性。如烛光或巧克力可以是引发浪漫恋情的信号，它们是引信。④在“引信—习性—奖励”的意识回路中，大脑会自动分泌激素，它带来愉悦的奖励，从而强化习性。

把习性用到组织能力中，星巴克是一个很成功的例子。针对客户的抱怨，所有员工都有经受“LATTE”（拿铁）服务习性的培训。LATTE习性包括：倾听（listen），承认（acknowledge），改正行动（take action），感谢（thanks），解释原因（explain why）。在中国的企业中，烟台万华代表了安全生产习性培养的优秀组织。即使在进厂区的时候，左右没有任何人，开车的司机也会立即减速到5千米/时。类似的安全习性贯穿在员工的各个细小行为中。“经济组织的进化表现在习性”，尼尔森和文特（Nelsonand Winter）的经济进化论研究的就是常规习性。

无论是奥运冠军还是普通员工，他们的成功习性都有一个共同的心理特征——流畅的心理体验，它解释了另一个组织效能。心理学家契克森米哈赖（Mihaly Csikszentmihalyi）的研究发现，流畅的心理状态不仅能最大限度地释放人的潜能，还会产生“上瘾一般”的激励效果，鼓励人们不断重复所熟悉的技能动作，以求反复体验流畅的心理过程。因为相信自己的能力，并看到了正面效果，人们往往会投入更大的热情和关注，以至于进入忘我的境界。这样的意识回路会刺激人分泌兴奋的激素，让人产生莫名其妙的愉悦。世界上没有任何东西比流畅的体验更能让人“上瘾”，更有自我激励效果了。

做“成功习性组织”

习性是一种自组织行为，它比任何说服动员都要省力。建立成功的习性就是按照组织的策略目标，引导并强化员工下意识的行为。一旦习性形成，他们便有了自我强化的“意识回路”，能自动抗干扰。

每个高尔夫球手都知道，挥杆时不能思考。练习场上的一万次重复换来球道上的一次下意识动作。成功的习性也将把组织从临场的琐碎决策中解放出来。与系统的短板效应相反，因为是成功的下意识惯性，习性减少了波动，拉升了组织的平均表现。

想要设计成功的习性，像“菲鱼”的教练一样，组织首先要弄清走向冠军的“惯例”。例如，对化工企业，一切围绕安全；对医院，以关爱为核心。其次，组织可以尝试多种诱导“惯例”的引信，辨别其中最有效的因由。例如，刺激友好争论的“茶话会”，有联想特征的时间段、出场人物、着装或议程。最不能少的就是，成功完成每一次“惯例”后，一定要有的三六九等奖励，并且公开宣扬。

在主政通用电气期间，韦尔奇认定要建立“跨部门合作创新”的惯例。在远离公司的克劳顿村，“创新擂台”帮助大家暂时忘记行政等级，共同想象新的合作模式。在圣诞年会上，优秀表现组受邀登台，并领取到一张夸张的大支票。“擂台引信—跨部门惯例—奖励合作”，通用电气就是这样建立成功的习性，并成为当时的商业冠军的。

“拢猫人”更有领导力

| 时事微评论 |

自我度高的老板让你服从他，而智慧型领导人则让你觉得他服从你。管理智慧型人才，领导人需要让渡一些成就感给员工，做影响有影响力员工的管理者。

一次招聘委员会的活动改变了笔者对领导力的看法。权力是工具，影响力是技艺，只有二者结合才有领导力。

在笔者所在的院校，招聘教授是个复杂的活儿。需要登广告、收申请、选择候选人、邀请候选人访问校园、委员会面试、委员会讨论和决策、发榜，这一系列活动中，招聘委员会能左右一切，院长只是主持委员会的招聘事务。真的是这样吗？那要看是哪一位院长来做主持。

第一次开会时，人文学院的院长爱迪说明了此次招聘的教授岗位要求，笔者则作为外学院的外部委员参加，用以防范内部人员的情感偏见。爱迪似乎是一个较少亲力亲为的领导。另一位委员麦克，带来了 19 位应聘者全套的资料，包括现任在岗的三位短期合同教授。爱迪先鼓励四位委员各抒己见，建议筛选的程序和面试形式。大嘴巴的威廉滔滔不绝，认为要把应聘者分成三垛：淘汰、候选、优选。爱迪接受了他的建议，并加了一条，优选名单为面试名单，最好只有两位，这样一天面试一位，两天就能完成任务。

来应聘的人实在是太优秀了，经过艰难的比较，到晚餐时还没有定下优选名单。最后的讨论焦点在于，是否要给已经在岗的短期合同教授额外的考量。组织忠诚度、年资、服务大学社区的态度，把这些标准加入后，先前看上去并不优秀的短期合同教授也显得突出了。在大家思想斗争到疲劳，饥饿斗争到极限的时候，爱迪行使他的主持人权力，放宽优选人数至 3 位，终于，第一轮顺利结束了。

在面试前两周，爱迪邀请各位委员提出面试的问题和形式要求，他自己也建议了 3~5 条。邮件往来多次后，一份每位委员都满意的设计出炉了。满意，是因为每个人都看到自己的观点反映在面试大纲中，缺失的部分来自相互意见的抵消。爱迪再次声明他的角色：当其他四名委员争执不下的时候，他将投下最后一票。当然，他希望不必行使这个权力。

按照面试题目的主要提议者，爱迪安排了提问的节奏和先后顺序。这样，被面试的候选人可以全面回答四位委员各自所关心的问题。到了第三天晚上，选择已经比较清晰了，大约在外面来应聘的两位女性候选人之间。比较而言，短期合同的内部应聘者吉姆似乎弱许多。爱迪建议对三位候选人的优缺点分别做一次系统对照，然后再选择。

优点比较容易看到，罗列缺点就相当不容易了。作为院长，爱迪与每一位候选人都有多一次单独会面的机会，他自然成为最好的缺点观察者。凡事起好头，接续下去就不难了。有爱迪起个头，每位委员也能调动隐约的记忆，想起相关候选人的不足之处。将点点滴滴的缺点汇成系统的意见，与优点旗鼓相当，让选择更加公正。

看法全面便是选择艰难的开始。原来显得有优势的候选人似乎有不能忽视的缺点。例如，苏珊有艺术家的张扬，但教艺术课是否会太野性？戴安娜好像和当地的艺术圈联系较少一些。爱迪适时补充和验证其他委员的个人看法，并善于总结成委员会集体的意见。谈到对社区贡献的时候，爱迪及时插播了一个短信息：短期合同的吉姆已经签过 17 次合同了，一年一次，服务学校 17 年了。刹那间，两位坚决支持苏珊的委员犹豫起来……

委员会的讨论已经超过 8 个小时，本以为很快就完成的任务演变成马拉松式的优缺点反复比较。当时针指向午夜的时候，爱迪建议，也许明天再议。笔者要求动用投票程序，无记名投票。爱迪按程序征求对投票决策的呼应表决。此时，没有任何一位还打算明天再议，表决同意按无记名投票做选择。作为主持人，爱迪宣布接受这个动议。

投票结果：吉姆以一票的优势被录用为见习教授（5 年后可以申请终身教授）。一周后，爱迪院长约笔者喝咖啡，感谢笔者的参与。爱迪告诉笔者，他过去曾是爵士乐手，后来却做了音乐教授。我问爱迪：爵士乐最突出之处在哪儿？爱迪答："在变奏中引领乐队的演奏旋律！"突然，我好像明白了，吉姆其实就是爱迪院长的第一选择，我们都成为被他引领的乐手。无论是小的规矩修改，还是无意中插播的短信，爱迪始终在牵引着我们的意见和看法。

研究领导力的大师本尼斯（Warren Bennis）曾经说，赶羊式的领导时代早就过去了，能把一群猫拢在一起，朝一个方向前进，这才是当代稀缺的领导力。无论用"爵士乐手"还是用"拢猫人"来比喻，善用影响力的领袖正独领风骚，从保守的大学招聘直到开放环境中的企业管理。

实体经济复兴的魔幻策略

| 时事微评论 |

魔幻可以是解放旧模式的好方法。商业思维和市场价值固化后，要打破它，人们需要意想不到的刺激力量。魔幻开始带来的可能是荒诞不经，但却能显现突变的各种可能性。通过魔幻策略，奄奄一息的书店可以成功化身为文化庙会，其他实体经济也不妨一试。

2015 年，亚马逊网站开辟了网上艺术品销售平台，它要从小孩的湿尿布卖到艺术家的油画布；一个“11 · 11”光棍节，阿里巴巴创造了超过 350 亿元的销售额；推特（Twitter），一家从成立到现在都没赚过钱的社交媒体，上市之日股票就上涨了 73%……

相比之下，全球的制造业和相关实体经济仍处在艰难的复苏阶段。实体经济的复兴之路在何方？虚拟与实体，二者之间的主仆关系从此确定了吗？

魔幻企业之树常青

在美国经济的斜影下，加拿大很少有商业典范企业。不过，太阳马戏团、Lululemon和IMAX却是各自行业的翘楚。它们都不能纳入通用的商业策略模式，因为通用模式无法确切地表达它们的成功要素——创造魔幻效应。

总部在蒙特利尔的太阳马戏团常常被误认为是美国赌城的马戏班子，因为那儿有他们最激动人心的演出。许多家庭去赌城不是为了玩老虎机，而是专门去看太阳马戏团的系列演出。经典节目，太阳马戏团能够20年重复上演而不衰。一个20世纪80年代的街头杂耍剧团成长为2012年收入约10亿美元的娱乐企业，它的秘诀就在于能够创造激动人心的魔幻效应。

我们来解码太阳马戏团的魔幻效应，首先它擅长摄取消费者的传奇心理情结。利用迈克尔·杰克逊和披头士的经典音乐剧，它帮助观众回访沉淀在社会心理情结中的传奇故事。其次，太阳马戏团把一个单项的马戏节目推到极致，让它无与伦比。它的演员要么是全球各地的民间高手，要么来自退役的奥运体操选手；演出服装设计源自欧洲歌剧；剧情效仿纽约的百老汇。最后，太阳马戏团选择有强大气场的演出地点，如拉斯维加斯、纽约、东京、上海、巴黎等。大众梦幻心理、震撼演艺、魔都般的场地，这三重魔幻元素叠加，便创造出摄人心魄的魔幻效应。马戏、太阳马戏，这是两个不可类比的范畴。

不是马戏团也照样可以成就魔幻效应，只要深刻理解自己所在行业的魔幻心理、表现能力和展示场景这三要素。在耐克与阿迪双寡头控制的运动服行业，起源于温哥华的Lululemon运动服却脱颖而出。近五年，它保持了38%的年销售增长和54%的年收入增长；十年间，从一个年销售额4000万美元的企业发展为13.7亿美元的跨国企业。Lululemon的成长也得益于它所创造的魔幻效应：它利用了瑜伽传奇（魔幻心理），招募瑜伽教练做营销大使（表现能力），选择瑜伽会所组织核心推广（展示场景）。在魔幻效应带动下，Lululemon的瑜伽服逐渐成为新型时尚的运动服。运动服、Lululemon 的瑜伽服，这是两个不可类比的范畴。

从安大略省起家的 IMAX 影院创造了另一种魔幻企业，它已经成为伦敦、多伦多等国际城市的地标，最近五年的年收入以每年 22% 的速度增长。在中国，已建成和正在建设的 IMAX 影院有 250 家。在全球院线不景气时，IMAX 的吸引力则更加突出。观众迷恋它的超大银幕，像旧时的露天电影一样（心理传奇），它的视觉和音响效果（震撼表现），也喜爱它所处的中心购物区的位置（魔幻场地）。影院、IMAX 影院，这也是两个不可类比的范畴。

类似的魔幻效果已经融入传统企业的宣传中。丰田和福特汽车不再强调自己的车是什么，而是通过广告表达开它们的车能做什么。智能手机竞争中，苹果胜出靠的不是功能，而是展示功能可以带来的魔幻效应。台下的诺基亚嘟囔着，他们也有那些功能。智能手机、苹果手机，这是两个不可类比的范畴，它也一定是三星的梦想目标。

实体经济复兴必须借助心理和地理的魔幻因素，并创造出震撼的表现效果。如此，它们可能独占一个消费类别，拒竞争者于三舍之外。

学习成为流畅运营的模范

核心竞争力概念的原创者普拉哈拉德（C. K. Prahalad）在世时，常抱怨人们把能力的具体表现当作能力本身，误解核心竞争力这个概念。当业态变化，具体表现失效的时候，人们往往把它归于概念错误，核心竞争力失效。普拉哈拉德反复强调，集体学习、价值更新、跨部合作，这是核心竞争力三位一体的策略基因。

因此，在“魔幻效应”为先导价值的背景下，实体经济必须围绕这个新价值来建设运营的模式，并让它成为典范。其中，最好的起点就是向先进的竞争者学习，如亚马逊和阿里巴巴。

亚马逊网站起于网上购物的“魔幻效应”（足不出户的幻想、天量选择的震撼表现、电脑前的独占场景），但却成就于流畅的实体运营。它的物流配送中心、伺服器、云计算中心都是行业中的运营模范。为了保证自己的实体运营的模范地位，亚马逊内部有专门一个机构向其他先进的网络企业下单订货。通过分析对方的派送流程，技术人员寻找自己的流程与先进行业的差距，并迅速推广应用到本企业内部。

学习先进是为了超越他们。在中国经营商场连锁的“绫致时装”（拥有杰克·琼斯等品牌）已经开始发动了一场 O2O（线上到线下）的流程革命。围绕消费者到店铺试穿的“魔幻效应”，“绫致时装”下属的 ONLY 连锁开始对店铺销售、营运管理、物流配送、分销体系做整体调整，争取做到系统联动。按照相关文章的描述，未来的 O2O 是一个与阿里巴巴平台有根本区别的“成就系统”。消费者在店面试穿的时候可以扫描二维码，即时显现可以搭配的衣饰，同步与“小伙伴”分析并听取意见；也可以暂时储存，他日购买，或者回头电购。它是一个成就系统，因为每一单销售都与经手的店面和导购联系在一起，共享销售成功，不管是在店内购买还是回头从网上下单。笔者曾在《分摊制生产》一文中预测微信将在实体生产与服务中扮演重要角色。看看，实践比思想跑得更快，这个让阿里巴巴担心的 O2O 模式的核心技术已经成型，它就是微信！

在刘易斯（C. S. Lewis）的笔下，佩文西（Lucy Pevensie）被追赶得无路可走，躲进壁柜后，奋力一推，竟然打开了一个魔幻世界，演绎出七场《纳尼亚传奇》。在面临挑战时，实体经济不必气馁，只要敢于奋力一推，魔幻传奇可能就在门后。

分享制的新生活运动

| 时事微评论 |

只有成为一场社会运动，分享经济模式才有可能确立为制度。在没有制度化之前，分享的生意还只是小生意，不够稳定。面对分享制的新生活，中国社会有传统社区文化和当代社会主义制度的优势。分享的商业模式一旦与文化习性相结合，则商机无限。

想要借宿吗？想要免费请登录 CouchSurfing.org，愿意付费请登录 Airbnb.com，后者已覆盖了 3 万个城市，有近 80 万人加入其中。想要拼车吗？即便是在方圆不足 10 平方千米的加拿大盐泉岛，也能找到外出的伴儿，条件很简单：你出汽车，他出油。想要找高数补习老师吗？没问题，到波特兰（Portland）的社区信用银行交换，你给他修马桶，他教你高数。劳动不分高低，交换以小时为单位。

2008 年金融风暴后，欧美社会突然兴起了“分享消费”的运动，像山火过后的森林，“长”出生机勃勃的新生活方式。在全球经济减速增长的大背景下，原始的“物物交易”不但重生，而且孕育着无限的商机。

从“占有制”到“分享制”

占有才能消费，这一习以为常的生活观念正在改变。从借宿、借工具，到拼车、拼劳动时间，短短5年内，分享制的消费方式风行欧美。

《共享经济时代》（*What's Mine Is Yours*）的作者博茨曼（Rachel Botsman）和罗杰斯（Roo Rogers）预计，到2015年，欧美将有1000万人参加各种各样的合作与分享形式的消费。依据自己的网站（thredUP）显示的趋势，莱因哈特（James Reinhart）估计，美国儿童衣服交换的市场就有10亿～30亿美元。刚刚进入加拿大不久，Car2Go.com这个会员制分享用车模式已经风靡温哥华、卡尔加里、蒙特利尔和多伦多。“只要代步的工具，不要保养的麻烦”，笔者的学生如此解释他们选择分享制消费的理由，显然，新一代年轻人的消费观正在改变。

除了私有制市场经济的制度特征，“占有制”消费行为与炫耀式消费心理有着直接的关系。1899年，挪威经济学家范伯伦撰写了《有闲阶级论》，解释炫耀式消费对市场供给关系和价格的影响。奢侈品的价格提高，闲暇阶层的消费意愿反而上升，因为“占有”的成本就是消费满足的一个标志。在欧美，即便非闲暇阶层，他们也乐意购买使用大规模、标准化、自动化生产出来的廉价商品。第二次世界大战后，欧美迈入丰裕社会，高收入和低价格培养出“旧了就买，用后即丢”的高消耗生活方式。哈佛的加尔布雷思教授（J. K. Galbraith）发表《丰裕社会》（*The Affluent Society*，*1958*）后的60年，浪费成为刺激经济的一个需求因素，“血拼”（shopping）也变成体验生活的运动。

丰裕社会不再来

风水轮回一甲子，金融危机后的欧美经济一蹶不振。对于美国经济短期恢复抱有高度乐观态度的人、香港汇丰银行首席经济学家斯蒂芬·金（Stephen D. King）却在 2013 出版的《没钱了：西方丰裕的终结》一书中，罗列了多重结构性因素，正是这些因素，将导致欧美社会长期的经济衰退。

首当其冲的就是包括退休金和医疗救助在内的社会福利。1935 年出台社会保障制度时，美国人口的平均寿命不到 60 岁，合规人口总数约 670 万人；到 2013 年，约 6000 万人合规，平均寿命 77 岁，社保支出已占联邦财政的 37%。类似的情况也出现在英法等欧洲国家。除非经济增长超过 4%，否则政府无法继续承受社会福利的负担。

此外，技术投入并没有带来相应的劳动生产率的提高，网络经济的盛宴难以再续。针对缠绕欧美各国的债务，政府也没有合适的解决方法。个人与家庭的债务与工资比例也在不断上升。更糟糕的是，政府刺激经济的政策严重扭曲了市场价格和资本成本，而且让市场养成习惯，等待刺激经济的“止痛片”。当这些因素交叉作用在一起时，经济减速势必难免。没有了高收入，高消费则无以维系，以“占有制”为主导的消费社会到了不得不改变的时候。

乐观、健忘、短视，若没有这些人性特点，灵长类很难度过 1.3 万年堪称“恶劣”的进化过程。但是，生存下来的人也已经忘记了技术推动的普遍富裕是人类文明历史的例外。工业革命前，没有全社会的闲暇消费状态。全球经济衰退后，浪费型的“占有制”消费也不可能继续下去。

“分享制”消费模式的新商机

因为社会经济条件的变化，“占有制”和“分享制”两种消费形式将长期共存。不同于 20 世纪 60 年代昙花一现的社区公社运动，“分享制”已经被主流经济接纳。以 Airbnb.com 为例，华尔街对它的估值约为 10 亿美元。帮助消费者互换物品的 Etsy.com 创始人卡林（Robert Kalin）登上世界经济论坛，推销他们有 3000 万会员、10 亿美元年交易量的新消费模式。那些积极接纳“分享制”消费模式的企业已看到它所代表的新的社会价值观、社区关系、生活新时尚和“占有制”消费无法比拟的人际信任关系及信用。

博茨曼和罗杰斯在《哈佛商业评论》上阐述了“分享制”消费模式将促进形成新的社会关系。通过会员之间的资格认证、消费历史记录、相互推荐习惯，一系列新型社会消费群体也逐渐演变为志同道合的社会部落。中介公司或非营利组织所掌握的会员信用历史成为商业“金矿”。

“分享制”消费也将促使企业改变其产品和服务的设计。例如，奔驰所拥有的Car2Go.com全部使用它的智能小车，并且根据会员的消费习惯重新设计内部的功能。

尽管“分享制”尚在初始阶段，人们已经开始讨论“产品和服务分享系统”“分享社区的治理结构”“维修与保养服务计划”“分享信用银行”和“促进分享消费的公共法规和制度”等一系列商业设计和制度建设。它带来的不仅是新型的社会关系，而且也启动了全新的商业生态。

在中国这样一个崇尚社区邻里关系、追求节约型和谐社会的市场中，“分享制”的消费更有巨大的新经济活动潜力。

那些年，我们追过的电动车

|时事微评论|

电动车并不是新产品，当年不够成功，因为它只是被当作一个产品。把电动车当作表达环保新生活的媒介，让消费者获得参与环保新生活运动的自豪，这样才能避免重蹈历史的败运。

特斯拉电动车成为风靡全球的新宠，但在通往特斯拉的道路上，横七竖八地躺着各种各样电动车的残尸碎骨。电动车的创新历史显示了制度环境和商业文化的重要性。毛泽东倡导的“百花齐放、百家争鸣”是最合适的创新文化。让勇敢的创业者有失败的机会，这是必要的制度环境。

在自动车替代马车的创世纪起始，电动车比汽车先进。1888 年，德国人福罗肯（Andreas Flocken）制造了第一辆电动车。1900 年，美国销售最好的自动车不是汽车，而是“哥伦比亚牌”电动车。它每小时能跑 15 英里（1 英里 =1.609 千米），售价 850 美元。折算到今天，它相当于 20 万美元。那时的汽车很土，需要用弯弯的把手来人工启动，而且车未到，高分贝的噪声先至。

但创新改变了历史。先有马克西姆（Percy Maxim）发明排气管，解决了噪声的问题；再有凯特灵（Charles Kettering）用电子打火替代手把启动的力气活。老福特（Henry Ford）发明流水装配线生产工序后，福特T型车的价格从1908年的825美元下降到1916年的360美元。从此，电动车大多只在高尔夫球场能看到了。

汽车的系统结构一定型就是100年。美国三大汽车厂的产品可以让全球每户人家门口停一辆。在垄断利润下，再没有汽车厂愿意研发电动车，直到政府发威。

20世纪90年代，加利福尼亚州政府颁布条例，要求在该州销售的汽车得有一定比例的"零排放"车辆。这时候，通用等大车厂才不得不行动起来，通用的EV1开始时轰轰烈烈，结束时也极其悲壮。当公共政策有松动，市场又开始流行大功率的越野车的时候，刚刚诞生的EV1被全部召回，集中销毁。它让环保人士扼腕墓地，发志士之悲！

加利福尼亚州实验既显示了制度政策的强大，也说明只有"市长"，没有市场也不行。电动车行业必须自己创造出新市场。2005年，爱普特（Aptera Motors）电动车厂成立。它从私募基金那儿获得4000万美元的投资，造了几辆颇有未来感的2eEV。联邦政府能源部还许诺了1.5亿美元的政府贷款，前提是它能从民间募得相同数目的投资。但没有投资人看好它，2011年年底，爱普特宣布破产。

一个倒下换得另一个站起来。2009年，科达（Coda）电动车公司成立了。它的第一辆车能跑88英里，售价3.7万美元。科达还掀起了一场不小的营销旋风，它在一天内把一个加油站改造为一座绿色花园，为绿色环保代言。联邦政府也有意给予贷款支持，不过营销掀起的热度来得快，退得更急。因为防护气囊等安全原因，新车不得不被召回。这一折腾，科达元气大伤，创业4年，一共只卖出117辆车，2013年年中，科达宣布破产。

不是疯子不创业，英特尔前总裁格罗夫在《只有偏执狂才能生存》中的委婉建言，也适用于电动车行业。在连续几家电动车企倒闭后，"菲斯克"电动车出现了。为宝马和阿斯顿做设计的丹麦人菲斯克自信能够超越前人，克服电动车的创业诅咒。联邦政府也很看好它，计划提供5.28亿美元的贷款。菲斯克的第一辆车取名自佛语"命运"（Karma）。约2000辆"命运"出厂后，却并没有逃脱电动车兴起和衰败的命运。

2014 年年初，破产后的“菲斯克”被拍卖，中国企业万向集团成为菲斯克的新主人。

电动车产业的“悲惨”创新历史是常态，不是例外。商场上，新生事物开始的时候看上去都不靠谱。因此，如果社会以“成功了是创新，失败了是忽悠”的结果思维去判断，它不仅有违创新的规律，而且显失公平，也注定会扼杀创新的“干细胞”——机会与欲望。

为社会利益，要给创业者失败的机会，敢于失败的人在替我们尝新果，失败的企业有着它们不可替代的环境功能，它们会“化作红泥更护花”。

电动车新宠以发明交流电的尼古拉·特斯拉（Nikola Tesla）命名。特斯拉在交流电和电磁通信上的发明影响着每个人每天的生活。如果以结果思维去判断，特斯拉可是一个“大骗子”。他曾许诺与火星人通信，用地球做导体传输电力。20 世纪初的纽约，充满了像特斯拉这样的冒险家和创业者。他们在“玩家俱乐部”（The Players Club）这样的地方与像摩根这样的银行家、布斯（Edwin Booth）这样的演员、马克·吐温这样的作家、钱勒（W. Astor Chanler）这样的政客、怀特（Stanford White）这样的建筑师热络在一起，犹如身处一座茂盛的社会关系大花园。

纽约的宽容社会环境哺育创新的思想和行为。从这些有自己判断能力的社会精英那儿，特斯拉为他近似疯狂的技术发明募集了百万美元的启动资金，然后又化为灰烬。百年之后，他那些当时被看成疯狂的设想为互联网、为电动车带来令后人感激的福利。

电动车推广还有待时日，但它的历史显示，允许一部分人先勇敢地失败，这样的制度环境最符合大多数人的长远利益。这也许是邓小平“让一部分人先富起来”的另一种含义吧。

电动车需要“共享主义”意识形态

| 时事微评论 |

只要相信就能看见。有一套完整的思想系统，则可以维护长久的相信。意识形态的原生意义指的是一套自洽的思想系统，共享主义的意识形态有助于说服消费者相信分享的社会价值，并看到电动车如何能提升这样的社会价值。

2014年年底，全球石油价格大幅下跌，汽车驾驶成本下降，它让新兴的电动车很受伤。不过，它也许会促生新的社会意识和行为。马基雅维利说，千万别浪费一场好危机。如果电动车行业借此推动“共享主义”的社会意识形态，它能够带来长久的正面效果。其实，所有的新技术腾飞都必须借助商业意识形态的力量。

意识形态长期被贴上负面的标签，被当作愚弄人民的抽象概念体系，其实这是片面的解释。追溯“意识形态”的历史来源，它出自法国哲学家特雷西（Destuttde Tracy）所提倡的“观念的科学”（Science of Ideas）。1794年，罗伯斯庇尔（Robespierre）暴政结束，法国恢复秩序，共和国的科学院代替了过去的皇家学院。特雷西等贵族学者希望建立道德与政治科学，研究感性与理性。“意识形态”便作为一个总称，泛指理性和观念的科学。

现代文化批判学者对“意识形态”做了更加全面的解释和澄清，用它泛指“系统的思想”，“一套包括信仰在内的社会知识体系和实践”。汤姆森（J. D. Thompson）的研究结论是，有社会文化的地方就有意识形态。我们都生活在意识形态中，不知不觉或者主动选择。意识形态力量强大，不仅因为它有浓缩的思想力，还在于它对接受者的行为有自动规范的影响力。

商业意识形态力量强大，还因为它可以利用人追求理想化的内在动力。所以，那些在思想概念层次提出理想商业境界的企业家受到了消费者的热烈追捧。这些企业家注重设计能够代表抽象理想和文化意义的产品，并用它去感染消费者。乔布斯领导下的苹果能够风靡全球，正是得益于他设计的商业意识形态：“一个可以接近和享受的美妙电子生活”。

以特斯拉为代表的电动车若要获得同样的社会追随效果，它们得有配套的“共享主义”的商业意识形态。

电动车带来的远远不止是环保。它应该“嵌入”智慧城市的生活方式。未来，人们对车辆的关注将转移到对通勤选择和价值的评估。有时，它是社会身份的象征，更多的时候，它只是方便的交通工具。在不同的城市环境下，使用电动车的功能、经济意义和显示社会身份的象征意义也都有差别。亚洲有许多新兴的城市，像日本的福冈、天津新城、韩国的松岛。它们的道路规划和社区设计不同于其他历史老城。在这些城市，无人驾驶车专用道路和新型通勤电动车方案就比较容易推行。让电动车代表新的社会身份，成为特定社团共享的标识，它的使用价值才能放大到社会关系的层次。

电动车企业要与“共享主义者”社团合作，试验多种多样的分享使用计划。例如，“合作消费”（collaborativeconsumption.com）这样的非营利组织汇集全球各国不同类型的共享主义活动。依靠这些社团的热情和对当地情况的了解，企业可以鼓励这些团体试验将电动车融入各种分享生活和工作形态中去。当电动车成为新兴社会运动的代表，不流行都很难。

中国的社会主义体制最适合发展“共享主义”新生活。企业要向政府展示有利于社会的“电车新生活”，强调电动车所能够代表的社会效益。只要在社会理想的大方向上有共鸣，电动车就能够获得政策制定者的惠顾，成为新型城市化策略的组成部分。任何产业，只要装上“政策”的引擎，发展就变成一个加速度有多大的问题。

为将电动车技术延伸到社会生活的各个方面，中国的电动车企业可以学习丰田和日产的“家庭能源系统一体化”设计，把电动车有机地融入家庭用电的生活模式。丰田的新车 Mirai 带有能够向家庭紧急输电的功能，电动车本身成为突发情况下一个可靠的蓄电池和供电系统。中国的老龄化社会问题也可以变成“共享”电动车生活的机遇。把机器人技术、自动驾驶技术和“共有共享”的管理模式结合起来，帮助老龄驾驶者克服生理功能退化的局限。当电动车成为社会生活的内置工具时，它便成为消费必需品。

只有当工业技术成为社会习性的一部分时，技术的潜力才会充分发挥出来。从蒸汽机到互联网，无一例外。因此，作为差异化策略的一部分，电动车行业可以推动建立“共享主义”的意识形态，培养“共有共享”的社会习性。它的社会习性规律也适用于所有的新技术企业。

从工业 4.0 到工作 4.0

| 时事微评论 |

工业 4.0 技术不应着重于替代人的工作，而是要强调它如何能让工作更美好。18 世纪初，第一次工业革命席卷英国时，纺织工人愤而捣毁致使他们失业的纺织机，这样的误会不应该再次发生。

没有工作 4.0，工业 4.0 只有生产效率，没有社会意义。办公场所的革命与工业技术的革命同样重要，这是一场以机器为中心还是以人为先的斗争，人类只能赢不能输。

工业化办公秩序的艺术表现要首推詹森公司总部（Johnson Wax Building）。走进这座著名建筑师劳埃德·莱特（Frank Lloyd Wright）1939 年完成的建筑，人们立即感受到工业流水线所带来的等级秩序和控制文化：楼面纵横交错整齐地排列着办公座椅，员工的活动像机器齿轮一样精密地咬合在一起。为了让人们正襟危坐，早前的椅子只有三只脚，一不留神，打字员就会摔倒。

以人围绕机器流水线生产为标识的工业 2.0 秩序至今还残留存在，但躲不过以智能工业系统为代表的工业 4.0 秩序的冲击。德国、日本、美国、中国都致力于从自动化工厂（工业 3.0）迈向一个集成自动化工厂、互联网、物联网的工业生态系统（工业 4.0）。可是，没有工作 4.0 的人文设计，智能技术可能带来更多的社会问题。设计工作 4.0，必须以人为先！

未来办公秩序应该首先考量如何为个人的创造和团队的合作服务。美国高尔（W. L. Gore & Associates）是制造业中卓越的创新企业，它没有固定的组织结构，一切围绕着项目进行。一个项目的领导人到另一个新项目中就有可能被领导。它很像网上游戏"魔兽世界"中的轮流酋长制度：众多的玩家协同作战，角色扮演，谁贡献大，谁做酋长。

以人为先不仅仅是为了刺激员工的奉献，它还要考虑集体归属感对个人的价值。在笔者居住的艾伯塔省，哈特派（Hutterite）是一个非常特别的社会组织，他们信奉集体主义和社区生活。18 世纪末，400 名哈特派成员从欧洲移民到美国北部和加拿大南部地区，他们一直过着集体所有制的生活。哈特派社区保持在 100~250 人，一旦超过人数限制，他们就分开建立一个新社区。长期的生活经验告诉他们，当社区人口数量过高时，人们无法充分了解，陌生感变强，人与人之间的信任也难以维持。哈特派凸显了社区人数、归属感和信任之间的关系，这种关系也正被越来越多的新兴科技企业吸收采纳。

技术，特别是移动和社交媒体技术应该排序在第三因素的位置。新技术可以解放人与办公的时空之间的关系。商业房地产和办公家具行业都必须重新设计人与人之间的界面，以及人与技术之间的无缝衔接。何为工作？为什么要办公？怎样的设计最能促进生产力？对这些根本问题刨根问底，我们可以想象一个全新的办公环境和组织秩序。仔细观察一下，我们发现家庭空间和家具已经发生了革命性变化，厨房、卫生间、客厅变得更宽敞，而卧室浓缩为让心安静的一张床。以活动为中心设计时空，未来办公室将有更多聚会和娱乐的空间。笔者的一位朋友就已经把她在徐汇区的办公室设计为可以做室内音乐会的场所。

工作 4.0 创新的核心在于解构传统的官僚等级制度（Bureaucracy）。韦伯（Max Weber）高度肯定了官僚制度的历史价值，它为 19 世纪德国机器工业大发展提供了有效率的组织策略。官僚制度是那个时代的创新之举，但已不再完全适应于智能工业时代的要求。一些新兴的企业已经成功地实验了“全体共治”（Holocracy）的新办公秩序。例如，华人谢家华创立的网络鞋店 Zappos 就结合了上面提到的三个设计原则（促进合作、提升归属感和移动办公）。他还把快乐和幸福学结合到办公文化中，让购买过程的快乐感受成为企业的核心竞争力。

工作 4.0 的未来一定有许多风格和版本。移动技术、社交媒体和云计算有助于解放单调的办公时间和空间的束缚。但是，技术必须紧紧围绕下面的四项人文维度展开，才能避免智能机器统治人的陷阱：①办公秩序必须有终身学习的设计，让员工的智能与组织策略同步进化。②办公环境应该是欢乐的场所。只要大脑在工作，工作与生活之间的界限和比例其实是假问题，寓工作于乐才是新方向。③组织应该是一个值得员工自豪和感受到归属的集体，提升员工的心理承诺是工作 4.0 策略的重点之一。④创造多元的自我实现机会，让清洁工和总经理都可以在各自的岗位上有职业成就感。为此，工作 4.0 必须回答什么是卓越，它有怎样的丰富内涵和形式。

工作 4.0 远不只是一个商业策略问题，它更有社会意义。像交通拥堵和职业心理疾病等社会问题都可以在工作 4.0 的创新设计中找到解决方案。工业 4.0 解雇人，工作 4.0 解放人。二者结合，社会发展才有希望。

工业 4.0 背后的德国逻辑

| 时事微评论 |

文化习性、思维模式和行为方法，它们之间往往有着深层次的内在联系。来自德国的工业 4.0 技术有着对应的思维模式。那么，怎样改造它们为中国企业所用？除了学习技术外，我们还要理解其背后的哲学逻辑。

能否在工业 4.0 时代实现弯道超车，要看具体的行业和商业领域，在有些行业和领域是可能的。从德国的经验看，在工业 4.0 领域，长期、渐进和系统优化的积累还是主旋律，弯道超车的机会需要花真功夫去挖掘。

2015 年 5 月 10 日，笔者（以下简称鲍）采访了西门子（中国）有限公司的执行副总裁兼数字化工厂集团总经理王海滨先生（以下简称王），就工业 4.0 的社会意义、对未来工业发展路径的影响和它背后的思维方式提出了一系列的问题。王海滨对相关问题做了全面而系统的阐述。

鲍：2013 年 4 月汉诺威工业博览会期间，德国工程院院长代表“工业 4.0”项目组向德国联邦总理默克尔呈交了“工业 4.0”战略实施白皮书。在大众舆论爆炸性地报道下，它似乎横空出世，闪电般上升为德国国家战略。

王：其实不然。3 年来工业 4.0 所获得的舆论关注，是德国工业 30 年来渐进发展和进化的自然结果。对外界，它似乎是高新鲜度的战略；对德国业内人士，它不过是早已发生的未来，即过去机械化、电气化、自动化发展道路可以预想的延伸。在技术的背后，它的策略目标也是从效率到质量再到个体化灵活性定制生产的。

具体而言，德国的企业在机械化、电气化和自动化的进程中已经积累了大量的技术知识。到了数字化阶段，每个技术领域和相关的部门都需要将已有的知识数据化。这样，一个新的要求便自然而然地浮现出来：如何让各自总结的数字化技术知识能够相互交流而不需要二次转译？这个内生的需求便发展为相互协作的系统目标。

简言之，工业 4.0 既是阶段性成长的目标，也是突变为大系统协作的目标。

鲍：按照工业 4.0 的未来蓝图，这个大系统将无所不在，无所不能，无所不知，无所不为。它会不会自我成长为一个“工业怪兽”？

王：这倒不必过度担心。工业 4.0 仍然是生产工具，设计者和使用者还是人，终极决策者还是制造工具的人。

同时，与人相比，机器的智能远远比不上人的智慧。例如，西门子研究运动控制的德国专家告诉我，机器人的手很难赶上人手的灵活程度，甚至无法相提并论。人手的功能和表现太丰富了，它可以触摸、抚摩、爱抚、传递情感。这种复杂多样性，机器人的手是很难完全模仿的。

鲍：中国武侠小说中用“任督”二脉表达系统的关键点，发展工业 4.0 的“任督”二脉在哪里？

王：算法和安全是工业 4.0 发展的两个关键点。面对同样的大数据，不同的算法代表着不同的思维方式，能够产生不一样的系统效应。因为未来的大系统万物相连，联系越多越广，受到的外来干扰的环节就越多，安全性就是重要的问题。

如果再加一条，非技术性的策略也很关键。产业从上下游“链”的概念转向物联网的“网”概念，它需要企业对自己与合作者之间的策略关系进行重新认识。企业必须回归到根本，重新思考自己的核心竞争力在哪儿，以及如何定位自己与合作者之间的策略关系。

鲍：生产力决定 / 影响生产关系，这是马克思的政治经济学的基本原理。当以工业 4.0 为内核的工业生产力改变后，人与人之间互动形式的社会关系将受到怎样的冲击？具体而言，工业 4.0 对社会伦理有怎样的冲击？

王：工业 4.0 的技术发展确实会触发对社会关系和伦理的再思考。例如，无人驾驶的汽车伤及人身安全时，如何判断责任和法规的运用边界。有人驾驶的汽车伤及他人时，现在的法律系统有全面的责任界定，法规处罚的程度和边界都很清楚。但是，当无人驾驶的汽车出事后，谁将负责？负责任的比例和边界如何划分？是车辆的拥有人负责，坐在车子中的人负责，车辆制造厂商负责，软件公司负责，还是控制零部件制造厂商负责？这一连串的问题已经超过工程师的设计和决策范围，必须在社会文化和历史背景下去理解。

与之相联系的是一个社会伦理问题。例如，当遇到两边都是人，路况失控时，无人驾驶车辆代替里面坐着的人决策以少数人的代价换取对大多数人的保护时，这个责任如何界定？怎样写包含这些社会抽象伦理道德原则的算法？要回答这些问题，我们更多地需要依赖哲学和社会学的知识及判断。

鲍：德国有工业 4.0，美国有工业互联网，中国强调“中国工业 2025”，它们之间有何不同？

王：这些策略的技术基础设施有相似之处，不过风格上还是有其各自的特征。例如，美国强调技术为商业模式的创新服务；德国着重于工业体系的全生命周期的有机协作；中国的“二化”（信息化、自动化）更着力于融合和兼顾。

鲍：问一个跳跃性较大的问题，德国的工业 4.0 与德国的哲学有关系吗？

王：应该是有的。我们可以从工业 4.0 设计思想中看到德国的哲学和逻辑的影子。先验逻辑（思想中的秩序观）和经验体现（实体展现的工业秩序）之间有着对应关系。怎么想会影响到如何做；怎么做又反馈回怎样想，循环往复，内外实践不断优化。这也体现在西门子的“全生命周期”工业系统设计思想中。

另一方面，严谨的逻辑思维自然训练出对大系统和子系统之间层层叠叠关系的看法。等级差序的、普遍联系的、相互关联的、渐进演化的、大系统的，这些逻辑观念也反映在工业 4.0 的设计思想中。

鲍：相比之下，中国人的机巧思维是否会成为严谨开发工业技术大系统的障碍？例如，我们会过度强调颠覆模式和弯道超车的机会，工业 4.0 可以弯道超车吗？

王：思维没有好坏、上下、优劣之分，但有合适与否的问题。机巧思维有助于跨界和灵活。不过，工业大系统的发展路径的连续性、严谨的逻辑、渐进优化的思维还是需要的。主导工业发展的一些基本原理，如牛顿定律、法拉第的电磁学原理等，仍然起作用。只要是这样，幻想般的颠覆和跨越都是不可取的。

至于弯道超车，要看它在哪些行业和商业领域。如果是在数码技术行业，技术的性质允许和鼓励颠覆和跨越，它们符合行业自身内部的定律，如摩尔定律。又如，如果是以社会关系和消费关系再造为基础的商业模式变化为价值创造的动力，那么这些市场中的颠覆和跨越也是可能的。至于工业 4.0 的发展领域，长期、渐进和系统优化的积累还是主旋律，弯道超车的机会恐怕不是那么显著。

鲍：在推进工业 4.0 的过程中，德国的西门子公司如何将德国的工业逻辑带入中国？

王：我们没有这个问题，因为我们在中国的策略逻辑没有德国的和中国的区别。西门子中国强调，我们就是一个中国企业。我们在中国的 3.4 万多名员工中 99% 是中国本土雇员。公司认为在核心价值和行为准则方面，总部和中国公司没有区别，也就没有德国化或中国化的问题。20 世纪 80 年代初，西门子与中国政府有一个全面合作的协议。2011 年，我们再次续签了这个协议。在新协议中，本土化、本土创新、本土价值创造更加得到重视。

一个根源于德国的企业要成长为一个本土化的中国公司，把中国市场当作海外的“本土市场”，这样的策略本身就是创新。我们需要做的就是扎扎实实地证言。

鲍：所以工业 4.0 为这样的本土化策略提供了一个证言的机会。

王：是的！

工业 4.0 制造万联网

| 时事微评论 |

工业 4.0 初期的策略目标不可能完全如设计一般实现。自策略目标提出后，五年过去了，我们看到初期策略已经有了重大调整。但是，工业 4.0 改变工业生产和市场消费的形态，这一事实正在发生。

在工业 4.0 愿景下，互联网、物联网、云计算和智能机器生产组成自组织的大系统。我们可将其简称为“万联网”，万事万物相联系的网络化社会。万联网下，个人存在网络化，活动的特征与属性也改变了，管理的命题也必然随之更新。

就像《易经》的“易”有三解：变易、容易、不易，管理的命题也有维持基本不变的主题和变化的内容。三大不变的主题是：新价值是什么？获取优势的策略有哪些？怎样组织实现过程？工业 4.0 将赋予它们新内容。

产品服务化

纳德拉（Satya Nadella）上任伊始就将微软的产品价值观颠倒过来。微软的新产品（包括 outlook.com、office365 等）改变了其一次性购买的方式，以缴纳年费的服务订购模式推向市场。

类似于微软这样的“产品服务化”的做法是工业 4.0 化企业的重要价值卖点。

在工业 4.0 蓝图中，万联网创造或加强了下面的六种功能：监测、预测、诊断、控制、优化和自组织。每一种功能都可以成为产品服务化价值的来源。例如，安装上传感装置后，GE 的飞机发动机能够自动监测运营健康状况，及时发送维修和保养的信号。它能减少故障，提高使用价值。又如，谷歌购买的智能温度调节器公司“巢”（Nest），它的产品汇总家庭内部与温度相关的信号，空调、门窗、起居习惯等。它能自动优化个人活动空间的温度，节省能源。

未来的家电将内置上面的六种功能。例如，三星正在研究的传感冰箱包括监测食物的存量和过期日，预测补充的需求。到优化和自组织阶段，我们可以想象，像冰箱这样的家电会根据输入的菜单，联网超市，为主人自动预订每周的食材。家电本身也会按使用价值，到期调换。

家电只是未来产品服务化的一个通俗的例子。在工业产品领域，设备产品服务化、按期付费、自动维修和保养等，都将成为趋势。它们首先将发生在家电、安保、医疗、节能、交通工具、物流等领域。

产品服务化这一价值模式为老企业开发新业务，新企业进入传统市场带来了多种可能性。它将主导一个跨界、交叉、动态的竞争局面。有形产品将成为“附产品”，即无形服务价值所依附的产品。

优势策略

策略，简言之就是追求优势。在工业 4.0 时代，它仍然如此，不过优势的来源改变了。为了从所创造的产品服务化价值中获利，优势策略需要从现在开始做好三方面的工作。

（1）用“动态使用的正价值”对比显现“静态占用的负价值”。

例如，福特汽车公司投资 Zipcar，奔驰购买 Car2Go 和 RideScout 的股份，它们都是新型的网络化租车公司。城市里的会员用户能够用智能手机软件预约停在附近的车，监测到达时间，优化自己的通勤使用价值，而不必为拥有汽车的后期成本烦心。它们算是工业 4.0 在消费市场的初期体验。

（2）占位“网络交换节点”的优势替代了“产业链上下游”的垂直定位优势。

物联网从现在的 100 亿物体相联到 2020 年有 260 亿物体相联，并向未来的 1.5 兆亿连接点发展。企业不再生存于一个垂直等级式的产业链中。哈佛商学院的波特教授用“系统中的系统”来形容一个网络状的产业圈套着另外一个，环环相连有交集的状态。网络中，企业围绕着特定的服务对象相互合作。例如，未来的卡特彼勒智能机械可以受远程遥控，在恶劣的环境条件下工作。它涉及气象、云存储、地质地图、卫星定位、航海货运等多个系统之间的服务支持。哪家企业控制所处的网络系统中的交换节点（Node），它就有网络效应带来的优势。

（3）从“客户需求”演化到“客户类型”为决策依据的产品服务组合。

质量有其主观性，合适的服务质量出现在客户需求和厂家效益的动态均衡点上。在大数据分析的支持下，厂家能够划分“信仰客户”“忠诚客户”“实用客户”和“过路客户”。按照客户类型，预测软件能够建议恰时和适量的服务。回到智能家居和零售的例子，对于有强烈依赖性的“信仰客户”，超市、名厨、食材供应商可以围绕一个家庭所选择的菜单和他们的消费习惯定期自动铺货、自动补货、自动送货。同样的设计也能用于其他日用品的消费和环保回收。

虽然工业 4.0 要 20 年后才能成形，但它的萌芽形态已经出现，因此，产品服务化的优势策略也要从现在抓起。

组织边界

策略确定后，组织决定成败。没有规矩不成方圆，没有边界不成组织。工业 4.0 下的企业处于无数个围绕着服务对象的“临时系统”中。因为“你中有我，我中有你”，企业与环境之间的边界常常处于流动、柔性和半开放状态。

以未来的医疗为例，医疗器械公司、医院、移动医疗服务公司、医药企业、营养补给单位、家庭护理服务公司和保险公司，这些小系统共同组成围绕着病患的临时服务大系统。这些小系统都有自己的商业模式，交叉外包产品和服务等。占据网络节点的组织更能调动附属企业的资源。

组织的边界划分显示了各方的依赖与被依赖的关系，决定了利润分配的比例。例如，占据病患数据资源的移动医疗企业可以把医院等变成自己的服务供应商。它们之间，谁家的边界能划到谁家的地界内，谁就占有网络节点优势。又如，特斯拉电动车已经包含了远程遥控和移动通信功能。如果要和智能家居、手机、定位推送服务的企业合作，谁占据节点，谁就可以推广自己的平台，把势力范围划到别家的边界内。组织边界定义了其服务权限和利润分配原则。

就像细胞膜同时有开放和关闭的设置，边界开放和流动的程度关系到企业的存亡。工业 4.0 将重组消费生态、社交生态和工业生产生态，企业需要根据所处的商业生态的性质来决定如何划分边界。

全世界的机器人联合起来

| 时事微评论 |

今后，我们也许会看到两种类别，机器人和非机器的人，在此之间，各种混合型的人也会不断出现。人工智能可以下载，假肢再造可以成为新时尚，如此发展下去，各式各样的嫁接和混搭都会出现。全世界自然人必须觉醒了！

前面的三次工业革命，它们分别强调“降低成本”“稳定质量”和“快速反应”。工业 4.0 更加注重建立一个能够自我测试、比较、分析、监控、预测、修复和保养的“自组织”工业乌托邦。

什么是工业 4.0？就是全世界智能机器联合起来，为人类服务。这些智能机器还会联合它们的远亲近邻——大数据云计算、RFID 感应器家族、互联网、物联网、情境预测分析和决策软件等，一起形成“智能配件”“智能设备”“智能工厂”和“智能产业链”的工业集成生产。

怎样理解这些智能子系统之间的关系？我们可以想象一下“俄罗斯套娃”，一个套一个，绵延不断，但都遵守共同标准、有相互兼容的界面和接口。

这和今天的工业系统有什么区别？今天的工业系统是无生命的机械系统，而工业 4.0 的系统是有生命的系统，因为它可以自我组织，包括自我配置物料，自我诊断、修复和保养。自从诺贝尔物理学奖获得者普利高津用“自我组织”的原则去分析秩序和混沌之后，“自我组织”就成为判断系统是否有“生命”的基本标准。福斯特和维纳用“自我组织”作为控制论（cybernetics）的基本原则。而工业 4.0 的灵魂就在集成控制、虚拟信息和有形设备为一体。它的理想是，通过“信息论”“系统论”和“控制论”三论合一的设计，智能机器人、互联网、物联网、数据云结合在一起，嵌入（embedded）到所有的物件中，形成智慧生产系统。

让生产系统自动生产产品，这是智能机器联合时代的乌托邦。

想象 20 年后的世界

2034 年 4 月，德国汉诺威工业博览馆。

一位看似腿脚不便的陌生中年人远远地向我的柜台走来。

“汉斯先生，欢迎您！三年前在上海定制的自行车还好用吗？”十米开外，我的谷歌眼镜已经感应到他手里的智慧车锁钥匙，并且在我的眼前提示出欢迎词。别在我西装扣中的同声翻译器把我的问候用德文传递出去。

汉斯看了一眼手中的车锁钥匙，“我需要再订一辆，为了 7 月在法国的比赛。”话音刚落，扮成“星球大战”中的 R2-D2 模式的智能机器人已经将汉斯定制的车型立体投射在我们之间。我手中的平板电脑显示出环法赛事的路况，结合汉斯左右脚的力量差别，分析软件建议出针对山地、平地和雨天的三款备用轮胎。汉斯是我们全球百万 VIP 客户之一，他的赛车的每个部分都是智能材料，要么有嵌入式条形码，要么有超微 RFID 感应器。汉斯点击了他的选择，一杯咖啡的时间之后，中国总部已经把送货地点确认单发到汉斯手机上。他点击 PayPal 确认，我的支付宝也马上收到付款。

同时，各个部件供应商通过有标准安全协议的云端伺服器收到订单，从自己的系统中调出对应编码的资料，汇总到物料控制中心的软件中。分析软件调出汉斯授权的德国医院脚部扫描图，根据他有残疾的脚型，优化脚踏板的图纸。车间内的“物联控制系统”CPS（Cyber-Physical Systems）向数控机床发出生产指令。

CPS 显示中国本厂的智能机器人已经到了维修保养日期，因此排不进备用轮胎的订单。跨国企业联盟 ERP（企业资源规划）交换系统自动识别到美国和法国两家合作厂能够生产。智能物流端的分析软件综合发货期和配货成本，选择了法国合作厂的备胎。根据小批量定制轮胎的数据要求，法国合作厂的 3D 打印设备排期打印汉斯的三条备用轮胎。有趣的是，排在打印轮胎订单前面的是打印玩具订单，排在后面的则是打印航空零件订单，它们互不干扰。

当天，预期的物流要求已经发送到轮船货运和当地送货的合作企业的云端服务器。车进入集装箱之时，感应器和智慧条码将会自动发送确认指令，通知备胎厂在法国送货城市同步汇集。

上面看似复杂的内外部生产流程以可视化的界面清晰地储存在公司有安全级别的云端，只要点击，就能看到完整的模块化的虚拟生产过程。这一切都发生在智能机器之间，它们根据过去 20 年不断完善的分析软件和合作模型自动组织完成上面的一切活动。

三个月后，我恰巧在法国拜访合作企业。随身的华为智能手机推送给我一条建议：今天您所在的城市有 VIP 交货，他是汉斯先生，他喜欢在比赛前来一颗比利时巧克力。我点击“巧克力”选项，显示在 200 米处有一家著名的“伯纳德”巧克力店。

一小时后，汉斯从赛地宾馆出来，惊喜地从我手里接过巧克力和停在广场上的新赛车。他不知道，除了买巧克力，我什么也没做。甚至连收货的确认指令也都是在我的手机和他拿到的指纹识别车钥匙之间悄悄地完成的，只听到了一声“嘀嘀”的确认声音提示。

联合起来的智能机器干了这一切。

上面的流程纯属虚构，但是，它生动地体现了工业 4.0 的理想蓝图。2012 年，在德国汉诺威工业博览会上，德国博世（Robert Bosch GmbH）的戴斯（Siegfried Dais）和德国国家科学与工程院（acatech）的卡格曼（H. Kagermann）的报告指出，未来 20 年，德国应该从工业 3.0 迈向 4.0，一个集成自动化工厂、互联网、物联网的工业生态系统，它能够自我组织生产。

从工业 1.0 到工业 4.0

1784 年，用蒸汽机带动的英国纺织机代表着工业 1.0 阶段的开始。1870 年，第一条电动生产流水线在美国投入使用，工业进入 2.0。1969 年，电子化和信息化开始进入工厂车间，工业进入 3.0。工业 3.0 的成熟模式是智能机器人和自动化车间，德国西门子在安贝格的 Simatic 系列就是一个典型，它能实现效率和灵活的统一，可以在几分钟内更改产品和工序。系统通过数据矩阵码扫描器和 RFID 芯片采集产品信息，并加载到上位中央系统，确保数据的一致性。它能自动发送邮件到品控部，为技术员提供维护信息，包括装配计划和故障诊断的信息清单。

数字生产、无人工厂、智能工程等都是迈向智能机器全球联网、自我组织生产的下一步。工业 4.0 仍然是德国产学研界倡导的愿景，但它正影响着全世界工业的发展。

美国辛辛那提大学的李杰教授（Jay Lee）用 6Cs 概括了工业 4.0 的特征。

① Connection——网络和感应器联系一切。② Cloud——按需运营的云端数据。③ Cyber——分析、预测、情境决策模型调控。④ Content——有意义的事件信息和相关性信息（如汉斯的赛车）。⑤ Community——社会和工业生产社区（如汉斯的备胎生产合作者）。⑥ Customization——个性定制生产（如为汉斯设计的脚踏）。

前面的三次工业革命，它们分别强调“降低成本”“稳定质量”和“快速反应”。工业 4.0 则更加注重建立一个能够自我测试、比较、分析、监控、预测、修复和保养的“自组织”工业乌托邦，它的影响已经体现在《中国制造 2025》规划报告中。

工业 4.0：建立从观念到行为的新秩序

| 时事微评论 |

与其他的革命相比，工业革命虽悄无声息，但能持续几十年，并影响深远。正在改变生产控制和协调过程的工业 4.0 也是这样。无论是工业 4.0 还是中国制造 2025，它们都将逐步改造生产与消费的各个方面，并成为未来社会文化与政治秩序的技术肌理。

1806 年，在耶拿战役胜利之后，黑格尔从窗口看到了骑在马背上的拿破仑，他立即明白了德国为何会战败：拿破仑代表的观念已经决定了意志和意识的新世界。工业 4.0 首先是世界观，然后是自证合理的工具。在积极参与工业 4.0 的过程中，中国企业要明白，这是一个从观念到行为的新秩序的建立过程。

从观念到行为的新秩序

以德国为先导的工业 4.0 远远超过智能工厂和数码技术的范畴，它预示着未来 20 年的工业经济秩序。它的博弈在理想价值观和设计标准，包括工厂、物流、数控机床和 CPS 软件……因此，中国企业必须有自己的参与策略，并有策略地选择治理结构，再有策略地妥协和坚持，这样才可能在新的经济秩序中兑现自己的贡献。

要么创造一个新系统，要么被旧系统奴役，这是竞争的第一原则。20 世纪 80 年代，美国总统里根鼓吹“星球大战”计划，目的是再造一个军事和政治的竞争游戏，一个美国制定规则、苏联被动反应的新博弈。作为工业技术大国，德国企业 20 年缺席互联网和社交媒体的盛宴，物联网终于带来了重新制定游戏规则的大好机遇。从这个意义上讲，工业 4.0 是德国的“星球大战”计划，它发挥了德国的工业技术优势，顺应了人口老化和人工昂贵的限制条件，创造了德国能够主导的世界工业经济规则。

使用过 ERP 软件（企业资源管理软件）的中国企业都了解，它委婉地要求企业从玩“跳棋”改到有章有法的“国际象棋”。ERP 从内部库存整改开始，逐步蔓延到物流、规划、人事、财务…一旦承诺上马，企业的管理理念和运营系统必然随之改变。那些失败的企业没有倒在软件上，而是败于两种管理文化的冲突。被 ERP 电击过的企业，准备好被工业 4.0 全身麻醉吧！它不仅要改变企业的思维和行为方式，还要修改整个供应链系统的 DNA 结构。

建立优质联盟

汤姆·克鲁斯主演的《明日边缘》（*Edge of Tomorrow*）中，外星生物“米米克”（Mimics）入侵地球。米米克打不败，因为他们能够让时光倒流，从自己的失败中学习，还可以分兵出击，并且协同作战。背后控制整个外星生物自我再生系统的神经中枢是“欧米伽”。摧毁了“欧米伽”，分布式、网络状、自组织的外星生物群便会立即崩溃。工业 4.0 不是外星生物，但它的运行原理却是同样的：一个由物联网、互联网、云计算连接起来的网络状、分布式智能生产系统。它可以自我预见需求，自我诊断和维修保养，自我沟通协调物流。

未来 20 年，工业 4.0 是符合中国和德国企业的发展趋势的。以中德各自的优势，两国企业是实现工业 4.0 最优质的合作伙伴。为实现优质联盟，双方必须关注下面的七个问题。

（1）技术背后的价值观。德国要解决劳动力稀缺和昂贵的问题，中国则要保障充分就业。以人机一体的“augmented operators”为例，智能软件和可视硬件可以像指导外科医生临床开刀一样给操作工发动作指令。它既可以解放劳动力，也可以变成对劳动力的智能奴役；既可以减少专业技术人员，也能够扩大低级技工的工作机会。国情决定了价值观。

（2）信息的归属和使用权。到工业 4.0 阶段，简单信息已没有价值，有核心价值的是流程信息、资产信息（asset information）和事件信息（event information）。这就像书写《九阴真经》的单个字符并没有价值，而战斗中总结出来的拳法、套路、搏击应对的选择则最有价值，它们共同组合成为最后的经文（软硬件系统）。中国企业的经验数据为系统 DNA 的一部分，具有超凡的价值。因此，系统开发商和应用企业要有等价交换的规则。

（3）发展方向、路径选择和决策标准。目前，工业 4.0 只是一个蓝图，具体到厂房设备层次的感应器和执行器（actuators）、控制程序逻辑（PLC）、流程管理人机界面（HMI）、生产执行系统（MES）和企业资源规划（ERP），各个层次在未来 20 年中都可以有多项发展的选择。关于发展的路线图和策略目标，中国企业要有话语权，一旦成型，只能路径依赖。

（4）套装嵌入式生产装备的主次关系。受法本化学公司和“罗意威理念”的历史影响，从生产来复枪的罗意威兄弟公司开始，德国企业就大力推广可以互换的多用途机械零件，进而形成德国工业标准设计（DIN）和德国电子标准设计（VDE）。它们帮助德国企业设计和制造像变形金刚一样的组合型工业母机。进入工业 4.0，组合的原则是最大的政治，因为套装嵌入式系统（embedded systems）设计事关相互依赖和友好套牢，防止单方面依赖是自主灵活的关键。

（5）接口、界面和平台标准决定分布式生产网络的控制权。在硬件背后，工业 4.0 有四大软件子系统：智能预测分析、自组织的维修保养、数字生产流程和智能物流，每个子系统内部又包含不同的软硬件组合。每个环节的连接接口都是战略要地，它的设计和标准影响系统内部和各部分之间的兼容。因此，接口将是友商竞争的聚焦点，然后则是界面和平台。

（6）联合开发，共同制造的联盟策略。工业 4.0 还是一个成长中的有机体，它需要中德之间的高度合作。它不能成为一方向另一方营销新技术设备的“特洛伊木马”。太阳能产业的历史教训我们不能忘，不能让欧洲企业通过标准和技术更新，刻意制造出中国企业对新设备的需求。如果在同一块石头上绊倒两次，那只能怨我们自己太笨。

（7）教育、培训、后续创新的知识管理系统的合作。管理方法随生产方式而改变。20 世纪初的工业流水线标准化生产激发出了泰勒管理方式，工业 4.0 必然会带来全新的管理理念和创新机会。掌握第一手信息的先进企业有义务向产业生态环境中的利益相关者开放源代码，方便共同兼容创新。一个公平合理的知识与技术转让平台也有利于产业生态的繁荣昌盛。

总的来说，工业 4.0 涉及以下要件：理想价值观、产业与市场的权力分配、工业标准化的话语体系、数字机床等实物符号、归属与结盟的仪式、人机互动的日常活动，以及对立面（与之竞争的系统）。套用马克思的句式表达，工业 4.0 是未来工业社会关系的总和。

没有故事，何谈策略

|时事微评论|

旧的工业秩序在技术的冲击下逐步瓦解，但新秩序不可能仅仅依靠技术而成长起来。在转型中，粉尘飞扬，人心惶惶。失控的当口，领导人的首要任务是为追随者提供一个有远见、有意义、有盼头的大策略。梳理人们纷乱的思绪，没有比故事更有效的方法了。

在我熟悉的领导者当中，美国南加利福尼亚大学的沈朴校长（Steven Sample）最会讲故事。他把十年的策略精简到一页纸上，然后用校史、校友、校训的故事阐述每一条策略的意义和价值。20 年内，他奠定了南加利福尼亚大学真正的一流大学地位。总结自己的风投经验，硅谷风投资本家霍洛维茨（Ben Horowitz）得出一个结论：没有故事的企业也别谈什么策略！随着组织内外听众的成熟精进，用数据说话远远没有用故事沟通强大。但许多人仍停留在讲段子的阶段，尚未理解故事应该包含的组织文化基因和策略行动纲领。与旧有的竞争力模式背后的逻辑思维相比，故事里的想象思维能力才是当今国际市场竞争的王道。

我们生活在故事中

英属哥伦比亚大学的六号门外有一座人类学博物馆，其中展览着当地一个土著部落的旧纺机。旁白写道：在吱吱呀呀的纺机声中，祖母的故事像纺线一样交织出我对部落历史的理解和自豪。土著后代的经历和现代哲学家麦克太尔（Alasdair MacIntyre）的总结一致："社会生活就是一种叙事。"

转换到商业中，全食（Whole Foods）的总裁麦基（John Mackey）把自己的嬉皮经历、社区食品店、有机食品、动物保护等一连串情节贯穿在全食的策略中。如今，去哪儿都能买到有机食品，但全食的顾客更愿意成为"新关爱消费"的故事创作者之一。

把故事变成竞争策略，网上鞋店 Zappos 的谢家华是其中的登峰造极者。网购不能试鞋，但谢家华和员工创造出各种各样"谦卑服务"的故事，吸引人们冒险一试，并被友好"套牢"。

有一则中文考试题是这样说的："冬天，能穿多少就多少；夏天，能穿多少就多少。"精通中文的人会发现，情境、上下文、四声，一个中文表达就可以有多重解释，更何况抽象的商业策略。所以，现象学大家舒茨（Alfred Schutz）强调，只有结合人物的动机和所处情境，我们才能理解他们的行动。通俗地讲，领导者得借助叙事沟通策略，追随者只能浸淫在叙事中理解策略。

承载商业信仰的故事

13 世纪，冰岛的维京人（Viking）依靠口口相传的英雄史诗（Saga）来理解部落祖先的价值观，然后在日常生活中模仿实践。叙事中传承的社会知识远早于后来的逻辑科学知识（且不论科学知识的合法性依赖于叙事知识）。故事和传说饱含细腻的背景，远比逻辑的说教更能让人理解、接受和模仿。需要牢记的是，策略的故事不是段子，不是营销噱头，而是生动地体现组织信念与追求的叙事史诗。

老师在黑板上说教，导师用行动传教。IBM 的老董事长托马斯·沃森（Thomas Watson）用故事叙述公司商业信念的七项原则，它们都记载在他的《商业信仰》一书中。美国强生每年安排高管讲解强生的信条（our credo），从 20 世纪 80 年代回收泰诺胶囊到只做医药，不涉及房产的故事，笔者只听过一次，却留下深刻记忆。2013~2016 年，当 GSK、万科、百度等企业发生危机后，我们更能体会传讲商业信条的意义。

但是，把策略故事当营销噱头传播的企业则一定会付出意想不到的代价。英国石油（BP）曾经营造、鼓吹和传播其公司名字就是“超越石油”（beyond petroleum）的缩写。但从 2010 年墨西哥湾石油泄漏事件至今，BP 这家公司仍然处在危机管理的过程中。

讲好四种故事

只有好故事一定不真实。从古希腊开始，人们就意识到，浪漫、喜剧、悲剧和讽刺，只有通过这四种不同风格的故事交替叙述，才能产生可靠的理解。现代管理学者斯科博格（Kaj Skoldberg）用“诗歌逻辑”说明这四种故事各有自己的管理功效。

悲剧故事传导“宿命”的原则，说明组织注定要经历、怎样也难逃的命运。用这个故事比喻，笔者曾帮助一家被社会深度误解的企业看到危机所带来的“凤凰涅槃”的因缘。他们由此看到自己在帮助解决“三农”问题和实现农产品进城中的角色和作用。他们放弃教条的“供应链”概念，拿出“城乡共享”的设计，成功迈过上市前的那道公共关系的坎儿。每当企业遭遇结构性的挑战之时，这个经典的悲剧故事又会被再提及、再讨论，鼓励大家寻找升华和超越的解决方法。

浪漫故事一般讲述一个英雄纯洁而有意义的奋斗和挣扎。越战期间，花旗银行的里奥丹（John Riordan）却演绎出一个悲剧浪漫故事。他不顾公司放弃援救的命令，假冒当地职员的配偶，10 次往返西贡和美军机场，帮助 105 名银行同事偷逃出越南。一个人甘冒牺牲危险，救助同事的故事，成为花旗银行培训团队精神的一个文化传奇。

喜剧故事培养乐观精神，宣扬奋斗必能求得和谐的大团圆理念。长期以来，小微信贷银行苦于没有可靠的信用评估体系，难以控制信贷风险。在笔者的建议下，一家小微信贷银行尝试与管理院校合作，提供对小微企业的“管理援助”。在社区内，受援助的小微企业向管理院校的学生提供实习机会，学院在培训援助过程中促进上下游企业的合作。在社区政府的支持下，学生创立“社区公共信用网络”，记载包括小微企业和实习生在内的社会信用评估。这种“苔藓”层次的社会信用建设为更广泛的商业信用和专业信用提供了基本的生态支持，形成良性循环，帮助银行从“社会公共信用”中寻找“信贷私人信用”的凭据。通过创造“大团圆”的喜剧故事，企业激励员工积极寻找新问题的和谐解决方案。

讽刺故事突出怪诞、矛盾和悖论的现实属性，推崇主人公质疑的能力。一家医疗器械销售企业多年来以次充好，最终被医院抓获。企业负责人非但没有处罚当事的营销经理，反而动用卫生局长的关系宴请几家事发医院的院长。企业负责人本想以官压医，公关解决违法违规的商业纠纷，不料却被出席的四位院长联合抵制。以次充好，坏在前；不懂求得谅解，笨在后。最可笑的是，企业负责人竟然希望院长们同意在公共场合做非法交易，简直太“单纯”了。笔者的友人将这个荒诞的真事归类到自己企业的文化和营销培训中，让员工明白走大道、走正道才是王道。

四种风格，四个元故事，把它们讲透了，企业的策略才会深入人心。做有故事的企业，让内外利益相关者参与创作他们心向往之的故事，在这个感触与体验的时代，这是最能创造竞争优势的实践。

结 语

超现实主义为改革服务

2015年12月20号，上海“跨界大师·鬼才达利”的艺术展中留给我最深印象的是达利的名言：“超现实主义为改革服务”。它仿佛就是为现实的困境而发声。同一天，马斯克的太空火箭“鹰9”成功回收发射器，这是又一个超现实的行为艺术：航空航天正迈向个人消费阶段。达利和企业家马斯克证明了超现实想象力的跨界影响，这正是我们当下最需要的时代精神！

重返原力的超现实思维

被造物的却成为主宰，当技术理性奴役感性思想时，人的创造性就萎缩了。发轫于第一次世界大战前后的超现实主义就是要在思想界向机械、理性的现实主义宣战。1924年，以“超现实主义宣言”为代表，诗人、作家、反法西斯主义者布列塔尼（Andre Breton）完整地阐述了超现实主义的思想主张：挣脱逻辑的束缚，回归潜意识，让自然流淌出来的思绪牵引我们进入多维度、共时空的无限想象。有了它，原力觉醒！

没有比回到布列塔尼总结的“玄元”状态更能解放人的原动力了！反逻辑，因为现实的逻辑只维护已经成就的秩序。通俗地讲，逻辑规定话语权力，维护既有利益集团的秩序。最富有创新力的改革思想一定只会以反逻辑的形式出现，艺术和商业皆如此。

达利所画的“坚韧的记忆”（软时钟）反了客观的逻辑，奉意识为王。电动车特斯拉创办人马斯克制造“可回收的火箭发射器”（Falcon 9）反了旧动力系统的逻辑。在材料成本之外，没有不能消减的设计。引用马斯克的话：我只关心什么是重要的、却被认为是不可能的！反（旧）逻辑成为重返玄元，唤醒原力的捷径之一。

浸淫在潜意识流中，并随思绪徜徉，这是原力觉醒的第二法门。1917 年，战争诗人纪尧姆（Guillaume Apollinaire）用“超现实主义”形容歌剧“游行”（Parade）的意象是“表达现实背后的真实”。其表现手段不是字斟句酌，而是任潜意识流牵引，自然流露。潜意识蕴含 90% 的认知能量，因为它没有“可行性”的限制。潜意识中，只要是能想象的，就是可能的！在第一次世界大战前线，纪尧姆写道：从过去到现在，人们最好放弃追求幸福（现实），最好学会感受幸福（超现实）。

不受“可行性”的现实制约，潜意识因此具备最大的思想自由度。在达利的艺术绘画中，“两片面包正在谈感情”。在马斯克的太阳计划中，太阳能系统下，电动车免费旅行是完全可以想象的。它们的成功也显示出人类思维的不可全然被理解的特征：一旦可以想象，实现的方法仿佛从天而降。

反逻辑，让潜意识流中的任性思想自由徜徉，超现实主义不仅解放了达利的艺术创作原力，也打开了马斯克工业创造力的大门。反之，鼓吹创新却无法容纳超现实思维的人只能算是“叶公好龙”。

兴奋起来，超现实力量的玄牝

超现实主义艺术家中，达利是最早实现名利双收的！他把超现实的艺术想象力假借到“夏帕瑞丽口红”“布莱恩黑丝袜”“沙漠之花香水”“皮埃尔矿泉水”“德比尔斯钻石”和“壳牌石油”的商业广告创造中。达利是第一位擅长嫁接超现实兴奋情绪的艺术家。

达利成长在欧洲，成就于美国。在他给美国杂志写的“兴奋的现象”一文中，他深刻地把握住第二次世界大战后美国大众渴望兴奋的社会心理情绪，他用假痴不癫的艺术表现形式充分满足了世俗社会的兴奋需求。口号、香水、钻石、汽车，还有女人的黑丝袜，没有比它们更能令人兴奋的了。幸福就是兴奋起来！别扯什么高深的其他理念！

虽然是工业家，马斯克也深得超现实主义的真传。他说，最重要的是让人们兴奋起来，接下来就什么都容易了！与其他电动车相比，马斯克的特斯拉有能力令人兴奋，以至于它至今销售赔本，股价却高居行业榜首。今天，我们面临的许多问题核心就在于人们兴奋不起来！从现在起，忘记关于核心竞争能力的呓语，重要的是让人们兴奋起来！

达利和马斯克所利用的兴奋现象有充足的现代心理学和神经认知科学研究的依据。在“安定、焦虑、抑郁、兴奋”的四种心理现象中，焦虑、抑郁、兴奋三种精神状态有许多交叉的情绪特征，却产生对未来截然不同的心理定式。它们都受到不确定性的影响，但反应截然不同。

在焦虑和抑郁的两种情况下，对不确定性的看法与挫折的经历和失败的想象联系在一起。当人们有自认为对挫折和失败无能为力的态度时，他们习惯于回忆悲惨的经历，容易想象糟糕的未来。他们常常把心理能量导向如何避免不确定性，避免高风险的行为。焦虑和抑郁的人群看不到未来。

仍然面对不确定性，兴奋的情况则恰恰相反。当人们有克服失败和改变挫折的经历后，在面对未来时，他们仍然会从记忆中调出过去的经历做参照，但人们可以乐观地想象未来，并更愿意采取积极主动的行为。第二次世界大战后的美国，第十一届三中全会后的中国，各个历史时期和各国的事例显示，兴奋起来的大众能够创造任何形式的未来。

超现实的想象力能够让社会大众兴奋起来！这就是它对改革最大的意义。

超现实主义的成功样本

何止是艺术和商业，只要关系到全社会变革，我们都需要超现实的想象力，都需要让大众兴奋起来。

反逻辑（颠覆性）、潜意识流（想象力）、兴奋的社会心理（时代精神），依据超现实主义对改革的三大特征，1929 年的“古田会议”就是一个经典样本。

在古田会议纪念馆，我们可以看到当年毛泽东所制定的“三大纪律，六项注意”，其中的解释包括“要上门板、捆铺草”“洗澡避女人”“大便找厕所”“借钱要打借条”等。平实的语言，反旧式军队的行为准则，一下子就把“红军是人民军队”的新信号树立起来。它们是当时具有颠覆性的话语。

一部古田会议决议，一篇《星星之火，可以燎原》，它们把全社会大众憧憬新生活的兴奋情绪全面调动起来。八角帽、红五星、大刀片、草鞋绑腿、行军歌，这些极富想象力的道具设计刺激出集体兴奋。

邓小平曾建议：要了解建党建军原则，去看古田会议。其实，“古田会议”暗合黑格尔历史哲学中所阐述的“时代精神”（Zeitgeist），因为它富有想象力，传播积极的情绪，宣传团结各阶层的统一战线，有青春洋溢的道具，具备实现理想的路线图，还配有接天通地、磅礴大气的意识形态。要了解今天的变革如何成功，请去看古田会议。

1806 年 10 月 13 日，黑格尔在给友人尼塔玛（Niethammer）的信中写道：今天，在耶拿，我看到陛下了！他骑马巡城，显然如世界灵魂，骑着马，横扫欧洲，征服世界……令人不得不崇拜！黑格尔赞不绝口的“骑在马上的时代精神”不是普鲁士国王，而是拿破仑。哲学家黑格尔崇拜的不是拿破仑个人，而是他所代表的“时代精神”。在黑格尔看来，社会变革史不过是时代精神的更迭替换。

对我们而言，未来 10 年的问题和答案都在这儿了：如何通过超现实的想象力，产生令全社会兴奋的时代精神？！